Guy Lenôtre
Die Guillotine

Guy Lenôtre

Die Guillotine

und die Scharfrichter zur Zeit der
französischen Revolution

Kadmos Verlag

Die französische Originalausgabe »La Guillotine et les exécuteurs des arrêts criminels pendant la Révolution« erschien 1893 bei Perrin et Cie, Paris

Aus dem Französischen
von Simon Michelet

CIP-Titelaufnahme der Deutschen Bibliothek

Guy Lenôtre:
Die Guillotine und die Scharfrichter zur Zeit der französischen Revolution / Guy Lenôtre. [Aus dem Franz. von Simon Michelet]. – Berlin: Kadmos Verl., 1996
Einheitssacht.: La guillotine et les exécuteurs des arrêts criminels <dt.>
ISBN 3-931659-03-8

© Kadmos Verlag Berlin
Gestaltung und Satz: Ready Made Berlin
Umschlagmotiv: Montage einer Revolutionsguillotine auf dem letzten Dekret Robespierres vor seiner Festnahme, auf dem er durch einen Kieferschuß einen Blutfleck auf dem Dekret hinterließ. Mit freundlicher Genehmigung des Archivs für Kunst und Geschichte, Berlin
Druck: Fuldaer Verlagsanstalt
Printed in Germany
ISBN 3-931659-03-8

Inhalt

Vorwort IX

Erstes Kapitel
Die Strafjustiz unter dem Ancien Regime

1. Der Henker 1
2. Die »Rifleur« 5
3. Der Henker von Landau 8
4. Die Scharfrichter und die Revolution 14
5. Die Auswirkungen des Dekrets von 1793 20

Zweites Kapitel
Die Scharfrichter in der Provinz zur Zeit des Schreckens

1. Der unerläßliche Mann 29
2. Die Amateurhenker – Ance und Collet de Charmoy 36
3. Rennes – Arras – Cambrai – Lyon – Feurs 46

Drittes Kapitel
Die Sanson (1695-1847)

1. Die Familie Sanson 59
2. Das Gewölbe der Sanson in der Kirche Saint-Laurent 69
3. Prozeß mit der Presse 72
4. Das Budget des Scharfrichters 78
5. Sanson im Jahr 1793 82
6. Ein Tag Sansons während der Schreckensherrschaft 87
7. Der Schub vom 4. Thermidor des Jahres II 92
8. Der Überdruß des Henkers 102

9. Die Garderobe der Hingerichteten 107
10. Das Ende von Sanson 111

Viertes Kapitel
Die Guillotine

1. Die Gesetzgebung 123
2. Die Versuche 130
3. Die Guillotine auf dem Land 136
4. Die Standorte der Guillotine 141
5. Der Wagen von Sanson 151
6. Die Guillotine am Place du Trône 156
7. Die Friedhöfe der Hingerichteten.
   La Madelaine – Les Errancis – Picpus 159
8. Das Schafott in den Vaudevilles 168
9. Der Kult der Guillotine 175

Fünftes Kapitel
Das Vorurteil

1. Der Schandfleck 179
2. Versuch der Rehabilitation (1789-1790) 186
3. Die Unberührbaren 193
4. Das in Verruf gebrachte Schafott 202
5. Die Bewerber 206
6. Wohin gehen die alten Henker? 209

Anhang 213

Zur Übersetzung

Die Redaktion hält es angesichts der Besonderheiten des französischen Textes für angebracht, auf einige Bedeutungsdifferenzen hinzuweisen. Die unterschiedliche Differenzierung des Scharfrichters im Französischen, mal *bourreaux*, mal *executeur questionaire* oder *maître des hautes et basses œuvres* u.ä. genannt, konnte, da es sich um teilweise offizielle (Feudal-)Titel ohne deutsche Äquivalente handelt und deren einfache Übertragung Verwirrung gestiftet hätte, nicht wiedergegeben werden. Ähnlich verhält es sich mit den zahlreichen, häufig veralteten, Ämterbezeichnungen der Justiz, die zum großen Teil inzwischen selbst kein französisches Pendant mehr haben. Der Übersetzung ist an einer verständlichen und nachvollziehbaren Übertragung aus dem Französischen gelegen. Dem Historiker sei daher immer ein Vergleich mit der Originalausgabe empfohlen.
In Hinsicht auf die vielen altfranzösischen Passagen der Originaldokumente hat sich die Redaktion entschieden, sie in der Übersetzung zu glätten. Die in den allermeisten Fällen orthographisch völlig unzulänglichen und fehlerhaften Dokumente, Briefe und Lieder bekommen dadurch einen literarischen Charakter, den sie in der Regel nicht besitzen.

Danksagung

Der Verlag dankt Michael Glatter, Claudia und Bianca Oestmann, Antoine Rousselot und Holger Sweers für guten Rat und Hilfen bei der Redaktion.

Zur Lizenz

Dem Verlag ist es nicht, da die Erstveröffentlichung im Jahre 1893 schon lange zurückliegt und der Autor 1935 verstorben ist, gelungen, die Erben des Autors zu ermitteln, die sich im Besitz der Urheberrechte für das dieser Übersetzung zugrundeliegende Werk befinden. Sie werden auf diesem Wege gebeten, sich beim Verlag zu melden.

Vorwort

Diese Ausgabe geht in zweierlei Hinsicht wenig betretene Pfade . Zum einen wird zum ersten Mal ein Werk des französischen Historikers und Mitgliedes der Académie Française Guy Lenôtre vollständig ins Deutsche übertragen*. Zum anderen ist dieses Buch eine der ersten und wenigen Studien über die Guillotine und ihre heimlichen Protagonisten, die Scharfrichter. Während die Opfer der Guillotine hinreichend bekannt sind, traten jene, die ganz im Schatten der Guillotine ihr Handwerk verrichteten, nur selten ins Licht des historischen Bewußtseins. Angesichts der traumatischen Rolle dieses Instruments der Schreckensherrschaft, das anfangs als große Errungenschaft der Humanität gefeiert wurde und den weiteren Gang der Revolution so augenfällig begleitet hat, ist dies nicht verwunderlich. Die französische Revolution stellt wie kein anderes historisches Ereignis das nationale Zentrum der Franzosen dar: Symbol und Trauma gleichermaßen. Von Anfang an hat sie in Frankreich, wie in der übrigen Welt, starke Emotionen ausgelöst und tut dies in der Auseinandersetzung um die Menschenrechte als ihrem Erbe noch heute. Dieser entscheidende Einschnitt in das politische und soziale Miteinander, hervorgerufen durch die fundamentalen Änderungen der Jahre 1789-1799, die Umstrukturierung Frankreichs von der ständischen Monarchie zum konstitutionellen Staatsgebilde, prägte jeden Deutungs- und Bewertungsversuch durch die Späteren auf das Nachhaltigste. Es dauerte eine Weile, bis der Schock dieser Eruption überwunden war. Während der bourbonischen Restauration lag ein Tabu über der Epoche der Revolution, so wie es Victor Hugo mit Blick auf dieses ambivalente Verhält-

---

* Eine Auswahlbibliographie der Werke Lenôtres ist auf Seite 213 zu finden. Die einzigen deutschen Übersetzungen »Im Schatten der Guillotine« (1946) und »Die Göttin der Vernunft« (1948) sind eine Zusammenstellung einzelner Geschichten aus Lenôtres »Vieilles maison, vieux papiers«.

nis im Jahre 1820 beschrieb: »Für unsere Väter ist die Revolution das Höchste, was das Genie einer Nationalversammlung [...] bewirken konnte. Für unsere Mütter ist die Revolution eine Guillotine.«* Die wohl bekanntesten Stereotypen der Revolution – die Parole ›Freiheit, Gleichheit, Brüderlichkeit‹ und die Guillotine – gehören wie die beiden Antlitze eines Januskopfes zusammen. Eine häufig wiederkehrende Strategie, mit diesem Problem umzugehen, das gleichzeitig eine Zerreißprobe für das nationale Bewußtsein der Franzosen, aber auch das übrige Europa war, bestand in der Herauslösung der Schreckensherrschaft als Aberration, als politischer Fehlentwicklung, die sich in der Gleichsetzung »terreur et erreur« (»Schreckensherrschaft und Irrtum«) manifestierte. Die Guillotine stellte dabei das augenfällige Symbol für ein *Scheitern* dar, ließ aber auch alle Möglichkeiten offen, die französische Revolution in ihrer Gesamtheit zu interpretieren, ohne explizit auf ihr Schreckenssymbol selbst eingehen zu müssen. Bedenken wir den politischen Kontext der nachrevolutionären Zeit, so barg eine Wertung der Revolution in der ersten Hälfte des 19. Jahrhunderts auch ein persönliches Risiko. Die französischen Historiker und Geschichtsphilosophen dieser Zeit waren nahezu ausnahmslos Staatsmänner, Minister, Gesandte und Journalisten und demzufolge eng mit dem Zeitgeschehen verbunden. Die Revolution lag noch nicht lange zurück, so daß die aus ihr hervorgegangenen Probleme und Aufgaben weitgehend ungelöst waren. Jede Stellungnahme zur Revolution wurde somit gleichzeitig zu einem Bekenntnis, einem Credo für den politischen Weg, den es einzuschlagen galt, wobei sich daraus mitunter schwere persönliche Konsequenzen für die Einzelnen ergaben. Thiers, der 1823 eine erste zusammenhängende Schilderung der Revolution gab, wird nach dem Staatsstreich von 1851 verbannt; Mignet und Michelet, deren Werke kurz vor der Februarrevolution von 1848 erschienen, verlieren wegen ihrer liberalen Gesinnung in der gleichen Zeit ihren Beruf; Lamartine und Blanc müssen nach der Junischlacht flüchten und das Land verlassen.

Im Gegensatz zu diesen noch unmittelbar in das politische Geschehen involvierten Männern schärfte sich nach der gescheiterten Revo-

---

* Victor Hugo, Literatur und Philosophie in vermischten Aufsätzen, In: Klassische Werke, dt. von F. Seybold, Stuttgart / Leipzig 1836, Bd. V und VI, S. 213.

lution von 1848 ein von der Politik desillusionierter Blick auf die Ereignisse der Revolution, der durch Tocquevilles Werk »L'Ancien Régime et la Révolution« von 1856 noch deutlichere Konturen annahm. Während Tocqueville die Ursprünge der Revolution bereits im Ancien Regime verortet und somit zur Relativierung der Revolution als herausragendem geschichtlichem Ereignis beigetragen hatte, ging der französische Konservative Hippolyte Taine mit seinem 1876 erschienenen Werk »Les origines de la France contemporaine« noch weiter, in dem er als erster eine dezidierte Verurteilung der Revolution vornahm. Angesichts dieses historischen Kontextes ist es verständlich, daß eine tiefere Auseinandersetzung über einen derart tabuisierten Gegenstand wie die Guillotine erst nach längerer Zeit überhaupt möglich war.

Selbstverständlich gab es auch schon innerhalb der Revolutionszeit verstreute Stellungnahmen und Wertungen zur Guillotine, doch hatten diese zumeist einen negativen Tenor. Zwar war sie in ihrer Konzeptionsphase als humanitäres Instrument gepriesen worden, das sauber und zuverlässig die leidige, aber als notwendig angesehene Aufgabe der Hinrichtung übernehmen sollte, doch wurde diese neuartige Erfindung schon bald – sicherlich auch angesichts der großen Hinrichtungswellen – als barbarisch und grausam angesehen. Später kam noch der Zweifel hinzu, ob der abgetrennte Kopf nicht doch noch ein Bewußtsein und Schmerzempfindungen habe, woran sich eine heftige akademische Debatte entzündete, die die philanthropischen Grundlagen dieser Hinrichtungsart ins Wanken brachte. Zudem ließ sich die technische Perfektion mit der körperliche Verstümmelung schlecht vereinbaren. Ein schwieriges Problem war daher auch der Umgang mit dem verströmenden Blut und seiner ›Entsorgung‹. Was in der Theorie sauber und zivilisiert erschien, stellte in der Praxis enorme Schwierigkeiten dar, von denen im weiteren Verlauf dieses Buches die Rede sein wird.

Daniel Arasse ist in seiner Studie über die Guillotine der Frage nachgegangen, wie ein zivilisatorischer Fortschritt, den die Guillotine darstellte, dennoch Angst und Schrecken verbreiten konnte. Man kann mit Arasse einen wesentlichen Grund dafür in der entmensch-

---

* Daniel Arasse, Die Guillotine, Hamburg 1988 (fr. Originalausgabe: La Guillotine et l'imagination de la terreur, Paris 1987).

lichenden Funktion der Maschine selbst sehen. Unbeabsichtigterweise hatte die Technisierung des Todes, die den Henker hinter seinem Werkzeug zurücktreten und zum ›ausführenden Organ‹ werden ließ, auch gleichzeitig eine quantitative Steigerung der Todesurteile zur Folge. Die Konnotationen der rationalisierten Produktionsabläufe in der Arbeitswelt (Effizienz, Genauigkeit, Leistungsfähigkeit) trafen unmittelbar auf die Guillotine zu, freilich mit dem Unterschied, daß das industrielle Produkt in der Zahl der abgetrennten Köpfe bestand. »Als Produkt der Aufklärung ist die Guillotine eine der ersten Maschinen, an der sich ein Rentabilitätsdenken in bezug auf die Arbeitszeit entwickelte.«* In Paris hat man an eine Effizienzsteigerung durch eine Guillotine mit zweiunddreißig parallelen Fenstern gedacht, um 32 Menschen gleichzeitig hinrichten zu können, und in Bordeaux ist gar eine vierfenstrige Guillotine konstruiert worden, die jedoch nie zur Anwendung kam.

Ein weiterer entscheidender Aspekt war der traditionelle Öffentlichkeitscharakter der Hinrichtungen, die gewissermaßen auf einer Bühne und nicht in den geschützten Räumen eines Gefängnisses stattfanden. Viel später erst hat man damit begonnen, die Hinrichtungen an versteckten Plätzen stattfinden zu lassen. Als die erste öffentliche Hinrichtung durch die Guillotine auf dem Greveplatz stattfand, war das Publikum ob der Kürze der Hinrichtung enttäuscht und forderte mit Liedern den alten Galgen zurück, der doch wenigstens durch das Zukken der Opfer die Agonie und damit auch die nachvollziehbare Strafe hatte sichtbar werden lassen. Erst mit den großen Hinrichtungsschüben wurde die Hinrichtung zum adäquaten *Schauspiel.*

Welche Rolle jedoch spielten die alteingesessenen Repräsentanten und Meister auf dem Gebiet des Todes, die Henker? Ging es bei der traditionellen Hinrichtung darum, von Angesicht zu Angesicht zu töten, also um ein direktes Verhältnis von Opfer und Henker, so wurde durch die Maschine der Mensch nur zum Auslöser eines automatisch ablaufenden Prozesses. Damit veränderte sich auch die gesellschaftliche Situation der Scharfrichter, die aufgrund ihrer Sonderrolle stets als eine eigene, höchst verachtete Spezies betrachtet wurden. Gelegentlich kamen sie sogar in den Ruf der Menschlichkeit und

---

* Daniel Arasse, a.a.O., S. 39.

Empfindsamkeit, wie sich anhand einer besonders absurden Groteske der Revolutionszeit zeigt: »Wo kommt ihr her, meine Damen? – Mama, wir kommen von den Hinrichtungen. – Oh mein Gott, was muß der arme Henker durchgemacht haben.« (J. Joubert *Carnets* vom 30. Juni 1804) Es hat den Anschein, daß die Revolution auch für den Henker eine Befreiung von seinem belasteten Gewerbe bewirkt hatte, doch war das Gegenteil der Fall, wie später noch näher auszuführen sein wird.

Diesem Themenkomplex widmet sich in besonderer Weise das Werk von Guy Lenôtre, das eine der ersten grundlegenden Untersuchungen zur Guillotine darstellt. Einer Anekdote zufolge hatte er seine Studie 1892 im Verlagshaus Perrin kommentarlos auf den Tisch gelegt und sich wieder entfernt. Die Verleger waren begeistert, konnten aber den Autor nicht erreichen, da dieser Name und Adresse verschwiegen hatte. Einige Monate später erschien er und daraufhin begann eine lange Zusammenarbeit zwischen Verlag und Autor, aus der mehrere Werke zur französischen Revolution resultierten.

Guy Lenôtre hieß mit bürgerlichem Namen Louis Léon Théodore Gosselin. Sein Pseudonym Lenôtre leitete sich von dem berühmten Gartenbauarchitekten Ludwigs XIV., André Le Nôtre, ab, mit dem er entfernt verwandt war. Im Jahre 1855 in der Nähe von Metz geboren, schlug er auf Wunsch des Vaters zunächst die Beamtenlaufbahn bei der Zollverwaltung in Paris ein, übte jedoch nebenbei eine Tätigkeit als Journalist aus. Den literarischen Durchbruch schaffte er durch einen Aufsatz im *Figaro* über die Niederlage Napoleons III. bei Sedan. Seine Methoden waren in mancher Hinsicht ihrer Zeit voraus. So war er zum Beispiel während eines Urlaubs den Wegen Napoleons nachgereist, hatte in den Räumen genächtigt, in denen Napoleon die erste Nacht der Gefangenschaft verbracht hatte, und dabei der Wirtin mit seinen suggestiven Fragen die (vermeintlichen) Einzelheiten jener besagten Nacht wieder ins Gedächtnis gerufen.

Diesen Zugang bewahrte sich Lenôtre auch für sein späteres schriftstellerisches Wirken. Sein umfangreiches Schrifttum befaßt sich ausschließlich mit der französischen Revolution, die ihn ganz in ihren Bann gezogen hatte und der er sich, Archive, Akten und Zeitungsartikel auswertend, nicht nur als Chronist und Historiker, sondern vor allem als Dichter genähert hat. Vor allem erweckten menschliche, nicht politische Schicksale seine Neugierde. So heißt es in einer kleinen Tagebuchnotiz:

> Ich kenne einen Archivwinkel, wo ein Haufen von Papieren ruht, den ohne Zweifel nur wenig Suchende befragt haben. Es sind alle Protokolle, die in den Wahlabteilungen von Paris während der Revolution aufgenommen worden sind...: im ganzen nichts Wichtiges für einen Historiker, aber Material ersten Ranges für einen Chronisten, und schon beim Durchschauen dieser alten Papiere will mir scheinen, daß jedes von ihnen ein Drama darstellt: da handelt es sich um einen Selbstmord, eine Verhaftung, eine Frau, die ins Wasser gefallen, ein Kind, das auf der Straße verloren gegangen ist, was weiß ich? Und das alles ist in diesem kalten und platten Amtsstil aufgezeichnet, der in seltsamem Gegensatz steht zu den berichteten Vorfällen. Man möchte die Fortsetzungen von all diesen Geschichten kennen. Und hernach?
> Aus dem Ganzen ergibt sich der Eindruck, daß die Geschichte der Revolution noch zu schreiben ist.

Diesem Großprojekt, die Geschichte der französischen Revolution neu zu schreiben, ist das ganze Werk Lenôtres gewidmet. Bezeichnenderweise behandelt er dabei zumeist die Nebenschauplätze und Randfiguren der Revolution, wie zum Beispiel den royalistischen Verschwörer Baron de Batz oder die Ertränkungen von Nantes. Am deutlichsten verwirklicht er jedoch dieses Programm in seinem Erstlingswerk »Die Guillotine«, das für sein weiteres schriftstellerisches Wirken eine Schlüsselstellung einnimmt. Daß Lenôtre ausgerechnet mit diesem Instrument der *Terreur* und seinen Handlangern seine Interpretation der Revolution beginnt, ist ein erstaunliches Faktum. Wo man sich andernorts mit der Floskel begnügt hat, »daß man im Blut gebadet habe«, schaut Lenôtre ins Zentrum des Schreckens. Dabei wertet er nicht, sondern erzählt. Kein Detail, vom Kostenvoranschlag des Henkers bis zur Akquisition der Friedhofsgrundstücke, ist zu geringfügig, um nicht sein Interesse zu finden. Indem er sich in die Rolle des Chronisten begibt, der nicht wagt, auch nur ein Jota zu ändern, wird er zum Erben einer in Frankreich reichen Tradition der realistischen Beschreibung: der Chronique, der Memoiren und der galanten Briefliteratur.

Die Geschichtswissenschaft seiner Zeit hat ihm seine Methoden übelgenommen und eine Verfälschung der Tatsachen vorgeworfen. Lenôtre begegnete diesen Vorwürfen damit, daß er seine Recherchen stets auf der Grundlage von Quellen betrieben habe, die er aus dichterischer Freiheit nicht immer angeben zu müssen glaubte.

In der Tradition der Mentalitätsforschung und Sozialgeschichte kommt Lenôtre damit eine ungeahnte Modernität zu, denn seine Studie über die Guillotine und die Scharfrichter der Revolution, stellt eine quellen- und kenntnisreiche Arbeit über die Henker dar, die man mit Blick auf ihren berühmtesten Repräsentanten, den Scharfrichter Sanson in Paris, als den *Kulminationspunkt der Revolution* bezeichnet hat. Stigmatisiert von dem Fluch, der auf den Henkern und ihren Familien lastete, waren sie aber zugleich die freiesten Männer Frankreichs dieser Zeit. Kein Mensch konnte es wagen, dem Revolutionstribunal gegenüber so frei aufzutreten, wie es die Scharfrichter in ihren Schreiben und Petitionen taten, denn sie stellten die unmittelbare und letzte Stütze der Schreckensherrschaft dar. Somit ist dieses Buch nicht nur ein Buch über die Guillotine, ihre Opfer, ihre Erfinder und ihre historischen Bedingungen, sondern auch über ihre heimlichen Protagonisten. Hier liegt auch das eigentlich erzählerische Interesse Lenôtres: zu ergründen, wie diese Monstrosität der Geschichte von ihren unmittelbaren Agenten erfahren worden ist. Nehmen wir eine kurze Passage aus dem ersten Kapitel vorweg und lassen den Autor, an dieser Stelle zu Wort kommen:

> Denn es ist wert, festgehalten zu werden, daß man zwar eine erstaunliche Zahl von Erzählungen über die revolutionäre Epoche hatte schreiben, daß man sie aus verschiedenen Ecken erhellen und ihre dramatischsten Aspekte durch Recherchen und Dokumente hatte rekonstruieren können, daß aber ihr schrecklichster Funktionär, dem das letzte Wort zukam in diesem Drama, auf immer im Schatten stehen sollte.
> Das Schafott und sein Scharfrichter scheinen lediglich Abstraktionen zu sein. Diese rote Silhouette beherrscht die ganze Geschichte auf die Art eines unpersönlichen, ungreifbaren Phantoms, und noch hat niemand die Lösung dieses Problems gesucht: Wer war jener? Und dennoch [...] waren es Menschen; Menschen, die, wie die anderen Menschen auch, eine Familie hatten oder zumindest, so wie de Maistre sagt, ein Weibchen und ein paar Stöpsel, Gefühle, Haß, Interessen, Vorurteile, Hochmut, Leidenschaften, Bedürfnisse, Ambitionen. Wenn man ihre Akten öffnet, die in unseren Archiven lagern, so macht sich, in all den Stößen ungelesenen Papiers, das Empfinden bemerkbar, daß man hier in eine fremde Welt eindringt, eine Welt, schrecklich und unerforscht.

Diese ›fremde Welt‹ der Scharfrichter war in der Tat durch die Revolution einer fundamentalen Veränderung ihres Amtes unterworfen. Neben den neuen Anforderungen durch den Umgang mit diesem Instrument, die zumindest in der Provinz Angst und Schrecken unter den Henkern verbreitet hatte, kamen in der Blütezeit der Schreckensherrschaft noch willfährige Patrioten hinzu, Amateurhenker gewissermaßen, die den angestammten Henkern ihren Platz streitig machten. Am augenfälligsten wird jedoch die Veränderung ihrer Situation am 21. Januar des Jahres 1793, dem Tage der Hinrichtung Ludwigs XVI., die einen jahrhundertealten Pakt zwischen König und Henker zerbrechen läßt. Der erwähnte De Maistre hat dieses Verhältnis beschrieben: »Und dennoch beruht alle Größe, alle Macht, alle Subordination auf dem Scharfrichter; er ist der Schrecken und das Band der menschlichen Gesellschaft. Nehmen Sie der Welt dieses unbegreifliche Mittel; in dem nämlichen Augenblick weicht die Ordnung dem Chaos; die Throne sinken, und die Gesellschaft verschwindet. Gott, der der Urheber der Souveränität ist, ist also auch der Urheber der Strafe: auf diese beiden Pole hat er unsere Erde gegründet.«

Für beide, den König und den Henker, hat dieses Ereignis den Untergang bedeutet bzw. eingeleitet. Wenige Jahrzehnte später ist auch der letzte Henker verschwunden, nachdem er zuvor die Guillotine ins Pfandhaus gebracht hat.

Übrig bleiben viele Fragen auf diese denkwürdigen Jahre der Schreckensherrschaft, die durch die ungewöhnliche Perspektive dieses Buches erst sichtbar werden. Wie beispielsweise war es möglich, daß man diese schaurige und über nahezu zwei Jahre tägliche Inszenierung auf den Straßen von Paris erduldet hat? Schließlich waren es Menschen, die anderen Menschen dieses Leid haben zufügen können, und dieses Faktum ist ebenso schrecklich wie unerforscht. Guy Lenôtre möchte diese Fragen nicht beantworten, er vermag es auch nicht. Indem er seinen Blick, ohne schon ein Urteil a priori gefällt zu haben, auf jene lenkt, die durch ihre Profession am unmittelbarsten mit diesem Leid konfrontiert waren und es verursachten, wird der Henker als *Mensch* sichtbar. In diesem Sinn ist »Die Guillotine« ein Buch über Menschlich-Allzumenschliches; ein Buch der Details, das umso monströser und gewaltiger scheint, je mehr man sich darauf einläßt.

Kapitel 1

Die Strafjustiz unter dem Ancien Régime

1. Der Henker

Im Jahre 1795[1] schrieb L.S. Mercier für seinen *Nouveau Paris* ein ergreifendes Kapitel:

>»Ich würde gerne wissen«, so sagte er in betreff auf den Scharfrichter, »was sich auf seinem Gesicht ereignete und ob er sein schreckliches Geschäft lediglich wie ein Gewerbe betrachtet hat. [...] Er hat das junge Mädchen gesehen, wie es am Vorabend seiner Hochzeit dem Tode die Stirne bot, kaltblütiger als der berühmte d'Estaing, von dessen Ruhmestaten ganz Europa widerhallte.
>   Wie schläft er, nachdem er die letzten Worte empfangen und die letzten Blicke all der abgetrennten Köpfe geschaut hat? [...] An seine Ohren drang der Applaus und die rasenden Schreie tausender entfesselter Weiberfurien beim Anblick dieses schreckliches Blutbades. Er schläft, sagt man, und es kann gut sein, daß er dies ruhigen Gewissens tut. [...] Zwar war er nicht – wie der Scharfrichter in Nantes – alles in Personalunion, als Henker, als Präsident der *Sociétés populaires* und als Zeuge, der gegen die Beschuldigten aussagen sollte. Man erörterte nicht, wie in Nantes, das Glück, ihn als Schwiegersohn zu haben; man sah nicht, wie

---

[1] Der *Nouveau Paris* erschien erst 1800; doch die Kapitel, aus denen er sich zusammensetzt, entstammen verschiedenen Zeiten der Revolution: Mercier hatte sich tatsächlich bemüht, die Eindrücke seiner Spaziergänge in den Straßen, seiner Gespräche in den Fluren der Nationalversammlung, die Sensationsmeldungen, ob sie nun falsch oder richtig waren, von Tag zu Tag aufzuschreiben: er nannte es »seine Morgenschokolade einnehmen«. – »Fünfzehn Monate Gefängnis während der kritischsten Zeit«, so schrieb er, »im allgemeinen wenig Einfluß und die Stimme eines schwachen Mannes im Sturm der politischen Ereignisse haben es mir nicht erlaubt, Besseres oder mehr zu tun: getragen auf den Gewitterfluten, ohne einen Windstoß ausgelassen zu haben, bemühte ich mich, in dem Unwetter einige bemerkenswerte Züge zu unterscheiden. (Unveröffentlichter Brief Merciers.)

in Nantes, daß Personen von hohem Rang und jeden Standes mit einem liebkosenden Anflug auf ihn zu sprechen kamen und seine blutigen Hände freundschaftlich drückten. Und die Pariserinnen bekamen nicht, wie viele der Frauen aus Nantes, die hochrote Guillotine zu Gesicht.

Er empfing, sagt man, die Entschuldigung der Königin, als sie auf dem Schafott aus Versehen mit ihrer Fußspitze auf die seine trat. Was hat er gedacht? Er wurde lange aus der königlichen Schatzkammer entlohnt. Was für ein Mann, dieser Sanson! Er kommt und geht, wie jeder andere. Gelegentlich besucht er einen Schwank im Theater, er lacht, er schaut mich an. Mein Kopf ist ihm entwischt, er weiß davon nichts [...].«

Diese wenigen Zeilen von Mercier und der Brief, den der Scharfrichter einem Journalisten[2] schrieb, einige Tage nach dem 21. Januar 1793,

---

[2] Dieser Journalist war Dulaure, Redakteur des *Thermomètre du jour*. In der Ausgabe vom 13. Februar 1793 berichtete das Blatt folgendes Ereignis:
Höchst wahre Anekdote von der Hinrichtung Louis Capets:
»Im Moment, wo der Verurteilte das Schafott bestieg«, erzählt Sanson (denn es ist der Scharfrichter selbst, der diese Gegebenheit berichtet und der sich des Wortes ›der Verurteilte‹ bedient), »war ich überrascht von seinem Selbstvertrauen und seiner Gefaßtheit; doch im Moment des Trommelwirbels, der seine Rede unterbrach, sowie der gleichzeitigen Bewegung meiner Gehilfen, um ihn zu ergreifen, verzerrte sich augenblicklich sein Gesicht; er schrie überstürzt dreimal hintereinander: ›Ich bin verloren!‹ Diese Begebenheit, zusammen mit einer anderen, die Sanson ebenfalls erzählte, in dem Wissen, daß der Verurteilte am Vorabend reichlich gegessen und am selben Morgen noch gut gefrühstückt hatte, zeigt uns, daß Louis Capet bis zum Zeitpunkt seines Todes in einer Illusion gelebt und auf Gnade gezählt hatte. Jene, welche ihn in der Illusion ließen, hatten zweifellos die Absicht verfolgt, ihm eine sichere Haltung zu verleihen, die den Zuschauern und der Nachwelt imponieren sollte, aber der Trommelwirbel hat den Zauber der falschen Gefaßtheit zerstreut, und die Zeitgenossen ebenso wie die Nachwelt werden nun wissen, was sie von den letzten Momenten des verurteilten Tyrannen zu halten haben.«
Sanson, der durch diesen Artikel direkt in die Angelegenheit hineingezogen wurde, richtete ein formelles Dementi gegen die Behauptungen des *Thermomètre du jour,* so daß Dulaure sie mit folgendem Wortlaut in der Ausgabe vom 18. Februar zurücknahm:
»Der Bürger Sanson, Vollstrecker der Strafurteile, hat mir geschrieben, um einem Artikel in der Nummer 410 des *Thermomètre du jour* zu widersprechen, in dem man ihn die letzten Worte von Louis Capet erzählen läßt. Er erklärt, daß die Schilderung gänzlich unwahr sei. Ich bin nicht der Autor dieses Artikels. Er wurde den »*annales patriotiques*« von Carra entnommen, der ihren Inhalt als gesichert angibt. Ich fordere ihn auf, dies zurückzunehmen. Ich fordere auch den Bürger Sanson auf, mir, so wie er es mir versprochen hat, die genaue Schilderung seines Wissens über das Ereignis

sind fast alles, was wir von Sanson wissen, diesem Mann, der nach einem berühmten Wort der *Schlußstein der Revolution* war. Kein Hin-

zukommen zu lassen, das einen großen Platz in der Geschichte einnehmen wird. Die Philosophen streben zu erfahren, wie Könige zu sterben wissen.«

Und Dulaure erhielt einige Tage später folgenden Brief:

An den Redakteur,
Hier ist, meinem Versprechen folgend, die exakte Wahrheit über die Hinrichtung Louis Capets:
Nachdem er zur Hinrichtung aus dem Wagen stieg, sagte man ihm, daß er seinen Rock ausziehen müsse. Er machte Schwierigkeiten, indem er sagte, daß man ihn doch so hinrichten könne, wie er sei. Nach der Erläuterung, daß das unmöglich sei, half er selbst mit, seinen Rock auszuziehen. Als man seine Hände zusammenbinden wollte, machte er noch einmal die gleichen Schwierigkeiten, streckte sie dann von sich aus hin, als ihn die Person, die ihn begleitete, davon überzeugte, daß es das letzte Opfer wäre, das man von ihm verlangte. Dann fragte er, ob die Trommeln immer weiter schlagen würden. Es wurde ihm geantwortet, daß man darüber nichts wisse, was der Wahrheit entsprach. Er stieg aufs Schafott und wollte nach vorne gehen, um eine Rede zu halten. Aber man hielt ihm vor, daß dies noch unmöglicher sei. Er ließ sich schließlich zur Stelle führen, wo man ihn festband und von wo er laut schrie: »Ihr Leute, ich sterbe unschuldig!« Anschließend drehte er sich um und sagte zu uns: »Die Verbrechen, derer man mich beschuldigt, habe ich nicht begangen. Möge mein Tod dem französischen Volk Glück bringen!«

Das also waren, Bürger, seine letzten und wahrhaftigen Worte.

Die kleinen Verhandlungen am Fuß des Schafotts drehten sich darum, daß er es nicht für nötig hielt, daß man ihm den Rock auszog und seine Hände zusammenband. Er machte auch den Vorschlag, sich selbst die Haare abzuschneiden. Und um die Wahrheit zu sagen, er hat all dies mit einer Kaltblütigkeit und Gefaßtheit vorgebracht, die uns in Erstaunen versetzte. Ich bleibe bei der Überzeugung, daß er diese Beherrschung aus den Grundsätzen der Religion schöpfte, von der niemand mehr erfüllt und überzeugt schien als er selbst.«

Unterzeichnet: SANSON, Vollstrecker der Kriminalurteile

Fügen wir hinzu, daß Dulaure, um den Bericht dieses immer noch nicht vollständig geschilderten Vorfalls zu beenden und um nicht den Anschein zu erwecken, die unzweideutigen Ansichten des Scharfrichters übernommen zu haben, dem Text Sansons einige Zeilen hinzufügen zu müssen glaubte:

»Wie soll man diese Glaubensgrundsätze, die das Verbrechen, die Hinterhältigkeiten und den Verrat verurteilen, mit den von Louis verübten Verbrechen und Hinterhältigkeiten verbinden? Wie das Bewußtsein seiner Straftaten mit seiner Überzeugung der eigenen Unschuld in Einklang bringen? Entweder war Louis in seinen verbrecherischen Überzeugungen einer der halsstarrigsten Menschen, oder seine Scheinheiligkeit hat ihn bis zum Tode begleitet. Oder aber er war der fanatischste, leichtgläubigste und dümmste unter denen, die die Priester blind gemacht haben.«

weis jedoch, was seine Mitbrüder in den Departements anbelangt. Gelegentlich taucht in örtlichen Monographien ein Name auf, der den allgemeinen Widerwillen auf sich zieht, der aber in der Überlieferung nur unter dem Rubrum läuft: *so hieß der Henker zur Zeit des Schreckens.* Allerdings passiert dies höchst selten. Denn es ist wert, festgehalten zu werden, daß man zwar eine erstaunliche Zahl von Berichten über die revolutionäre Epoche hatte schreiben, daß man sie aus verschiedenen Ecken erhellen und ihre dramatischsten Aspekte durch Recherchen und Dokumente hatte rekonstruieren können, daß aber ihr schrecklichster Funktionär, dem das letzte Wort zukam in diesem Drama, auf immer im Schatten stehen sollte. Das Schafott und sein Scharfrichter scheinen lediglich Abstraktionen zu sein. Diese rote Silhouette beherrscht die ganze Geschichte auf die Art eines unpersönlichen, ungreifbaren Phantoms, und noch hat niemand die Lösung dieses Problems gesucht: Wer war jener? Und dennoch – und hier liegt der Reiz dieser Frage – waren es Menschen; Menschen, die, wie die anderen Menschen auch, eine Familie hatten oder zumindest, so wie de Maistre sagt, *ein Weibchen und ein paar Stöpsel,* Gefühle, Haß, Interessen, Vorurteile, Hochmut, Leidenschaften, Bedürfnisse, Ambitionen. Wenn man ihre Akten öffnet, die in unseren Archiven lagern, so macht sich in all den Stößen ungelesenen Papiers das Empfinden bemerkbar, daß man hier in eine fremde Welt eindringt, eine Welt, schrecklich und unerforscht. Da wimmelt es von Gestalten, die finster und sanft sind in einem, da erwachen die Geister gutbürgerlicher Monster, die unter sich bleiben, die einander denunzieren, sich helfen, Ministern schreiben, ihre Beschützer anbetteln, Elend und Misère schreien, Stammväter nachwachsender Scharfrichter werden, die Posten verlangen, sich auf hundert Arten abrackern, um voranzukommen, und die vor allem von ihrem Gewerbe mit einer so selbstverständlichen und kalten Gutmütigkeit reden, daß es einem graust. Hier finden sich vergilbte und verknickte Papiere, die man nur mit einer bestimmten Form des Ekels betrachten kann: schmutziggraue *Scharfrichter-Aufträge,* die sie während der Arbeit bei sich hatten, Protokolle, auf den Stufen des Schafotts redigiert, Briefe, beschmiert von diesen steifen Händen, welche die Berührung des Balkens schwielig gemacht hatte, kleine Zettelchen, nach der Arbeit geschrieben, mit groben Fingerspitzen, an deren Nägeln noch immer das Blut klebte.

Dennoch verwandelt sich der instinktive Widerwille, der sich bei der Lektüre dieser Akten zunächst einstellt, bald in ein Empfinden, das fast dem Mitgefühl nahekommt: man verspürt ein lebhaftes Interesse für diese Menschenkaste, die ein fatales Erbe von der übrigen Menschheit abschneidet. Die Söhne des Jacques d'Armagnac, so heißt es, spürten auf ihrer Stirn das Blut ihres Vaters durch die schlecht justierten Bohlen des Schafotts herabtropfen. Dieser widerliche Vorfall wird sich in unserer Geschichte hundertfach wiederholen. Das Blut, das der Scharfrichter vergossen hat, geht durch die Generationen hindurch und besudelt das Gesicht seiner Nachfahren: keine Hoffnung, sich von dieser Erbsünde freizusprechen. Der Sohn des Henkers war selbst Henker, und wenn es wahr ist, daß diese Erblichkeit niemals *von Rechts wegen* existiert hat, so ist es nicht weniger sicher, daß dieser Makel *faktisch* unabwendbar war. Und so kam es dazu, daß während der Jahrhunderte mehr als zweihundert Familien ein Leben gelebt haben, demütig und ohne Recht auf Empfindlichkeit, in der Gewißheit, verflucht und verachtet zu sein, gelegentlich rechtschaffene, oftmals zynische Menschen, die einander, wie eine unversöhnliche Erbschaft, den höchsten Schrecken vermachten, der sich an ihr Amt knüpft.

2. Die *Rifleur*

Viele Menschen denken wohl, nicht ohne einen gewissen Grund, daß die Revolution die große Zeit der Scharfrichter war. Das war sie keineswegs. Im Gegenteil, keine Klasse der Gesellschaft hatte mehr unter der Veränderung zu leiden, die der Errichtung des parlamentarischen Systems und der Verbreitung der neuen Ideen folgte.

Vor 1789 gab es in Frankreich, Korsika inbegriffen, mehr als einhundertsechzig Scharfrichter. Es ist schwierig, die präzise Zahl zu nennen, denn die Zahl derjenigen, die im Elsaß wirkten, ist nicht bekannt[3]. Sie erhielten in der großen Mehrzahl ihre Bezüge vom König, nur eine sehr geringe Zahl stand in den Diensten von Gutsherren oder von Gemeindeverwaltungen. Die Sanson in Paris, Tours und

---

[3] Archives nationales: BB³ 206.

Reims; die Demoret in Étampes, Dourdan, Senlis, Noyon, Laon, Epernay, Châlons und Vitry-le-Français; die Ferey in Rouen, Pont-Audemer, Provins, Orléans; die Jouenne in Melun, Évreux, Caen, Dieppe und in Caudebec – dies waren die großen Dynastien, die einander im Norden Frankreichs das *Amtsgeschäft der Justiz* vererbten. Die Gegend des Midi war unter diesem Gesichtspunkt weniger begünstigt. Die Städte, die sich den Luxus eines Scharfrichters leisten wollten, beauftragten gewöhnlich einen Verurteilten dazu, seine Mithäftlinge zu exekutieren, denn das Vorurteil, welches in den Provinzen des Mittelmeeres grassierte, war so ausgeprägt, daß sich niemand zu einem solch schlecht entlohnten Geschäft bereit finden mochte, zumal dies so geringgeschätzt war, daß der Henker zumeist kaum einen Bäcker fand, der ihm zu Essen verkaufen wollte, sowenig wie sich ein Hauseigentümer dazu bereit fand, ihm Obdach zu geben[4].

Der Nordosten, Lothringen besonders, war im Gegensatz dazu das wahre Scharfrichterparadies. Die Nachbarschaft Deutschlands, wo sich in nahezu jedem Nest ein Scharfrichter fand, der im Dienst der Polizei stand, die ausgesprochene Seltenheit der Todesurteile, die Gewohnheit, tagtäglich mit dem Scharfrichter oder mit einem seiner Angehörigen zusammenzukommen – denn im allgemeinen waren die Scharfrichterfamilien überaus zahlreich –, und schließlich, mehr noch als dies, der Wohlstand, in dem die Amtsträger lebten – all das hatte das Vorurteil erlöschen lassen und dazu geführt, daß sie durchaus akzeptiert wurden, ja einige sogar sich einer gewissen Wertschätzung erfreuten. Folglich wimmelte es in diesem Teil Frankreichs von Scharfrichtern.

Im Zuständigkeitsbereich des vormaligen Parlaments von Nancy, das sich aus dreiunddreißig teils lokalen, königlichen oder gutsherrlichen Vogteien zusammensetzte, zählte man einundvierzig Scharfrichter, jene nicht eingeschlossen, die im Dienste eines einzelnen Herren standen.

Mit Ausnahme der beiden Städte und Vogteien von Vézelise und Bruyères gab es nicht eine Vogtei in dieser Gegend, in der nicht mindestens einer, gelegentlich auch zwei Scharfrichter wirkten. Man

---

[4] Siehe S. 196, den Bericht Sansons über die Schwierigkeit, Scharfrichter zu finden, die in den Departements des Midi arbeiten wollten.

hat keinen Hinweis über die Höhe ihrer Bezüge. Es ist lediglich bekannt, daß das Recht der *Havage* vor 1775 nur auf den Märkten von Neufchâteau, Bourmont, Épinal, Châtel und Mirecourt wahrgenommen wurde. Diese Scharfrichter, weniger glücklich als ihre Mitbrüder von Trois-Évêchés, befanden sich in einer unglücklichen Lage. Sie bezogen fast nichts aus den Exekutionen, von denen nur die Kollegen aus Nancy profitierten, weil man mit Ausnahme jener, die man auf dem Schafott an den Pranger stellte, in jener Stadt alles daransetzte, um der Gemeinde die Kosten der Verlegung der Verurteilten zu ersparen.

In Thionville gab es zwei: Jean Graulle und Jean-Baptiste Dallenbourg, der seit 1748 sein Amt ausübte; in Montenach war es Mudac Spirkel, beauftragt seit 1761. In Rodemach war Jean-Nicolas Spirkel vom Prinz von Baden bestallt worden, der ihm ein abseits stehendes Haus am Fuße der Burg hatte errichten lassen. In Boulay wirkte Nicolas Wolff, in Saarlouis Pierre Cauni (seit 1781), in Bisten[5] François Spirkel (seit 1766), in Filstroff Pierre Back (seit 1768), in Diding Pierre Hippo (seit 1787), in Puttelange Georges Bour, in Longuyon Henry Habile, dessen wahrer Name Schewindt war, seine Geschicklichkeit jedoch ihm den Beinamen eintrug: *l'Habile* (der ›Geschickte‹). In Briey tat Antoine Roch seinen Dienst, in Forbach die Gebrüder Mathias und François Bourgard, in Reling Jean Wolff, der Scharfrichter des Parlamentes von Metz nicht eingerechnet, der, üppig entlohnt[6], von seinem Stand und von seiner Bedeutung der Doyen und Patriarch der in dieser Gegend ansässigen Mitbrüder war.

Jeder Marktflecken des Elsaß zählte sozusagen einen Scharfrichter pro Gemeinde; in der Champagne waren sie rarer gesät. Dennoch hatte eine jede halbwegs ansehnliche Stadt einen Scharfrichter. In

---

5 Bisten-im-loch oder Bistain, in der ehemaligen Provinz von Trois-Evêchés, abhängig vom Lehensgut des Bistums Metz in Vic. Diding nahe bei Freistroff, Filstroff, Puttelange, Forbach, Reling oder Remeling waren Marktflecken der ehemaligen Provinz Lothringen. Montenach gehörte zu Trois-Evêchés und war von der Feldgendarmerie von Sierck abhängig. Rodemach lag in der Lehenspacht von Thionville. Longuyon und Briey waren ehemalige Städte des Barrois.

6 Der Scharfrichter von Metz erhielt im Jahr 1789 jährliche Bezüge in Höhe von 7163 Livres.

Flandern gab es einen in Lille, in Cambrai und Douai, der Scharfrichter des Rates von Artois saß in Arras; die Gemeindeverwaltungen von Laon und Soissons hatten jede einen. In der Normandie gab es etwa zehn, während umgekehrt bestimmte Departements des Midi und Zentralfrankreichs noch im Jahr 1791 nicht einen Scharfrichter ihr eigen nannten. Nun muß man sagen, daß der Großteil dieser Bevollmächtigten der öffentlichen Hand, denen man im allgemeinen den Titel eines Meister-Scharfrichters (*maître des hautes et basses œuvres*) zuerkannte, nur die Funktion eines *Rifleur* [7] ausübte, das heißt eines Marktaufsehers und eines Vollstreckers der polizeilichen Verordnungen.

3. Der Henker von Landau

Aus welchen Quellen nährte sich diese zahlreiche Gilde? Dieser Sachverhalt ist nicht leicht zu bestimmen. Nach der alten Gesetzgebung fand sich unter den Feudalrechten ein *Havage* [8] genanntes Recht, das dem König zustand, der es seinerseits den Scharfrichtern als Gehalt überlassen hatte. Der Scharfrichter aus Paris ließ es durch seine Bediensteten erheben, aber aufgrund der Aversion, welche die Leute seines Standes erweckten, ließ man diesen Raubzug nur mit dem Mittel eines Weißblechlöffels, der als Maß diente, geschehen. Der Gebrauch dieses Rechtes war im ganzen Königreich bekannt, und die Scharfrichter zogen daraus einen gelegentlich beachtenswerten Ge-

---

[7] Dieses Wort findet sich nicht im *Littré*, im *Furetières*, im *Richelet* und auch nicht im *Dictionnaire* von Trévoux oder im *Glossaire* von Ducange. Seine Etymologie scheint mir dennoch sehr leicht nachvollziehbar. Das alte Verb *riffler* bedeutet zugleich *ritzen*, *das Fell über die Ohren ziehen* und *gefangennehmen;* in dieser letzten Bedeutung hat es *rafler* geformt. *Rifflade, riffleur*, welche die dazugehörigen Substantive sind, bezeichnen eine Verletzung, die nur eine Ritze, eine *éraflure*, also eine Schramme ist. Der *Rifleur* ist also der Vollstrecker, *der nicht nur dazu bestallt ist, die Delinquenten mit Stockhieben zu züchtigen, sondern auch derjenige, der die toten Tiere häutet;* das Recht der *riflerie* bedeutet den Verkauf ihrer Felle zu seinem Profit. – Fast überall war der Henker in Personalunion auch der Abdecker.

[8] *Havage, havagiau* oder *havée*: Recht, das es gewissen Personen erlaubt, vom Weizen oder von den Früchten, die man auf dem Markt feilbietet, soviel zu nehmen, als sie mit den Händen greifen können.

winn. Freilich kann man sich vorstellen, daß eine solche Steuer kaum dem Geschmack der Steuerpflichtigen entsprach. Unentwegt gab es Diskussionen oder gar Schlägereien, denn die Mehrzahl der Verkäufer wollte es nicht dulden, daß der Henker oder sein Bediensteter sie, so wie es seine Gewohnheit war, auf dem Arm mit einem Kreidestrich kennzeichnete, um diejenigen wiederzuerkennen, die ihn bezahlt hatten. Daher hob ein Urteil des Rates vom 3. Juni 1775 das Recht der *Havage* auf Weizen und Mehl auf. Das war der Ruin der Scharfrichter, denn die Verkäufer beeilten sich, diese Maßnahme auf alle anderen Eßwaren auszuweiten. Der Scharfrichter von Paris verlor durch diese Maßnahme Einkünfte in Höhe von 60 000 Livres, der von Troyes 6552 Livres und der von Sedan 4236 Livres, während die Kollegen aus Pont-l'Évêque 5800 Livres und aus Laon 4000 Livres[9] einbüßten etc. Es war also notwendig, sich um ihre Existenz zu sorgen. Man gestand ihnen eine provisorische Besoldung zu, die jedoch nicht auf gleichförmige Art geregelt war. Einige behielten das Recht der *Havage* auf die übrigen Lebensmittel (außer Weizen und Mehl); die Mehrzahl wurde mit einem Gemeindesold versorgt oder mit Beihilfen, die von den Gemeinden aufgebracht wurden. Zudem trat man ihnen gewisse und überaus bizarre und außer Gebrauch geratene Feudalrechte ab. Der Scharfrichter des Rates von Artois in Arras etwa erlangte das Privileg, zu seinen Gunsten alle toten Pferde in der Stadt und der Vorstadt abzutransportieren; jener aus Lille verlangte von allen Personen, die etwas zum Besten gaben, was nicht bekannt war, eine Gebühr; Ferey, aus Provins, verschaffte sich ein jährliches Einkommen von 40 Livres durch den Gebrauch eines Exklusivprivilegs, welches ihm erlaubte, ein Kegelspiel aufzuziehen, das die Gemeinde untersagt hatte, »in der Erwägung, daß dieses Spiel kostspielig für die Allgemeinheit und jugendgefährend sei«; schlußendlich konnte fast jeder für jede erdenkliche Operation eine Entschädigung geltend machen. Es fand sich selbst einer, der das Glück hatte, sogar *in der Stadt* Arbeit zu finden. Dieser Fall verdient es, wiedergegeben zu werden, und da er einiger-

---

[9] Archives nationales: BB³ 206. – Erstellt aufgrund einer Liste der im Königreich tätigen Scharfrichter mit ihren Einkünften vor 1775, darin enthalten das Recht der *Havage*, und ihren Einkünften seit 1775.

maßen ungewöhnlich ist, lassen wir die Dokumente, deren Authentizität außer Frage steht[10], selber sprechen:

Landau, den 8. April 1777

Mein Herr,
Ich fühle mich verpflichtet, Ihre Herrschaft über einen höchst ungewöhnlichen Fall zu informieren, der in dieser Gegend zu einigen Gerüchten und Mutmaßungen Anlaß gegeben hat. Ich habe die Einzelheiten und prinzipiellen Umstände in einem Verhör festgehalten, das in einer Kopie beigefügt ist und in dem ich, in Gegenwart der Mehrzahl meiner Gerichtsbeamten, der Sache selbst nachgegangen bin.

Hiermit erkläre ich, daß Jérôme Meuges sich einer Verletzung seiner Amtspflicht als Scharfrichter schuldig gemacht hat und deshalb seiner Funktion entbunden wird; daß er lediglich als Gehilfe und Hilfsrichter den Rest seiner Tage verbringen soll; zudem, daß er zur Buße seiner Gier und schuldhaften Willfährigkeit zu drei Monaten Gefängnis bei Wasser und Brot verurteilt wird und daß dieses Urteil schließlich durch die Zeitungen Frankfurts und des Niederrheins öffentlich gemacht wird. Als Motiv für mein Urteil gebe ich an, daß es die Rechtsprechung Frankreichs angreift, wenn ein von uns beschäftigter Henker heimlich und ohne unser Wissen zu einer Unternehmung dieser Natur mißbraucht wird, die ebensowohl ein Akt der Tyrannei wie ein Akt der Justiz hat sein können, und daß man nach alledem Praktiken mit solch gefährlichen Konsequenzen nicht mehr abzuweisen wüßte. So sind, Monsieur, mein Urteil und meine Beweggründe; aber durch das Urteil, das verkündet worden ist und das in Kopie beiliegt, werden Sie sehen, daß dem Schuldigen nur eine leichte Strafpredigt zuteil geworden ist, die ihn nicht allzusehr abgeschreckt hat, und eine Einkerkerung von fünfzehn Tagen, der er sich mit soviel Heiterkeit und so unverzüglich unterzogen hat, als wenn es sich nur um eine Bagatelle handelte.

Es wäre dies nun die Gelegenheit, Ihnen, Monsieur, kundzutun, durch welches Konzert von Machenschaften und Intrigen man meine Existenz und die Beachtung, derer ich mich erfreue, in dieser Grenz-

---

[10] Der *Intermédiare des chercheurs et des curieux* warf vor einigen Jahren die Frage auf, ob ein Vollstrecker im Lauf des 18. Jahrhunderts seinen Beruf nicht auch auf Nachfrage eines Privatmannes ausgeübt habe. – Diese Frage ist ohne Antwort geblieben. Offensichtlich zielte sie auf den Fall, den wir hier wiedergeben.

stadt zu unterminieren verstanden hat, so daß ich meinerseits nichts mehr vorbringen kann, was plausibel oder durchführbar wäre. Mir wäre es sehr viel lieber, Sie ohne Umschweife über die Tatsachen zu unterrichten und Ihre Anordnungen über die betreffenden Gegenstände entgegenzunehmen. In der Erwartung, daß es Ihnen gefällt, mir Ihre Absichten zu unterbreiten, werde ich es den Gefängniswärtern verbieten, diesen Mann in die Freiheit zu entlassen.
PHILBERT
(Rat des Königs und sein Vertreter in Landau)

Befragung

Am heutigen Tage, dem siebten April Siebzehnhundertsiebenundsiebzig, zur gewöhnlichen Magistratssitzung, bei welcher ihm kundgetan worden ist, daß Jérôme Meuges, Scharfrichter dieses Gerichtsbezirks, eine Exekution heimlich und im Ausland vorgenommen haben muß, hat ihn der Magistrat in den Gerichtssaal geschickt, wo er nach dem Eid, die Wahrheit und nichts als die Wahrheit zu sagen, durch den Herrn Staatsanwalt auf die folgende Art und Weise verhört wurde.

Befragt nach seinem Namen, Alter, seinem Beruf und seinem Wohnsitz, sagte er, er heiße Jérôme Meuges, sei Scharfrichter, lebe in dieser Stadt, sei etwa fünfundvierzig Jahre alt und von römisch-katholischer Religion.

Befragt, warum er als Scharfrichter in dieser Stadt unauffindbar gewesen sei, und warum er bei den ersten beiden Malen, als man ihn vor drei oder vier Wochen zum Rathaus gebeten hatte, gar nicht erst erschienen sei, sagte er, daß er gerufen worden sei, um kranke Pferde zu heilen, und daher verhindert gewesen sei, den ihm auferlegten Anordnungen nachzukommen.

Befragt, ob er nicht dorthin gegangen sei, um der Aufklärung auszuweichen, die ihn wohl erwartet hätte, wenn man ihn auf das umlaufende Gerücht angesprochen hätte, daß er einer klandestinen Exekution nachgegangen sei, antwortete er, daß dies nicht Anlaß seines Verschwindens gewesen sei, aber daß er wohl wisse, daß er sich nicht weigern könne, über den fraglichen Gegenstand die Wahrheit zu sagen.

Befragt, ob das umlaufende Gerücht wahr oder falsch sei, antwortete er, daß es der Wahrheit entspreche, daß man ihm um den Martinstag des vergangenen Jahres einen ihm unbekannten Bauern geschickt habe, um ihn zu der sogenannten *Daumühle* zu bestellen, wo er von zwei Herren erwartet würde, die ihn zu sprechen wünschten.

Befragt über das, was ihm die besagten Personen bei dem ihm vorgeschlagenen Treffen gesagt haben und ob er sie kenne, sagte er, daß er sie nicht kenne, daß der eine einen grauen Frack, der andere einen weißlichen Frack getragen habe, daß alle beiden Perücken trugen, zwischen fünfzig und sechzig Jahre alt waren, und daß sie ihm vorschlugen, sie nach Deutschland zu begleiten, um dort mit dem Schwert eine geheime Exekution vorzunehmen. Da sie keins hatten, habe er sich mit ihnen in die Kutsche begeben, um sich das Schwert des Henkers von Neustadt auszuborgen.

Befragt, wo die Personen, die ihn mit sich geführt hätten, in Neustadt wohnten, sagte er, daß die Herren mitsamt ihrer Kutsche am Eingang gewartet hätten, während er das Schwert holen gegangen sei.

Danach befragt, was passiert sei, als er mit dem Schwert ausgerüstet wieder zu ihnen zurückgekehrt sei, antwortete er, daß man ihm die Augen verbunden habe und dann abgefahren sei.

Befragt, ob sie unterwegs die Pferde gewechselt hätten oder ob sie die Strecke mit den gleichen Pferden zurückgelegt hätten, antwortete er, daß er das nicht wissen könne, da seine Augen während der Fahrt verbunden gewesen seien und er kein einziges Mal die Kutsche verlassen habe.

Befragt, ob die Männer livrierte oder nicht livrierte Diener bei sich gehabt hätten, sagte er, er habe nur einen Kutscher gesehen, der einen Gehrock getragen und sich um die Pferde gekümmert habe.

Befragt, wie viele Tage die Reise gedauert habe, antwortete er, daß man am Abend des sechsten Tags angekommen sei und daß er sich erinnere, einen Fluß überquert und wieder überquert zu haben.

Befragt, ob die Personen, in deren Gesellschaft er sich befand, sich während der Reise nicht miteinander unterhalten hätten, antwortete er, daß ihre Rede auf Lateinisch gehalten gewesen sei und daß er folglich den Gegenstand ihrer Rede nicht habe verstehen können.

Befragt, wie viele Male sie genächtigt hätten, bis sie ihr Reiseziel erreicht hatten, sagte er, daß man ihn nicht aus dem Wagen gelassen hätte und daß es nicht viele Halts gegeben habe.

Befragt, was passiert sei, als sie am Ort der Hinrichtung angelangt seien, sagte er, daß man ihn in ein schwarz verhängtes Zimmer geführt habe, gefolgt von den beiden Reisegefährten, wo man ihm schließlich, nachdem man ihn zwei oder drei Stunden mit verbundenen Augen habe warten lassen, einen ›Patienten‹ zugeführt habe, dessen Gesicht mit einem Flor bedeckt gewesen sei und der von zwei gleichfalls maskierten Mönchen begleitet worden sei, worauf er die Order bekommen habe, ihm den Kopf abzuschlagen, was er dann getan habe.

Befragt, welchen Habit die beiden Mönche trugen, antwortete er, daß sie in Schwarz gekleidet gewesen seien, und daß er nicht gewußt habe, ob es sich dabei um Augustiner oder Franziskaner handelte.

Befragt, welche Kleidung der Patient getragen habe, sagte er, daß er nur Hemd und Hose gesehen habe und den Flor auf dem Gesicht, der vom Scheitel bis zum Mund gereicht habe.

Befragt, ob man ihm ein Urteil vorgezeigt habe, verneinte er.

Befragt, was er als Lohn erhalten habe, antwortete er, daß er drei Louisdor bekommen habe, und daß die gleichen Personen, die ihn hergebracht hatten, ihn unverzüglich im gleichen Gefährt zur Daumühle zurückgebracht hätten, wo sie ihn aufgelesen hatten.

Befragt, ob der Patient nicht gegen die Ungerechtigkeit protestiert habe, die man ihm durch die Hinrichtung, der er sich zu unterziehen hatte, zufügte, antwortete er, daß er ihm im Gegenteil überaus resigniert und dem Tod sehr ergeben erschienen sei.

Auf die Vorhaltung, es sei verwerflich von ihm gewesen, solch einer Arbeit ohne unsere Mitbestimmung und Erlaubnis nachgegangen zu sein, antwortete er, er wolle nicht leugnen, gefehlt zu haben, und bitte uns um Verzeihung.

Befragt, ob er unter ähnlichen oder anderen Umständen das Strafgericht wieder aufzunehmen gedenke, sagte er ›nein‹.

Nachdem ihm sein gegenwärtiges Verhör verlesen und ihm auf Deutsch übersetzt wurde, sagte er, daß seine Antworten der Wahrheit entsprächen; er bestehe auf ihrer Richtigkeit und unterzeichnete.

Geschehen am selben Tag und Jahr wie oben vermerkt und an den Staatsanwalt übermittelt. Unterzeichnet am Rand einer jeden Seite und am Ende: Hieronimus MEUGES, PHILIBERT und J. KELLER, Gerichtsschreiber, mit Paraphe.

Nach Ansicht des vorliegenden Verhörs beantrage ich für jenen, der sich Jérôme Meuges nennt, wegen Verfehlung seiner Pflichten streng zurechtgewiesen und zu einer Haftstrafe von einem Monat verurteilt zu werden.

Geschrieben in Landau, 7. April 1777. Gezeichnet: SCHWEIGHARD, mit Paraphe.

Verglichen und mit dem Original für identisch befunden, beziffert, paraphiert und auf allen Seiten gezeichnet und am Ende durch mich mitunterzeichnet, Gerichtsschreiber der Stadt Landau.

Gezeichnet: S. HELLER, Gerichtsschreiber, mit Paraphe."

[Das ist das Ende des Dokuments]

---

11   Man liest auf dem Brief an den Minister, den damaligen M. Hue de Mirosménil, eine Notiz, folgendermaßen abgefaßt: *Untersuchen, wenn ich geantwortet habe;* dann diese andere: *Antworten, sobald das Gericht den Henker mit Gefängnis bestraft hat. Man muß ihn in Freiheit entlassen und sich an die Entscheidung des Gerichtes halten, wenn die Frist abgelaufen ist.*

Man muß hinzufügen, daß die *Revue rétrospective* von 1835, die diese einzigartige Untersuchung veröffentlichte, von einem Korrespondenten einen, allerdings ziemlich unklaren, Brief erhielt, in dem gesagt wurde, daß sich das Drama im Hotel Thurn und Taxis in Frankfurt abgespielt habe und daß ein Mitglied dieser illustren Familie auf diese Art und Weise von Jérôme Meuges zu Tode gebracht worden sei. Das ist jedoch nur eine Vermutung, und diese merkwürdige Geschichte bleibt wahrscheinlich für immer ein Rätsel.

4. Die Scharfrichter und die Revolution

Das Urteil von 1775 hatte also fühlbar die pekuniäre Situation der Scharfrichter verändert. Sie lebten ärmlich, aber sie lebten. Indem nun die Revolution sämtliche Feudalrechte aufhob, die ganze Rechtsprechung der Herren, der Äbte, der Vögte und anderer – allein die Vogtei von Paris kannte sechshundert verschiedene Rechtsprechungen –, versetzte sie der Scharfrichtergilde einen schicksalhaften Schlag. In allen Teilen des Königreiches, vor allem in den Provinzen des Nordens und des Ostens, erhob sich ein Klagegesang, ein Konzert der Beschwerden und der Vorwürfe. Die Henker verstanden, daß die alte Welt im Sturm untergehen würde, und da sie ihre Mannschaft darstellten, riefen sie um Hilfe und suchten das Ufer zu erreichen. Alle schrieben an den Minister, um ihre Misere darzulegen. In ihrer Mehrzahl haben sie kein anderes Handwerk erlernt, überall werden sie abgelehnt, was tun? Jean-Louis Demorest, der seit sechsunddreißig Jahren in Laon die Funktion des Scharfrichters ausübt, bittet darum, daß man über sein Schicksal Beschluß faßt; Pierre Outredebanque aus Arras, der sich infolge der Abschaffung der Herrschaftsjustiz arbeitslos findet, erbittet eine Pension; Pierre Canné[12] aus Saarlouis weist darauf hin, daß »man die lukrativen Teile seines Gewerbes ausgemerzt habe,

---

[12] Der Name schreibt sich Canné, Cauny, Caunet, Canet ... usw. Es ist merkwürdig zu beobachten, daß die Namen der Henker kaum eine festgelegte Orthographie haben; einige verändern sich völlig in wenigen Jahren. Zweifellos haben diese Unglücklichen nicht viel Wert darauf gelegt, ihren Kindern einen vollständigen Namen zu hinterlassen, den sie als gebrandmarkt wußten.

daß sich nun ein jeder Bürger herausnehmen könne, die gleichen Tätigkeiten auszuüben, ohne daß es in der Macht des Antragstellers stehe, sie durch seinen Chef daran zu hindern, noch zu diesem Zweck und wie in der Vergangenheit üblich, richterliche Unterstützung anzurufen«. Meister Grosseholtz aus Sarralb erinnert mit Nachdruck an die Patentbriefe des Königs, ausgestellt im Jahr 1785, die ihn und seine Frau dazu autorisieren, in dieser Stadt die Funktion des Scharfrichters auszuüben; Nicolas-Richard Jouenne macht geltend, daß seine Ahnen seit zwei Jahrhunderten im Besitz des Scharfrichteramtes in Caudebec-en-Caux sind, und daß er sich mit seiner zahlreichen Familie ohne jegliche Einnahmequellen befindet[13]. ... Alle flehen, daß man ihnen eine Hilfe gewähre, in welcher Form auch immer, und dieser Elendsschrei, der sich in dieser ausgehungerten Schar erhebt, ist so jämmerlich, so erbarmungswürdig, daß der Minister sich rühren läßt und seinerseits eine Bittschrift an die Versammlung adressiert.

3. März 1792

An den Herrn Präsidenten (der Nationalversammlung)
Die Einrichtung der neuen Kriminaltribunale verpflichtet mich, die Aufmerksamkeit der Nationalversammlung auf einen Gegenstand zu lenken, von dem die Humanität ihre Blicke auf immer würde ablenken können. Es handelt sich um die Vollstrecker der Kriminalurteile. Unsere alte Gesetzgebung, die sich bei sehr vielen Delikten, insbesondere bei Kapitalverbrechen, einer Zunahme von Todesstrafen ausgesetzt sah, war gezwungen gewesen, auch die Zahl der Ämter zur Gesetzesvollstreckung zu vervielfältigen. Es gibt nur wenig bedeutende Städte, in denen sich nicht ein Mann findet, der an diese traurige Aufgabe gekettet ist, vom Rest der Bürgerschaft durch den unüberwindlichen Schrecken getrennt, den die Natur ihnen jenem Mann gegenüber einflößt, der im Namen der Gerechtigkeit und der Gesellschaft sich ergeben hat, als Instrument des Todes zu wirken. Eine menschenfreundlichere Jurisprudenz hat ein gerechteres Verhältnis zwischen dem Delikt und seiner Strafe erwirkt, mit dem Zweck, die Zahl der Opfer, die man der allgemeinen Sicherheit bringt, zu verringern und nur einem einzigen Tribunal pro Departement das Recht anzuvertrauen, die strengsten Bestimmungen des Gesetzes anzuwenden. Ich fühle mich nun verpflichtet, der Versammlung vorzu-

---

[13] Archives nationales: BB³ 206, *passim*.

schlagen, die Zahl der Scharfrichter auf die gleiche Zahl zu reduzieren. Diese Anordnung, die zugleich moralisch wie ökonomisch ist, wird der Natur und der Gesellschaft mehrere Familien zurückgeben, die sich in ihr wie in Privathaft befinden, sie wird eine fortan überflüssige Ausgabe einsparen, und sie wird eine Gesetzgebung, die nur den wahren Geist und den Respekt vor dem Leben des Menschen verkündet, noch willkommener heißen und in der allgemeinen Achtung steigen lassen. Ich zweifele jedoch nicht daran, daß die Nationalversammlung den Fortbestand ihrer Justiz sich nicht auf Kosten des Unglücks derer versichern möchte, denen die Verfassung den Titel des Bürgers verliehen hat, die aber – so muß man sagen – um ihres Amtes willen auf die Menschenwürde haben verzichten müssen und die sich schon so lange einem Vorurteil ausgesetzt fanden, gegen das man nur schwer ankämpfen kann, weil es im Innern solch eine Entfremdung von ihrer Person birgt, daß es ihnen nicht möglich ist, eine Einnahmequelle zu finden, mit der sie ihren Lebensunterhalt bestreiten können.
Ich verbleibe, Herr Präsident, hochachtungsvoll Ihr demütiger und ergebener Diener
H.-H. DUPORT

[PS. *von der Hand des Ministers*] Ich habe die Ehre, Herr Präsident, der Versammlung gegenüber zu bemerken, daß ich sehr oft Klagen und dringende, unmittelbar vorgebrachte Bitten von mehreren dieser Unglücklichen empfange, die durch die Aufhebung der [alten] Rechte, die ihren Unterhalt ermöglichten, in das gräßlichste Elend geraten sind; einige von ihnen haben mir gegenüber sogar durchblicken lassen, daß ihnen keine andere Einnahmequelle als das Verbrechen bliebe, dem gegenüber sie jedoch (ich muß dies hier anmerken) einen großen Abscheu bezeugten, begründet auch mit der Vorstellung ihres grausamen Amtes, das sie mehr noch davon entfernte, eine Art Schrecken, den ich bei der Mehrzahl von ihnen gefunden habe und der mir ein lebendiges Interesse an ihrem Schicksal befahl, dessen Eindruck ich der Nationalversammlung glaube übermitteln zu müssen.

Aber die Versammlung hatte wohl andere Dinge zu tun. Die Monarchie stürzte zusammen, die Legislative machte dem Nationalkonvent Platz, die Republik wurde ausgerufen; der König wurde ab- und zum Tode verurteilt. Und man dachte um so weniger an die vormaligen Meister des Todes, als sich überall, wo man es für nötig befand, ein Urteil zu vollstrecken, ein Freiwilliger fand, der sich für ein kleines Salär zu diesem Amt bereit erklärte. Erst die Organisation einer revolutionären Justiz und die Errichtung eines Kriminaltribunals in jedem Departement führte der Legislative die Notwendigkeit vor Augen, mit einem Ankläger auch einen Scharfrichter in die Bezirkshauptstädte der Republik zu schicken, und so wurde am 13. Juni 1793 folgendes Dekret veröffentlicht:

Dekret, das bei den Kriminaltribunalen einen Vollstrecker der Urteile einsetzt und die Besoldung dieser Scharfrichter regelt. – Vom 13. Juni 1793 (n° 1022):

Erster Artikel. – Es soll in jedem Departement der Republik, bei den Kriminaltribunalen, einen Vollstrecker ihrer Urteile geben.
Art. 2. – Die Besoldung dieses Scharfrichters ist eine Angelegenheit des Staates.
Art. 3 – In den Städten, deren Bevölkerungszahl 50 000 nicht übersteigt, beträgt diese 2400 Livres.
In jenen, in denen die Bevölkerung zwischen 50 und 100 000 liegt, 4000 Livres.
In jenen zwischen 100 bis 300 000 Seelen 6000 Livres.
In Paris schließlich beträgt die Besoldung 10 000 Livres.
Art. 4 – Wenn die Scharfrichter außerhalb ihres Wohnortes eine Exekution vornehmen müssen, wird ihnen eine Entschädigung von 20 Sous pro Meile für den Transport der Guillotine und ihre Rückführung gewährt.
Art. 5 – Alle Nebeneinkünfte und alle anderen, wie auch immer gearteten Vorrechte, derer sich die Vollstrecker der Kriminalurteile erfreuen, sind aufgehoben.
Art. 6 – Jene, die sich als Folge des vorliegenden Dekrets ohne Arbeit befinden, erhalten solange eine jährliche Unterstützung von 600 Livres, bis sie anderweitig versorgt sind.
Art. 7 – Es soll auf Betreiben des Justizministers eine Liste der ehedem ordentlichen, nunmehr arbeitslosen Scharfrichter aufgestellt werden. Sie sollen, ihrer Altersrangfolge gemäß, in diejenigen Departements geschickt werden, wo ein Scharfrichter fehlt. Weigern sie sich, dorthin zu gehen, wird die ihnen obenstehend gewährte Hilfe gestrichen.
Art 8 – Die Scharfrichter, die das unter dem Namen der *Havage* bekannte Recht (auch *Riflerie* oder auch anders genannt) ausübten und die seit der Revolution und aufgrund der ausdrücklichen Weigerung der Bürger, sich dem zu unterwerfen, aufgehört haben, daraus einen Vorteil zu ziehen, erhalten, auf die Bescheinigung der Behörden, welche diese Ablehnung und die Zeit festhält, zu der sie stattgefunden hat, und unter

der Bedingung, daß sie nichts einkassiert haben, was hier Ersatz bieten kann, von diesem Tag an als Entschädigung die wie oben festgelegte Besoldung.

Diese radikale Maßnahme trägt das Zeichen aller Entscheidungen, welche der Konvent getroffen hat, das heißt: theoretisch schien sie überaus logisch, praktisch jedoch war sie undurchführbar und erzeugte Schwierigkeiten ohne Ende.

Die Scharfrichter, durch eine Art Korpsgeist und infolge von Eheschließungen miteinander verbunden, bildeten sozusagen eine einzige Familie, in der man alle Bedürfnisse und Einkünfte der Mitbrüder kannte. Besser als irgend jemand sonst waren sie in der Lage, die Schwierigkeiten einzuschätzen und die Hindernisse vorauszusehen, auf welche die Anwendung des Gesetzes stoßen mußte. Sie schickten an die Versammlung eine gemeinschaftlich verfaßte Denkschrift, aus der die wichtigsten Passagen folgen:

Petition an den Nationalkonvent
Bürger,
nachdem sie ihr Gelübde erneuert haben, die eine und unteilbare Macht der Republik zu erhalten und alles für ihre Unterstützung und die Ausführung Ihrer Dekrete zu tun, melden Ihnen die Vollstrecker der Kriminalurteile, daß das Dekret vom 13. Juni diesen Monats sie außerstande setzt, ihre Aufgaben fortzuführen. [...] Man hat Ihre Ausschüsse in die Irre geführt, denn da das Dekret erst am Tag nach der Drucklegung und Verbreitung des Berichts verkündet worden ist, haben die Vollstrecker ihre Anmerkungen nicht übermitteln können, die allzu gerecht sind, um von Ihnen, den Abgeordneten eines freien Volkes, das gegenüber der Tyrannei einen Abscheu hegt, nicht entgegengenommen zu werden. [...]

Und nun folgen die Beschwerden, die Kosten, die Gehilfen, den vormaligen Wohlstand, die Entwurzelung aus ihrer angestammten Heimat betreffend.

Was wird nun aus den Unglücklichen ohne Einnahmequelle, die fast alle mit Familie belastet, ja überladen sind, und die von ihren Mitbürgern nichts zu erhoffen haben? Lesen Sie in Ihren Herzen, Bürger Abgeordnete, und Sie werden sehen, daß der Makel, den das Vorurteil an den Stand des Scharfrichters heftet, allzu tief in das allgemeine Denken eingraviert ist, um bald ausradiert werden zu können, und daß noch eine ganze Weile verstreichen wird, bevor die Philosophie der Republikaner jenes Vorurteil mit den Füßen wird treten können, dessen Opfer seit langer Zeit die Scharfrichter sind. [...]

Die Scharfrichter haben alles geopfert, um die Revolution zu unterstützen. Sie sind noch immer bereit, ebenso wie der Nationalkonvent, alles zu tun, um die französische Republik einzig und unteilbar zu erhalten und sie gegen die Intrigen der verbündeten Tyrannen, Räuber und Rebellen zu verteidigen.

Ja, Bürger Abgeordnete, in vollem Vertrauen in Ihre Gerechtigkeit und Ihre Humanität erhoffen mindestens fünfhundert Familien, daß Sie, indem Sie Ihr Dekret zurücknehmen, ihnen die gebührende Gerechtigkeit widerfahren lassen, und daß Sie denjenigen, die noch in ihrem Amt sind, ein Gehalt zusichern, das unerläßlich und nötig ist, um sie mit der gebührenden Präzision die schmerzlichen Aufgaben ihres Standes ausführen zu lassen, jenen aber, die sich entlassen finden, ein Gehalt, das ihnen ein Auskommen ermöglicht.

Indem wir, Bürger Abgeordnete, die Gründe, die uns bestimmt haben, Ihnen diese Petition zu präsentieren, Ihrer Weisheit anheimstellen, werden Sie sehen, daß es ungerecht und unmenschlich wäre, jenen die Existenzmittel zu rauben, denen das Vorurteil kein anderes Verbrechen zur Last legen kann als das, ihre Schuldigkeit erfüllt zu haben, ein Verbrechen – wenn es denn eines im vulgären Sinne sein sollte –, das zudem auf ihre unglücklichen Familien zurückfällt.
Gezeichnet durch die Scharfrichter-Bittsteller, sowohl in eigenem Namen wie auch in dem ihrer Mitbrüder.

SANSON, aus Paris, Versailles, Tour, Reims;
DEMOREST, aus Étampes, Dourdan, Senlis, Noyon, Laon, Épernay, Châlons, Vitry-le-Français;
JOUENNE, aus Melun, Évreux, Mans, Caen, Caudebec;
VERDIER, aus Poitiers;
drei FEREY, aus Rouen, Pont-Audemer, Provins und in Orléans mit ÉTIENNE;
GANIÉ, aus Rennes;
DOLLÉ, aus Compiègne;
OLIVIER, aus Gisors, Mantes, Troyes;
DOUBLOT, aus Blois;
DESFOURNAUX, aus Issoudun;
HÉBERT, aus Meaux;
BROCHARD, aus Sens;

BARRÉ, aus Metz;
BERGÉ, aus Beauvais;
CARLIER, aus Pontoise;
LACAILLE, aus Pont-Lévêque;
ÉTIENNE, aus Gien;
MONTAGNE, aus Vendôme;
CHRÉTIEN, aus Loches, etc.

5. Die Auswirkungen des Dekrets von 1793

Dieser bewegte Protest vermochte den Lauf der Dinge nicht zu verhindern, der sich freilich langsam vollzog, denn das Dekret vom 13. Juni wurde den Staatsanwälten erst am 6. Juli zugestellt[14]. Es dauerte lange, die nach Alter sortierte Liste der Scharfrichter aufzustellen; erst im September und Oktober 1793 wurden die ersten Nominationen ausgesprochen, und mit ihnen begannen Schwierigkeiten anderer Art.

Die erste Stelle, jene von Tarbes in den oberen Pyrenäen, fiel an Spirkel, dessen Vorfahren, von Vater zu Sohn, schon seit Jahrhunderten in Montenach, Lothringen, wirkten. Der arme Mann hatte sieben Kinder, er sprach und verstand lediglich die deutsche Mundart der Umgebung von Thionville. Tarbes war für ihn nicht bloß das Exil, sondern der Ruin. Er antwortete nicht einmal, und sein Schweigen wurde als Ablehnung aufgefaßt[15].

Einige Tage danach erhielt der Staatsanwalt des Departements Moselle eine neue Bestellung, welche den Bürger Cauny aus Sarre-Libre [Saarlouis] nominierte, den Vollstrecker der Kriminalurteile des Departements Basse-Alpes. Der erschreckte Cauny, der nicht einmal

---

[14] Das Rundschreiben des Ministers Gohier ist vom 6. Juli 1793 im Jahre II der französischen Republik. Hier findet man denselben Datierungsfehler, der die Lektüre der Originaldokumente der Revolutionszeit bisweilen sehr erschwert. Da das erste Jahr der Republik am 22. September 1792 begann, fiel der 6. Juli 1793 auch noch ins Jahr I. Aber viele Leute hatten in ihrem Bestreben, das neue Regime älter erscheinen zu lassen, Anfang 1793 zu zählen begonnen: 1. Januar im Jahr II, so daß für sie das erste Jahr nur drei Monate und acht Tage dauerte. Auf diese Weise erhielt das Jahr II 21 Monate. Diese beiden ersten republikanischen Jahre sind ein heilloses Durcheinander.

[15] Archives nationales: BB³ 207.

wußte, auf welchem Breitengrad jener Landstrich lag, dessen Name zum ersten Mal an sein Ohr drang, berief sich auf seine Gebrechen und reichte seinen Rücktritt ein. In einem Brief, der seiner Akte beigeheftet war, gab er übrigens zu, daß er in den zwanzig Jahren, die er in Saarlouis sein Amt ausgeübt habe, zwar die seinem Amt entsprechenden Dienstbezüge eingestrichen, niemals jedoch eine Exekution ausgeführt habe. Als man ihn eines Tages aufgefordert hatte, seines Amtes zu walten, hatte er sich der harten Notwendigkeit seines Berufes nur dadurch entziehen können, daß er sein Geld dem Scharfrichter von Metz aushändigte, der sich bereit erklärt hatte, die Reise zu unternehmen und an seiner Statt tätig zu werden[16]. Nicolas Wolff aus Boulay, der nach Privas entsandt werden soll, entschuldigt sich ebenfalls auf »*Grund seiner Unerfahrenheit und Unfähigkeit*«. Er erklärt, daß er von der Kommission zum Scharfrichter des obengenannten Tribunals von Boulay gemacht worden sei, daß er sich dessen aber *niemals erfreut* habe: wenn es eine Hinrichtung zu vollstrecken gab, ließ er sich durch *richtige Henker* vertreten[17].

Der Fall war übrigens keineswegs selten; und man kann sich die Kopflosigkeit dieser armen Bauern ausmalen, welche den Scharfrichter nur im Titel führten, denen aber niemals die Idee gekommen war, daß man sie eines Tages wirklich auffordern konnte, das Blut ihrer Mitbürger zu vergießen, und noch dazu mit dieser düsteren, vielbesprochenen Maschine, die ihnen zweifellos schrecklich und kompliziert schien. Man sieht sie förmlich vor sich, wie sie nach dem Empfang des Briefes von der Kommission, der das ganze Dorf in Aufregung versetzt, zum Bürgermeisteramt rennen und darum flehen, daß man sie, indem man ihnen Unerfahrenheit und Unfähigkeit attestiert, von diesem Alptraum befreit.

> »Die Gemeindeverwaltung von Gerbeviller attestiert, daß der Bürger Wolff, aus dieser Gemeinde gebürtig, dieselbe nicht verlassen hat, daß er keine Exekution vorgenommen hat, daß er nur den Beruf des *Rifleur* und den des Sattlers ausgeübt hat, in welcher Eigenschaft er den Landwirten dieser Gemeinde sehr nützlich ist; und daß er sich in einer schwachen, in Genesung begriffenen körperlichen Verfassung befindet.«

---

[16] Ibid.
[17] Ibid.

»Die Gemeindeverwaltung von Bayon attestiert, daß Courtois, sechzig Jahre alt, bis zu diesem Tag keine Todesstrafe vollzogen hat, sich dem Beruf des Sattlers widmet und seit einigen Jahren von einer Krankheit heimgesucht worden ist, die ihm den Gebrauch seiner Glieder erschwert, und daß er zudem von Taubheit geschlagen ist.«

Einige jedoch akzeptierten, aber nicht ohne Zögern:

An den Kommissar der bürgerlichen Polizei- und Justizverwaltung
Ich habe, Bürger, den Auftrag, den Du mir zugesandt hast, an Antoine Roch[18] weitergeleitet, und ich schicke Dir seine Empfangsbescheinigung. Es war nötig, ihm gegenüber einen ernsten Ton anzuschlagen, damit er ohne Verzögerung aufbrach. Seine Frau wird wohl noch die Möbel verkaufen, denn es ist nicht möglich, sie über eine solch große Entfernung zu transportieren, so daß er noch immer allein ist und, nach dem Beispiel von Bias, alles mit sich führt, was er braucht. Die revolutionäre Regierung muß den Nerv und die Aktivität haben, ohne despotisch zu sein.
Gruß und Brüderlichkeit
[unlesbar]
DE BRIEY, 16. Prairial des Jahres II

Jene, die durch das Elend oder die dringliche Weisung der Autoritäten gezwungen waren, sich auf den Weg zu machen, hatten bald schon Gelegenheit, dies zu bereuen. Man muß anmerken, daß diese Irrfahrten in die Zeit der Schreckensherrschaft fielen; daß folglich die Ankläger der Departements nicht die offizielle Ernennung eines Scharfrichters durch die Gerichtsbarkeit abgewartet hatten, bevor sie sich eines provisorischen versicherten, sei es, daß sie an den guten Willen eines konformistischen Bürgers appellierten, sei es, daß sie ganz einfach den alten *Rifleur* der Gegend beauftragten. Wenn man die Vorschriften des Dekrets vom 13. Juni 1793 buchstäblich befolgt und die Ordnung der Anciennitäts-Liste, die auf Grund dieses Dekrets erstellt worden war, penibel eingehalten hätte, wäre aufgrund der verwaltungsmäßigen Langsamkeit, vor allem aber aufgrund der zahllosen Ablehnungen, welche die Scharfrichter den Anweisungen der Administration entgegensetzten, die Mehrzahl der Departements erst lange nach dem 9.

---

[18] Antoine Roch war der nominierte Scharfrichter von Gap (Hautes-Alpes).

Thermidor mit Henkern versorgt gewesen, und die Schreckensherrschaft in der Provinz hätte nur eine sehr kleine Zahl von Opfern gefunden. Aber unglücklicherweise war dies nicht so. Die Bevollmächtigen, die vom Wohlfahrtsausschuß in alle Gegenden Frankreichs entsandt wurden, um dort die Parole der Revolution zu verbreiten, hatten vor allem die Aufgabe, den Boden der Republik von den Aristokraten zu säubern, die ihn befleckten, und als man versäumte, ihnen einen standesgemäßen Scharfrichter zu schicken, griffen sie auf das zurück, was in ihrer Reichweite lag.

Wurde dieses Faktum von den übergeordneten Behörden ignoriert? Es war nicht zulässig; dennoch war die Unordnung, die in der Administration herrschte, so groß, daß sie unerschütterlich fortfuhr, nach der Reihenfolge der Liste Scharfrichter zu beauftragen, die sich auf den Weg begaben und, am besagten Ort angekommen, den Platz besetzt fanden.

Claude Bourg, der seit mehr als zwanzig Jahren in Bourmont (Haut-Marne) seinen Dienst getan hat, wird für Castres nominiert. All seiner Einnahmequellen beraubt, nimmt er an und durchquert ganz Frankreich, um zu seiner neuen Residenz zu gelangen, in Begleitung eines seiner Söhne, der ihm als Gehilfe dienen soll, während seine Frau und fünf Kinder in Bourmont zurückbleiben. Man hatte ihm im voraus, als Vorschuß für die Reise, eine Summe von 2000 Livres ausbezahlt. In Castres angekommen, begibt er sich zum Tribunal und hat dort die Unannehmlichkeit, erfahren zu müssen, daß seit sechs Monaten schon ein gewisser Etienne-Victor Rives die Funktion des Scharfrichters ausübt, und dies zur allgemeinen Zufriedenheit. Und da haben wir nun den unglücklichen Bourg, der schwer enttäuscht den Weg nach Bourmont wieder aufnimmt und eine Summe von 1200 Livres als Schadensersatz reklamiert. Seine Reise hatte ihn – in Papiergeld zweifelsohne – dreitausendsechshundert Livres gekostet[19].

Der Fall des Jean-Pierre Roch aus Longwy ist ziemlich ähnlich. Nach Feurs berufen, dem Hauptort des Departements Rhône-et-Loire[20], macht er sich ohne Geld auf den Weg; denn da sein Auftrag

---

[19] Archives nationales: BB³ 207.
[20] Siehe S. 25 und 55

versehentlich einem Brief hinzugefügt war, der an den Staatsanwalt dieses Departements adressiert war, hatte er, um einen Vorschuß zu erhalten, nicht vorstellig werden können. Da findet er sich nun in Paris, im *Hôtel du Croissant*[21] einquartiert; er läuft über die *Tuilerien*, wo alle Behörden und Verwaltungen konzentriert sind, und wendet sich an das Büro der Zivilverwaltung, um eine Beihilfe zu bekommen. Der arme Mann kam gerade zur rechten Zeit – es war genau der 9. Thermidor. Er findet den ganzen Palast in Aufruhr, man schickt ihn von Büro zu Büro, die Verwirrung ist allgemein; »man rät ihm, in dieser wirren Lage zu warten«. Er wartet einen geschlagenen Monat. Schließlich entscheidet er sich zu schreiben, »daß er ohne einen Sou ist und darüber hinaus seinen Paß verloren hat, daß er seine Frau und seine Kinder in Ungeduld weiß und die Bedürftigkeit in Longwy fühlt, und daß er Geld erbittet, um nach Commune-Affranchie[22] zu gelangen oder nach Haus zurückzukehren.« Letzteres zweifelsohne tut er dann. Ein Jahr später wird er nach Tarn berufen; aber die erste Erfahrung hat ihm gereicht, er lehnt ab.

Die Odyssee des Thierry, des *Rifleur* aus Étain in der Meuse, ist noch um einiges beklagenswerter. Beauftragt für das Departement Mayenne, beeilt er sich, dem Minister zu danken, und fährt, ganz im Schwung, mit Sack und Pack nach Laval. Seine Reise dauert zweiundzwanzig Tage; um so größer nur seine Verblüffung, als er bei seiner Ankunft erfährt, daß man ihn absolut nicht gebrauchen kann, daß ein gewisser Durand bereits das Amt des Scharfrichters innehat und daß dieser keinerlei Neigung verspürt, es abzugeben. Thierrys Wut ist groß, er begibt sich in eine Herberge und schreibt dem Minister einen Brief nach dem andern, und er macht dies so gut, daß man ihm schließlich den Posten von Feurs[23] gewährt, der infolge der Weigerung des Jean-Pierre Roch vakant ist. Neuerlicher Aufbruch, neuerliche Enttäuschung. Das Tribunal von Feurs hat einen ausgezeichneten Henker namens Louis Farau, mit dem es zufrieden ist. Thierry erzürnt sich, beharrt auf seinem Recht, macht

---

[21] In der Straße dieses Namens. Es scheint aus verschiedenen Briefen von Henkern hervorzugehen, daß dieses Haus die übliche Unterkunft der Leute dieses Standes war. Dort befand sich sogar ein Vertreter des Gesetzes, der in manchen Dingen ihr Ansprechpartner war und sich um ihre Angelegenheiten kümmerte.

[22] Lyon. – Archives nationales: BB³ 207.

[23] Zur Revolution in Feurs siehe S. 55.

ein solches Spektakel, daß die Behörden sich genötigt sehen, ihn zum Schweigen zu bringen und ihm zu verstehen geben, daß, wenn er denn so große Lust hat, mit der Guillotine Bekanntschaft zu machen, die Sache sehr einfach und ohne Verzögerung bewerkstelligt werden kann. Das genügt, Thierry zu beruhigen, und der Verzweiflungsbrief, den er an den Minister schreibt, ist so voller Kummer und so ausdrucksvoll in seiner orthographischen Besonderheit, daß er es verdient, in seiner ursprünglichen Form zitiert zu werden:

> Feurs, 21. Thermidor des Jahres 2
> der einen und unteilbaren Republik
> = Freiheit, Gleichheit

Bürger, ich habe Ihnen am Siebten des laufenden Monats geschrieben; in welchem ich Ihnen den Wortlaut geschickt habe, welcher die formelle Weigerung der Abgeordneten des Volkes ist und durch welchen jener an ihrer Statt behauptet, der diesen Posten innehat. Sie können denken, daß mich dies in eine große Verwirrung stürzt, der ich mich ohne Geld befinde in einer so fernen Gegend, und krank, wie ich bin; ich habe Ihnen alle meine Gründe in meinem Brief angezeigt, aber habe nichts Neues hinzuzufügen, ich sterbe vor Kummer bis Ihre Güte mir Antwort gibt und mir Geldmittel und einen Wagen zusagt, um nach Haus zurückzukehren, in Anbetracht der Tatsache, daß ich gegenwärtig nicht reisen kann. Sie finden anbei ein offizielles Zertifikat, das meine Krankheit bescheinigt, und ich bitte Sie also von neuem, mir eine prompte Antwort zu geben und mir anzuzeigen, was ich in einer solchen Verwirrung tun soll. Und Sie verpflichten jenen, der vor Kummer stirbt.

Gruß und Brüderlichkeit
J.-S. THIÉRI

Ich habe vergessen, Ihnen zu sagen, daß wir noch nicht unser Paket haben; ich habe an die Commune-Affranchie (=Lyon) geschrieben und an Roanne, um Neuigkeiten zu erfahren, konnte aber nichts erfahren. Ich bitte Sie, uns Informationen zu geben. Wir haben es am 18. Messidor mit der Postkutsche ins Büro geschickt, um in der Kanzlei in Feurs zu wohnen, aber die Postkutsche kam nicht und, um das Unglück vollständig zu machen, wir wissen nicht, wo sie ist.

Diese wenig ermutigenden Beispiele veranlaßten verständlicherweise die Henker nicht, die Aufträge ohne weiteres entgegenzunehmen, die die Regierung ihnen für die weit entfernten Departements anbot. Und so überstieg die Zahl der Absagen bei weitem die der Zusagen. Diejenigen, die über andere Einnahmequellen verfügten, reichten einfach ihr Rücktrittsgesuch ein – so machte es Louis Olivier, der frühere Scharfrichter der Vogteien von Mantes und Meulan, der forderte, daß sein Name aus allen Verzeichnissen und Listen, in denen er möglicherweise hätte vorkommen können, getilgt würde. Ebenso handelte auch Nicolas-Richard Jouanne, dessen Familie seit zwei Jahrhunderten in Caudebec-en-Caux ansässig war, und der geltend machte, daß, »seitdem er aufgehört hat, diesen Beruf auszuüben, er sich dem Handel zugewandt und sich, seiner Frau und seinen sechs Kindern eine Existenz aufgebaut hat und sich nicht entschließen kann, die Normandie zu verlassen, um nach Dax zu gehen, wohin er nominiert ist, und auf den Beruf seiner Vorfahren verzichtet.« Und so handelten nahezu alle der ehemaligen *Rifleur*. Und die Liste, die kraft des Gesetzes vom 13. Juni 1793 erstellt wurde, erschöpfte sich so schnell, daß die Kommission der Zivilverwaltung, Polizei und Tribunale sich im Jahre III genötigt sah, an die öffentlichen Ankläger zu schreiben:

> Bürger, wir möchten Sie im voraus darüber in Kenntnis setzen, daß es uns derzeit nicht möglich ist, Ihnen Scharfrichter zu schicken; diejenigen, denen man eine Entsendung hat zukommen lassen, haben diese abgelehnt.

Und das Komitee der Gesetzgebung suchte in dieser verzweifelten Lage mit folgendem Vorschlag eine Lösung dieser widrigen Situation:

> 19. Fructidor Jahr III – Komitee der Gesetzgebung
>
> Die Ausübung der Kriminaljustiz befindet sich in mehreren Departements durch den Mangel an Scharfrichtern suspendiert. Die einen reichen ihre Demission ein, in Anbetracht der Unzulänglichkeit der Besoldung, die anderen weigern sich, ihren Auftrag auszuführen und sich mit ihren Familien vom einen Ende Frankreichs zum anderen zu begeben.
>
> Die erste Liste, kraft des Gesetzes vom 13. Juni erstellt, ist ausgeschöpft. Mit Eurer Genehmigung haben wir begonnen, eine zweite Liste von vormals herrschaftlichen Scharfrichtern der Justiz zu erstellen, von den Söhnen und den Gehilfen der Scharfrichter. Es haben sich bislang sehr wenige vorgestellt, und noch wohnen viele vornehmlich im Norden des Landes. Hinsichtlich der Entsendungen durch die Kommis-

sion für die Gegend des Midi, in der die meisten Scharfrichter fehlen, behaupten sie, daß die Reise mehrere ihrer Jahresgehälter aufbrauchen würde.

Bürger Abgeordnete, wir halten dafür, daß es ein einfaches Mittel gibt, diesen Mißständen auszuweichen, indem wir bestimmen, daß die Administration der Departements und die Kriminaltribunale gemeinsam einen Brief in dieser Angelegenheit an das Komitee der Legislative schicken sollen.

Somit hatte das Dekret vom 13. Juni 1793 vor allem eine Wirkung gezeitigt. Man konnte bestätigen, daß mit Ausnahme einiger Zentren, wo die alten Scharfrichter-Meister ihre Funktionen inne gehabt hatten, sich kein Kriminaltribunal Frankreichs fand, das offiziell mit einem ordentlichen Scharfrichter ausgestattet gewesen war in dem Zeitraum, der sich vom Juli 1793 bis zum 9. Thermidor des Jahres II erstreckt und der die Zeit der Schreckensherrschaft markiert.

Kapitel 2

Die Scharfrichter in der Provinz zur Zeit der Schreckensherrschaft

1. Der unerläßliche Mann

Was waren in den Provinzen die Werkzeuge der revolutionären Justiz? Dies ist in der Geschichte der Schreckensherrschaft gewiß nur eine zweitrangige Frage, die noch nie erforscht worden ist und deren Geheimnis in den Kartons der *Archives nationales* begraben liegt. Indem wir sie aufzuhellen versuchen, schicken wir uns zweifellos an, dem Vergessen Namen und Fakten zu entreißen, die vielleicht besser im Verborgenen geblieben wären. Zudem können die verstreuten Dokumente, die wir uns zu ordnen anschicken, nur eine höchst unvollständige und kurze Skizze ergeben. Dennoch hätte diese vorläufige Studie zumindest den Vorzug, dem noch sehr unscharfen Bild der Strafjustiz in den Departements vom November 1793 bis zum Juli 1794 einige Konturen zu verleihen.

In einigen großen Städten, die einstmals Sitz von Parlamenten oder fürstlichen Residenzen gewesen, und nunmehr, im Jahr 1790, zu Hauptorten der Departements geworden waren, waren die Scharfrichter, die diesen Titel noch aus der Zeit vor der Revolution trugen, im Amt verblieben, wenn auch nicht in großer Zahl, denn nach dem Wortlaut des Dekrets vom 13. Juni 1793 wurde verlangt, daß sie ihre Funktionen aufkündigten und darauf warteten, daß sie der Ordnung der Liste, die man in Ausführung des Dekrets aufgestellt hatte, und ihrer Altersrangfolge gemäß, zur Reise in die Departements befohlen wurden.

Aber da die Kriminaljustiz alle Hände voll zu tun hatte und es ein Übermaß an Urteilen zu vollstrecken gab, säumten die Tribunale, die in den Städten gegründet wurden, wo die alten Scharfrichter lebten, nicht, sie in dieser Eigenschaft an sich zu binden. So blieben die

Sanson in Paris; das Tribunal von Arras hielt Pierre-Joseph Outerdebanck[1], den vormaligen Vollstrecker des Rates von Artois; und auch in Angers, Alençon, Beauvais, Caen, Laon, Mans, Melun, Metz, Nantes und Straßburg[2] verblieben die alten Scharfrichter im Amt und guillotinierten im Namen der Republik, so wie sie im Namen des Königs gehängt hatten. Dies waren die Privilegierten.

Freilich waren die Städte überaus rar, die durch die Unterteilung Frankreichs in einzelne Departements nicht ihres Status' als Bezirksstadt beraubt worden wären. Etwa sechzig Bezirkshauptstädte fanden sich ohne Scharfrichter. Demgegenüber besaßen einige Städte[2a], die vormals Sitze der Gerichtsbarkeit waren, in dieser Eigenschaft einen Scharfrichter, der sich jedoch durch die neue Gesetzgebung seines Amtes enthoben oder genötigt sah, in der Ferne *Arbeit* zu suchen. Beispielsweise in den Departements des Midi, was diesen unglückseligen Parias nur eine Vorhölle sein konnte, von denen die meisten aufgrund ihrer Geduld und einer an den Tag gelegten Bescheidenheit es doch so weit gebracht hatten, daß man sie an den Orten, wo ihre Vorfahren schon vollstreckt hatten oder wo sie selbst geboren waren, akzeptierte. Und wir sprechen hier nicht von denjenigen, die sich höchst bescheiden *Rifleur* nannten. Von diesen wimmelte es im Norden und im Osten. Wie wir gesehen haben, hatte in manchen Landstrichen ein jedes Dorf den seinen, und allesamt nahmen sie ihren Platz in dieser berühmten Liste ein, mit dem gleichen Titel wie ihre

---

[1] Halten wir ein letztes Mal fest, daß wir die letztlich variable Rechtschreibung der Namen der Scharfrichter nicht berücksichtigen können und uns an ihre Schreibweise in den offiziellen Dokumenten halten.

[2] Hier sind die Namen der Henker, die vor 1789 in den Städten arbeiteten und während der Revolution dort blieben: in Angers: Filliaux, berufen 1785; in Alençon: Jacques-Michel Boistard, berufen 1774; in Beauvais: Berger (1784); in Besançon: Claude-Antoine Chrestien (1774); in Caen: Charles-Louis Jouanne (1776); in Laon: François-Joseph Demoret (1761); in Mans: Charles Jouanne (1767); in Melun: Nicolas-Lubin Jouanne (1788); in Metz: Oswald Barré (1784); in Nantes: Charles-François Ferey (1785); in Strasbourg: Georges-Fréderic Maeigest (?). Archives nationales: V^1 540.

[2a] Abbeville, Amboise, Boulogne, Calais, Cambrai, Chinon, Compiègne, Épernay, Étampes, Issoudun, Loches, Longwy, Longuyon, Loudun, Mantes, Meaux, Montmédy, Neufchâteau, Noyon, Phalsbourg, Pontoise, Provins, Reims, Saint-Mihiel, Sarreguemines, Saarbourg, Saar-Louis, Saumur, Sedan, Soissons, Thionville, Toul, Vierzon, Vitry-le-François.

Mitbrüder in den großen Städten, ungeachtet ihrer Unerfahrenheit und ihrer Inkompetenz – das war wohl eine schlecht verstandene Gleichberechtigung.

Wir haben bereits erzählt, auf welche Schwierigkeiten die Durchführung des Dekrets vom 13. Juni stieß. Die Rücktrittsgesuche flatterten gleich massenhaft auf die Schreibtische des Justizministeriums. Dennoch arbeiteten die Kriminaltribunale emsig, und die ›Apostel‹, die der Wohlfahrtsausschuß in die Departements entsandt hatte, beeilten sich, der Provinz das Instrument bekanntzumachen, das in Paris *Wunder wirkte*. Dies schlug sich in gewissen Perlen der behördlichen Korrespondenz nieder, von denen man einige Beispiele anführen sollte:

Mende, 6. Juni 1793

Bürger Justizminister,

Seit das Kriminaltribunal des Departements Lozère seinen Sitz in Florac hat, hat es auf mein Betreiben hin zweiundfünfzig Männer ab- und zum Tode verurteilt, welche die Waffen für eine Armeekolonne ergriffen haben, die Florac verlassen und sich mit der Truppe von Chanier vereinigen wollten. In Ermangelung eines Scharfrichters und der Guillotine sind sie noch am Leben. Dieses Instrument war hier in Mende versteckt, ehe die Truppe von Chanier sich der Stadt bemächtigte, doch hat man sie wiedergefunden. Sie ist aber noch nicht benutzt worden, weil es keinen Scharfrichter gibt. Eine solche Exekution gäbe jedoch ein sehr nützliches Exempel für dieses Departement.

DABZAN,
Staatsanwalt von Lozère

Barjaval, der Staatsanwalt des Departements Vaucluse, hatte wohl dank seines Drängens von der Verwaltung die Gunst einer Guillotine erwirkt, aber ihm fehlte der dazugehörige Scharfrichter, und so schrieb er an seinen Kollegen von Gard den folgenden Brief:

Avignon, 30. Brumaire des Jahres II (20. November)

Ich bitte Dich, mir für einige Tage den Scharfrichter Deines Departements auszuleihen; ich habe geschrieben, um mich eines eigenen zu versichern, aber ich habe vor seiner Ankunft noch Exekutionen zu erledigen. Kürzlich erst war ich aus Mangel an einem Scharfrichter gezwungen gewesen, einen ehemaligen Herrn füsilieren zu lassen, einen Helfer der Partei des Verräters Precy in Lyon, heute *Ville-Affranchie*. Es hätte einen schöneren Eindruck gemacht, wenn ich ihn hätte guillotinieren können. Schick mir doch sogleich den nötigen Mann. Wenn Du keinen in Deinem Departement hast, laß mir sobald wie möglich jenen aus Hérault kommen. Dem Gesetz gemäß wird er die Kosten seiner Reise erstattet bekommen, wenn er die Guillotine bedient; wir haben eine zu unserer Verfügung[3].

Der Staatsanwalt von Gard war, wie man sieht, seinem Kollegen aus Avignon gegenüber deutlich bevorzugt: er besaß den *notwendigen Mann*. Ja, er schätzte diese Gunst so hoch, daß man den Eindruck gewinnen kann, daß die Versicherung, ein offizieller Scharfrichter werde geschickt, einen der süßesten Augenblicke seiner Karriere darstellte.

17. Prairial des Jahres II

Der Staatsanwalt von Gard an Hermann, Kommissar der bürgerlichen Verwaltung, der Polizei und der Tribunale.

Bürger,
der in Toul ansässige Scharfrichter, den die Kommission nach Gard geschickt hat, wird hier keinen leeren Platz vorfinden, da Dominique Vachale, Genuese von Geburt, diese Funktion seit dem 1. Frimaire mit einer überraschenden Aktivität und Geschicklichkeit ausübt. [...] Das macht aber nichts. Wenn der Neue eintreffen wird, werden wir ihn bis zu einer neuen Order bei uns behalten. [...] Seit meiner letzten Order haben siebzehn Verschwörer ihre Freveltaten gesühnt. Alles in allem sind damit schon zweiundvierzig Konterrevolutionäre um einen Kopf kürzer gemacht. Es gibt noch mehr; aber wir haben sie gefaßt, und ihre letzte Stunde ist nicht mehr fern.
Mit brüderlichem Gruß
MICHAUD (oder MINARD?)

Im übrigen zeigte sich der angekündigte Scharfrichter aus Toul nicht. Er hieß Laurent Piècler; seine Vorfahren praktizierten seit mehr als hundert Jahren in Lothringen, was ihn so sehr an diesen Landstrich band, daß er nicht willens war, dort auszuwandern: er lehnte ab. Man findet ihn im Jahr 1800 als Scharfrichter in Auxerre wieder.

---

[3] Das Schafott stand in Avignon dauerhaft auf dem *Place de l'Horloge*.

Da nun einmal der Name des Genuesen Dominique Vachale gefallen ist, wollen wir von diesem *Eindringling* eine kurze Beschreibung geben. Er hatte in Nîmes seiner Gelassenheit und seiner schönen Kleidung wegen eine gewisse Reputation erlangt. Man sah ihn oft durch die Stadt spazierengehen, ein Mann mittleren Wuchses, mit einem großen Dreispitz auf dem Kopf und in der Uniform der Nationalgarde, mit kleinen Epauletten, Hosen aus gelbem Leder, Gamaschen bis zum Knie und einem Säbel unter dem Arm, der rot von großen Blutflecken war[4]. Die Kinder folgten ihm in weitem Abstand durch die Straßen. Da ihn niemand bei sich hatte aufnehmen wollen, wohnte er in den oberen Räumen des Gerichtsgebäudes[5]. Nach der Schreckensherrschaft verschwand er; zweifellos änderte er seinen Namen, denn seine Spur verliert sich im Nichts.

Aus Bourg schrieb der Staatsanwalt Bataillard seine Beschwerden an den Minister:

> Bourg, neu gebildet, den 13. Pluviôse des Jahres II
>
> Ich warte immerfort darauf, daß Du mir einen Vollstrecker der Kriminalurteile für dieses Departement schicken wirst. Die benachbarten Departements sind so beschäftigt, daß es sehr schwierig, wenn nicht unmöglich ist, einen Vollstrecker zu bekommen, um die Exekutionen hier auszuführen.
>
> BATAILLARD

Man errät in dieser kurzen Bittschrift eine Art Neid auf diese Departements, wo der Henker *so beschäftigt ist* ... Womit offensichtlich auf Lyon angespielt wird, dem die Schreckensherrschaft eine solche Nachfrage verschaffte, daß »der Scharfrichter aus Isère mit Erlaubnis für die Commune-Affranchie tätig war, um seinem Bruder zur Hand zu gehen, den die Geschwindigkeit, mit der die Kommission ihre Arbeit bewältigt, außergewöhnlich erschöpfte«.[6]

---

[4] Offizielle Dokumente, die über die Geschichte der Schreckensherrschaft in Nîmes Auskunft geben.
[5] Archives nationales: BB³ 207. Brief vom 9. Fructidor des Jahres III.
[6] 24. Pluviôse des Jahres II. Archives nationales: BB³ 206.

Es ist hinreichend bekannt, daß die Situation in Lyon lange andauerte, so lange, daß der Scharfrichter von Isère sich zweifellos dort niederließ und der Staatsanwalt von Grenoble, der schon seit sechs Monaten seines Mitarbeiters beraubt war, am 4. Prairial des Jahres II schrieb:

[...] Ich habe eine Einladung an Bürger ausgeschrieben, welche die Rächer der Verbrechen werden wollen, leider ohne Erfolg. In den letzen Tagen schließlich, da ich genötigt war, ein Todesurteil gegen einen Banknotenfälscher zu vollstrecken, habe ich einen Entschluß gefaßt, den ich selber nicht schätze, aber es war mir unmöglich, die Vollstreckung noch länger hinauszuzögern. Nun heißt es also, vom guten Willen zweier Häftlinge zu profitieren, von denen der eine zu acht Jahren Kettenhaft und der andere zu einer kurzen Freiheitsstrafe durch die Strafpolizei verurteilt ist[7].

Ich habe dabei lernen können, Bürger, daß das Vorurteil, das die Vollstrecker der Kriminalurteile stigmatisiert, in diesem Lande noch so tief verwurzelt ist, daß ich nicht darauf hoffen kann, einen ehrbaren Mann zu finden, der dieses Amt annehmen will.

In Chambéry verhält es sich ebenso:

Chambéry, 17. Prairial, Jahr II

[...] Das Kriminaltribunal veranlaßt tagtäglich, daß Schuldige der Strafe ihres Verbrechens unterzogen werden, wobei man genötigt ist, sich an die benachbarten Departements zu wenden, um diese Urteile vollstrecken zu lassen. Die Transportkosten für die Scharfrichter verursachen der Republik große Kosten; wir laden Dich also dazu ein, sobald wie möglich Vorkehrungen zu treffen, daß ein Scharfrichter in dieses Departement geschickt wird. Die unverzügliche Bestrafung der Schuldigen schreckt die Böswilligen ab und sie läßt sich niemals besser bewerkstelligen als in dem Moment, wo das Recht, die Rechtschaffenheit und die Tugenden auf der Tagesordnung stehen.[8]
Der Präsident des Direktoriums des Departements
GRAND

---

[7] Diese beiden Männer hießen François Pache, gebürtig im Departement Mont-Blanc, der andere Joseph Porte, Italiener. Der erste wurde zum Scharfrichter, der zweite zu seinem Gehilfen ernannt.
[8] Archives nationales: BB³ 207.

Als man zwei Monate später aus Paris dem Tribunal von Mont-Blanc die Entsendung eines regulären Scharfrichters ankündigt, bedankt sich der Staatsanwalt mit Worten, die keinen Zweifel an der Wichtigkeit lassen, den die Emissäre des Wohlfahrtsausschusses der Mitarbeit des entsetzlichen Helfershelfers beilegten, dessen bloße Ankunft schon Angst und Schrecken in der ganzen Gegend verbreitete:

> Chambéry, den 20. Messidor des Jahres II
>
> Der Staatsanwalt des Departements Mont-Blanc nimmt mit Vergnügen zur Kenntnis, daß der Bürger Laurent *René*[9] zum Scharfrichter von Mont-Blanc ernannt worden ist. Diese Maßnahme wird große Reisekosten vermeiden helfen, so wie sie zur gleichen Zeit die Furcht der Bösewichte verdoppeln wird. Ich werde mich beeilen, diesen Bürger dem Tribunal vorzustellen[10] ...
> D'HAVRÉ-BUISSON

In Poitiers hatte der Scharfrichter Vedier im Jahr 1793 seinen Rücktritt eingereicht und damit auf ein Amt verzichtet, das seine Väter seit Anfang des Jahrhunderts ausgeübt hatten[11]. In Dijon ist das Direktorium der Departements im Fructidor des Jahres II dazu verdammt, »einen Aushang zu machen, um diejenigen, die sich zum Amt des Scharfrichters befähigt halten, einzuladen, sich vorzustellen«. Als der Minister von dieser Maßnahme erfährt, findet er jedoch »diese Maßnahme verfrüht, da die Liste der vormaligen Scharfrichter noch nicht ausgeschöpft ist, und verspricht, sobald wie möglich, einen Scharfrichter an die Côte-d'Or zu schicken[12]«.

Man könnte diese Zitate vervielfältigen: indes reichen die hier vorgelegten gerade in ihrer zeitlichen Übereinstimmung aus, um aufzuzeigen, daß die Provinz erst in den letzten Tagen des Schreckens ausreichend mit Scharfrichtern versorgt wurde. Fast überall hatte der Eifer der Kommissare diese Irregularität wettgemacht; die Strebsam-

---

[9] Laurent Reine, und nicht René. Er kam aus Nancy, wo sein Vater vor der Revolution Scharfrichter gewesen war.
[10] Archives nationales: BB³ 217.
[11] Archives nationales: V¹ 540.
[12] Archives nationales: BB³ 207. – Der Platz in Dijon war wegen des Ablebens des Scharfrichters Chefdeville frei geworden.

keit der Henker war ihnen dabei behilflich. Jouenne der Ältere beispielsweise, der in der Normandie arbeitete, bildete sich auf seine Betriebsamkeit so viel ein, daß er einen regelrechten Empfehlungsbrief daraus machte:

Caen, 8. Nivôse, Jahr II

Es gibt Departements, wo Schuldige am Leben sind, nur weil es an einem Rächer des Volkes mangelt. Dies jedoch ist nicht der Fall in den Departements Calvados und der Manche. Eine Verurteilung hat sich niemals um eine Sekunde verzögert; ich habe den Posten eingenommen und habe die Guillotine selbst in Bewegung gesetzt[13].
JOUENNE der Ältere

2. Die Amateurhenker – Ance und Collet de Charmoy

Es war jedoch der Stadt Rochefort und dem Mitglied des Nationalkonvents Lequinio vorbehalten, bei seiner Mission in der unteren Charente der Revolution die *Amateurhenker* angedeihen zu lassen, die aus Gefallen daran arbeiteten, aus Patriotismus ... aus Angst vielmehr. Man kennt den Brief von Lequinio[14]; ihm ist die Ehre zuteil geworden,

---

[13] Archives nationales: BB³ 206.
[14] Lequinio, der zur Zeit der Revolution fünfzig Jahre alt war, war aus Vannes gebürtig. Als Abgeordneter des Konvents wurde er im September 1793 auf eine Mission in die Departements des Westens geschickt. Dort wurde er zum Rivale Carriers, der ihm nicht an Grausamkeit gleichkam, aber ihn in seiner Gier und seinen Veruntreuungen übertraf. Er hatte sich bis dahin zum Atheismus bekannt, aber nach seiner Rückkehr nach Paris im Jahre 1794 trug er den Jakobinern am 7. Mai eine pompöse Huldigung der Rede Robespierres zur Unsterblichkeit der Seele vor. Maximilien wies seine Lobrede zurück, und indem er die älteren Meinungen Lequinios mit denen verglich, die zu verbreiten er sich nun anschickte, ließ er ihn als Betrüger und Scheinheiligen aus der Gesellschaft ausschließen. Nach dem 9. Thermidor verlangte er mit deutlicher Anspielung auf den kleinen Dauphin, der im *Temple* eingeschlossen war, daß *man den Boden der Freiheit vom letzten Sprößling der unreinen Rasse des Tyrannen säubern müsse.* Im Jahr 1795 als Terrorist denunziert, wurde er durch den Berichterstatter der Kommission, der betraut worden war, sein Verhalten zu untersuchen, folgender Punkte angeklagt: daß er gewohnheitsmäßig mit den Henkern gespeist habe, daß er aus der Beute seiner Plünderungen für 12 000 Francs Schulden bezahlt habe, daß er Güter

im *Moniteur* abgedruckt zu werden, und er ist seither mehrere Male veröffentlicht worden; nichtsdestoweniger ist er so typisch und resümiert die Fakten mit einem derart offenen Enthusiasmus, daß man ihn hier noch einmal wiedergeben muß:

> Es ist in der Tat ein großer moralischer Triumph, meine Kollegen Bürger, nicht so sehr über den Mummenschanz der Priester, der in diesem Lande nicht mehr existiert, sondern über ein Vorurteil gesiegt zu haben, das nicht weniger stark und nicht minder verwurzelt ist als jener. Wir haben hier nach dem Vorbild von Paris ein revolutionäres Tribunal gebildet, und wir selbst haben all seine Mitglieder benannt, bis auf denjenigen, der das Verfahren abschließt: den *Guillotineur*. Wir wollten den Patrioten von Rochefort die ehrenvolle Aufgabe überlassen, sich aus freien Stücken als Rächer der von den Schurken verratenen Republik zu zeigen. Wir haben dieses Erfordernis der Volksgesellschaft dargelegt: »Ich«, so rief der Bürger Ance mit noblem Enthusiasmus, »ich wünsche die Ehre, die Köpfe der Mörder meines Vaterlandes rollen zu lassen!« Kaum hatte er diesen Satz ausgesprochen, als sich andere zur gleichen Sache erhoben und zumindest die Gunst für sich reklamierten, ihm dabei behilflich zu sein. Wir haben den Patrioten Ance zum *Guillotineur* erklärt und ihn anläßlich eines gemeinsamen Abendessens eingeladen, seine schriftliche Vollmacht entgegenzunehmen und dies mit einer Zecherei zu Ehren der Republik zu begießen. Wir denken, daß die Richter ihn in ein paar Tagen beauftragen werden, den praktischen Beweis für seinen Patriotismus abzulegen, mit dem er sich über die Vorurteile stellt, die den Königen und Tyrannen stets angelegen waren, vermochten sie damit doch die gesellschaftliche Ungleichheit zu nähren, auf welche sich ihre Macht gründete.[15]

---

erworben und seinem Bruder beträchtliche Summen habe zukommen lassen, daß er die Guillotine des Tribunals für Ansprachen mißbraucht habe; daß er Kinder gezwungen habe, ihre Füße ins Blut ihrer Väter zu tauchen, und schließlich, daß er selbst seinen Häftlingen das Gehirn aus dem Schädel gepustet habe. Nichtsdestotrotz wurde auch er von der Amnestie im August 1796 erfaßt. Im Jahre 1798 zum Deputierten des Departements des Norden in den Rat der Fünfhundert gewählt, wurde er durch das Gesetz vom 12. Mai im selben Jahr wieder ausgeschlossen. Er übte nach dem 18. Brumaire die Funktion eines Waldinspektors aus; dann wurde er in die Vereinigten Staaten als Unterkommissar der wirtschaftlichen Beziehungen geschickt. Er starb unter dem *Empire*.

[15] *Moniteur*, 14. November 1793.

Die Kartons der *Archives nationales* enthalten kein Dokument über Ance, diesen Eindringling in das Gewerbe, auf den man einige Legenden gebildet hat, die möglicherweise weniger grausam sind als die Realität.

Von seinem bürgerlichen Stand, von seinem Beruf vor der Revolution und von den Gründen seiner Ernennung weiß man nichts. Die Archive der unteren Charente und die von Finistère, den beiden Departements, in denen er sein Amt ausübte, geben in bezug auf dieses Thema keinerlei Hinweis. Man muß in den örtlichen Broschüren nach Informationen über diesen merkwürdigen Mann suchen, welche jedoch oftmals widersprüchlich und unvollständig sind.

Obgleich er sich selbst nach der französischen Aussprache als Ance bezeichnete[16], hieß er in Wahrheit Hentz. Er war folglich deutscher Herkunft oder zumindest Elsässer, und es ist wohl erlaubt anzunehmen, daß er einer jener *Rifleur*-Familien angehörte, von denen es vor der Revolution so viele im Elsaß gab[17].

Wie war er nun in den Departements des Westens gestrandet? Man weiß es nicht. Ohne fürchten zu müssen, ihn allzusehr zu verleumden, kann man annehmen, daß er irgendeine Missetat zu verbergen hatte und daß er irgendeine Absicht verfolgte, als er mit soviel Diensteifer die Gelegenheit ergriff, sich nicht unter, sondern über das Gesetz zu stellen. Jedenfalls findet Lequinio in ihm einen ergebenen und fügsamen Diener.

Das revolutionäre Tribunal von Rochefort hatte sich in der Kapelle des Hospizes von Saint-Charles einquartiert; als ersten Fraß hatte man ihm einen Mulatten vorgeworfen, den man mit den erdrückendsten Anklagepunkten zermalmte. Während der Beratung errichtete Hentz die Guillotine auf dem *Place de la Liberté* und legte dann eine Stunde später inmitten einer Menge, die ob der Neuheit dieses Spektakels erstaunt war, sein Lehrstück ab. Als einige Tage später der Urteilsspruch über neun Offiziere und Matrosen der *Apollon* gefällt werden

---

[16] Diese Schreibweise hat M. Vallon auf der Grundlage eines Briefes von Lequinio, in seinem bemerkenswerten Buch *Les Représentants en mission dans les départements* übernommen, in dem er diesem Fanatiker einige Zeilen widmet.

[17] Dies ist jedoch nur eine Hypothese, die nicht zu belegen ist, denn, wie gesagt, bis auf einige wenige Ausnahmen sind die Namen der Scharfrichter unbekannt, die vor 1799 im Elsaß praktiziert haben.

sollte, wartete Hentz nicht erst darauf, daß das Urteil gesprochen war. Lange zuvor schon war er auf seinem Posten und harrte seiner Beute. Der Pöbel applaudierte ihm und umringte singend und tanzend das Schafott. Als die Unglücklichen auf dem Platz erschienen, intonierte die Menge das *Ça ira* und tanzte die *Carmagnole*, selbst auf der Guillotine.

Hentz erhielt eine Besoldung von 5600 Livres, mit der er auch die beiden Gehilfen bezahlte, die er brauchte. Das war gut verdientes Geld. Zudem war ihm ein Titel zuerkannt worden, der den des Henkers überragte: »Wir haben«, so schreibt Lequinio, »dem Patrioten, der so selbstlos die Ausführungen der Urteile des Revolutionstribunals übernommen hat, den Namen *Rächer des Volkes* gegeben und als Werkzeug, das uns in einem Augenblick die Verräter aushändigt, die VOLKSJUSTIZ, die hier in Großbuchstaben geschrieben steht. Diese Justiz wird sich den beiden Schuldigen feierlich bemerkbar machen, von denen der eine Fähnrich des Schiffes war und einen König wollte. Der Schrei ›Es lebe die Republik!‹ ist 4000 Kehlen in dem Augenblick entsprungen, da sein Kopf fiel, und unsere geliebte Hymne krönte diese Hommage an die Freiheit.«

Hentz hatte sich also im Westen eine gewisse Reputation erworben. Als der Abgeordnete des Nationalkonvents Laignelot, der Lequinio in Rochefort assistierte, sich anschickte, die Bretagne zu revolutionieren, führte er den *Rächer des Volkes* und Hugues, den Staatsanwalt, mit sich nach Brest. Die Guillotine von Rochefort aber ruhte deswegen nicht, denn als in Hentzens Abwesenheit die Exekution des alten Deputierten Dechizeaux stattfand, verlangte und erreichte es ein gewisses Individuum namens Daviaud, der seinen persönlichen Haß stillen wollte, den offiziellen Scharfrichter zu ersetzen.

Hugues war ein vorausschauender Mann: am gleichen Tag, als er das Tribunal in Brest errichtete und noch bevor eine Verhaftung ausgesprochen war, gab er dem Zimmermann der Kommune die Order, auf dem *Place de la Liberté*[18] die heilige Guillotine aufzurichten, die dort dauerhaft stehenbleiben sollte. Dem Schafott gegenüber erhob sich ein Altar, der 1792 für das Fest der Föderation errichtet worden war. Der Maler Satori hatte dort zwei Heldentaten abgebildet. Dieser Altar wurde

---

[18] Place du Champ-de-Bataille.

umgestürzt und durch einen Haufen Klötze ersetzt, die eine zerklüftete Berglandschaft darstellen sollten. Die heilige Guillotine war also das Gegenstück der heiligen Berge, und der Platz erhielt den Namen *Place de la Montagne*. Wir werden Hentz nicht auf allen seinen Heldentaten begleiten; er war dennoch ein Mann mit Geschmack und suchte in den Augen der Brester Bevölkerung den Ruf zu bestätigen, der ihm vorausgeeilt war. Zur Zeit der Urteilssprechung der dreißig Verwalter von Finistère zum Beispiel zeigte er sich seiner beiden Paten Laignelot und Lequinio würdig.

An diesem Morgen waren alle Maßnahmen hinsichtlich der Exekution ergriffen. Hentz hatte den Karren bestellt. Das war Brauch in Paris. In Brest jedoch überraschte dies, denn hier gab es nur die Beschuldigten vor ihren Richtern. Der Staatsanwalt, seiner Sache nicht weniger sicher, hatte für seine Klienten eine große Mahlzeit bestellt: eine Mahlzeit mit dreißig Gedecken, gut angerichtet, nur ohne Messer, und er hatte in der Stadt dreißig Flaschen des besten Weins aussuchen lassen, denn die Humanität, so sagte er, erfordere es, daß man wenigstens eine anständige Mahlzeit bekomme, bevor man zum Tod schreite. Dreißig Gedecke! Er wollte den Anschein erwecken, als zähle er darauf, daß die dreißig verurteilt würden. Die sechsundzwanzig, die dann tatsächlich verurteilt wurden, verzichteten auf seine Höflichkeit. Hentz konnte sich nun also ohne weitere Verzögerung an seine finsteren Vorbereitungen machen und die Verurteilten auf den *Place du Triomphe-du-Peuple* führen (oder *Place de la Montagne*), wo sie am 2. Prairial, dem 20. Mai 1794, hingerichtet wurden.

Man sagt, daß er, um den Leuten die abgeschnittenen Köpfe zu zeigen, wie dies bei Kapitalverbrechern üblich war, und in der Hoffnung, daß dieses Spektakel die Unglücklichen, denen es noch bevorstand, schwächen würde, die geniale Idee hatte, sie nebeneinander auf dem Vorplatz der Guillotine anzuordnen, um so (wie es in einem Gesuch von Brest hieß, welches dem Konvent am 11. Frimaire des Jahres III präsentiert wurde) ein Beet von sechsundzwanzig Köpfen der Hingerichteten zu komponieren.

Ein wahrhaft monströses Faktum[19], das sich aus den offiziellen Quellen ergibt, ist, daß die Sterbeurkunden der Hingerichteten *vor* ihrer

---

[19] WALLON, *Les représentants en mission*. – LEVOT, *Histoire de la ville et du port de Brest*.

Exekution ausgestellt wurden. Die Verhöre sind auf fünf Uhr nachmittags datiert, und ein Auszug des Schuldspruchs besagt, daß die Exekution zwischen sechs und sieben Uhr abends stattfinden soll. Der Gerichtsschreiber wollte sich wahrscheinlich mit dieser im vorhinein abgegebenen Feststellung die Zeit nehmen, sein Abendessen ohne Verzögerung einzunehmen.

Hentz war ein modischer Mensch, ein Stutzer, wie man auch sagte. Sein gelocktes Haar unter einer kokett aufgesetzten Jakobinermütze steigerte die Züge, die die Frauen so sehnsüchtig wünschen[20]. Seine körperlichen Vorzüge, verbunden mit einer eleganten und ausgesuchten Kleidung, verliehen diesem Menschenschlächter eine verführerische Note. Fügen wir noch hinzu, um uns von dieser Person ein vollständiges Bild zu machen, daß Hentz, weit davon entfernt, eine vornehme Bildung genossen zu haben und ein kultivierter Geist zu sein – wie es ein gewissenhafter Autor behauptet, der freilich der ungenauen Überlieferung aufgesessen ist –, vollkommen schriftunkundig war. Seine Unkenntnis ist hinreichend belegt durch das folgende Autograph, das ein Teil der Sammlung von M. Guichon de Grandpont ist, des allgemeinen Marinekommissars in Brest:

† Für den Dinst der Giotine für das Revolutionstriebunal
Ich haabe zen Pfunt waißer Seife und einen Schwam verlankt.
Brest, der 24. Thermidor des Jahres II der einen unt untailbaren französischen Republik.
Ance, Rächer

Diese originelle Art, seine Geldanweisung zu schreiben, schließt bei diesem widerlichen Mann nicht eine übertriebene Liebe zur Schaulust aus, eine gewisse Vorliebe für einen grausigen und abstoßenden Pomp.

---

[20] Wie A. MONTEIL in seiner *Décade des Clubs (Geschichte der Franzosen aus den verschiedenen Ständen)* schreibt, wurde in Brest der Henker, ein junger Mann von wenig mehr als 20 Jahren, zum Präsidenten der Gesellschaft gewählt. Daraufhin machten ihm alle Familienväter, die heiratsfähige Mädchen hatten, den Hof.
Wie M. Levot richtig bemerkt, vertrug sich dieser Heiratswettlauf kaum mit der Schwierigkeit, der Hentz ausgesetzt war, um eine Unterkunft zu finden, so daß man ihm schließlich eine zuweisen mußte.

Als er einen Matrosen zu exekutieren hatte, der libertinistischer Ausschweifungen überführt worden war, schwang er mit großartiger Geste den Kopf des Hingerichteten in Richtung Reede und verharrte in dieser Haltung, wie um dem Meer selber zu drohen und den Ozean zum Zeugen der Gerechtigkeit dieses Opfers zu machen.

Die Abgeordneten Faure und Bollet schrieben in einem ihrer Berichte aus Laval: »In Brest haben Richter des Revolutionstribunals die Niedertracht besessen, die Kadaver der hübschen hingerichteten Frauen zu vergewaltigen, und dies vor den Augen der Leute, in einem Amphitheater der Sektion. Der Bürger ›*Rächer des Volkes*‹ hat sich damit amüsiert, das Fallbeil der Guillotine mehrfach auf den gleichen Kopf hinuntersausen zu lassen, um die Agonie zu verlängern[21].«

Dieser *Rächer des Volkes* – wir kennen ihn – war niemand anderer als Hentz. Er beschränkte seine blutrünstige Wichtigtuerei nicht auf solche Raffinements der Grausamkeit. Als er die Stadt verließ, um in der Umgebung zu arbeiten, arrangierte er eine Art Festzug für die Guillotine, die selbstverständlich mit ihm hinauszog. Auf dem Rücken eines Pferdes thronend führte er die Karre an, welche das Hinrichtungsinstrument trug, und verfuhr ebenso mit einem tragischen Gehabe bei seinem Einzug in die Stadt. Ein großes Schweigen herrschte bei seinem Durchzug. Die Bretonen, die nichts fürchten, hatten Angst vor diesem Verfluchten[22].

Bis in unsere Gegenwart hat man geglaubt, daß das gräßliche Faktum des *Amateurhenkers* eine einmalige Grausamkeit in der Geschichte der Revolution darstellt und daß Hentz eines jener monströsen Phänomene war, die weder Vorläufer hatten noch Nachahmer fanden. Das aber war nicht der Fall: dem Konventsmitglied Lequinio war der Ruhm beschieden, noch einen anderen *Rächer des Volkes* hervorzubringen, ebenso widerlich wie der erste. Dies fand in La Rochelle statt und wäre wohl für immer im Dunkeln geblieben – denn ich glaube nicht, daß

---

[21] Th. MURRET, *Histoire des guerres de L'Ouest*
[22] Man kann zu Ance heranziehen: WALLON, *Les représentants en mission dans les départements;* LEVOT, *Histoire de la ville et du port de Brest pendant la Terreur;* Armand LOD, *Biographie du conventionnel Bernard de Saintes;* VIAUD et FLEURY, *Histoire de la ville et du port de Rochefort;* Daniel MASSION, *Histoire politique, civile et religieuse de la Sainteonge et d l'Aunis;* CHATONNET, *Notices sur Gustave Dechesseaux, député à la Convention.*

irgendein Historiker ihn erwähnte hätte –, wenn dieser Unwürdige, der seine Dienste der Revolution freiwillig offerierte, nicht die Gemeinheit besessen hätte, sich später in einem Brief, den mich der Zufall bei einer Suche in den Kartons der *Archives nationales* finden ließ, dessen zu rühmen[23].

Er hieß Collet de Charmoy. Er war Kantor von Beruf, ein Beruf, der ohne Zweifel durch die Revolution wenig lukrativ geworden war. Als Lequinio nach La Rochelle kam, fand er eine Guillotine vor, aber keinen ›Guillotineur‹: dies brachte ihn jedoch nicht in Verlegenheit. Wir wissen, wie er in einer vergleichbaren Situation vorging. Er begab sich zur *Société populaire* und legte den anwesenden Patrioten den Sachverhalt dar, wobei man wohl eingestehen muß, daß sein Vorschlag ein peinliches Schweigen hervorrief. Dies ging zweifelsohne auf ein insgeheimes Erschrecken zurück, das freilich geschickt von den enthusiastischen Bravorufen überspielt wurde, welche die nun selbst in Schrecken versetzten Schreckensherrscher von La Rochelle einer hohen Stimme folgen ließen, die da schrie: »Ich! Ich!« Und dies war der ehemalige Kantor, der seine Dienste dem Vaterland offerierte. Er wurde akzeptiert und sofort in sein Amt eingesetzt.

Das Metier sagte ihm offenbar zu, denn im Gefühl, durch den Willen eines einfachen Volksvertreters nicht ausreichend geweiht zu sein, schrieb er an den Minister, sowohl um geltend zu machen, daß er die Anstellung infolge einer inneren Berufung erfülle, als auch um der Ehre willen, in die Rolle der Scharfrichter eingeschrieben zu werden, mit den gleichen Rechten wie jene, denen das glückliche Los zuteil geworden war, lange Jahre diesen Beruf ausgeübt oder zahlreiche Vorfahren dieser Art gehabt zu haben. Hier nun sein Brief:

La Rochelle. 1. Prairial des Jahres II

Bürger, ich bin der Meinung, daß ich Dich aufgrund des am 24. Floreal verabschiedeten Gesetzes, welches Dir das Recht gibt, die Individuen zu benennen und zu bestallen, welche die Funktion des Vollstreckers der Kriminalurteile ausüben, darüber informieren muß, daß der Abgeordnete des Volkes Lequinio mich am 22. Ventôse zum Rächer des Gesetzes

---

[23] Archives nationales: BB³ 206 und folgende.

für La Rochelle ernannt hat und daß mein Patriotismus allein mich diese Stelle hat akzeptieren lassen, die ich bis zu diesem Tag ausgeübt habe.
CHARMOY

Aber die gute Zeit konnte nicht ewig andauern. Der 9. Thermidor kam, und mit ihm ging die Guillotine in Ferien. Collet de Charmoy wartet ungeduldig; er fürchtet, nicht genug Enthusiasmus gezeigt zu haben, er entschuldigt sich dafür, einen Augenblick gezögert zu haben, bevor er auf den Vorschlag von Lequinio geantwortet habe, er beteuert sein Republikanertum »seit '89« und verdammt seinen früheren Stand ... Aber lassen wir ihn selbst seine Beschwerden vorbringen: Seine Bittschrift ist eine Seite des revolutionären Pathos, die ihre Würze verlöre, wenn man sie nicht vollständig zitierte:

An die Kommission der Zivil-Verwaltung, der Polizei und der Tribunale der ganzen Republik

Bürger,
Jacques-Bonaventure Collet-Charmoy, Scharfrichter der Kriminaljustiz in La Rochelle, ernannt und beauftragt von Lequinio, dem Abgeordneten des Volkes, entsandt ins Departement der Charente-Inférieure.
Seht Ihr, Bürger, daß der Abgeordnete eine Militärkommission in La Rochelle ernannt hat, wo man notwendig einen Scharfrichter braucht, daß der Abgeordnete, als er sich zur *Société* der besagten Gemeinde begab und ihr die Notwendigkeit eines Scharfrichters darlegte, sich niemand anbot, und daß nur ich, Mitglied dieser *Société*, mich offen erklärte; und wenn eine Stille meine Antwort allzu lang verzögerte, so nur deswegen, weil ich ein bißchen lahm bin und mich nicht dazu fähig sah; aber die Kräfte sind bei den Republikanern, und mein Mut ließ die Köpfe der Schurken rollen.
Das Departement hat es nun für nötig befunden, daß meine Arbeit, in Anbetracht des suspendierten oder aufgelösten Auftrages, nicht mehr stattfindet, was mir eine unselige Amtsenthebung ist, der ich schon das Opfer mehrerer Amtsenthebungen bin, eines Amtes, das aus gerechten Gründen erloschen ist (ich war Kantor) und es mir unmöglich macht, auf diesen geißelhaften Despotismus zurückzukommen, weil es ihn glücklicherweise nicht mehr gibt, was mich nun in die Lage versetzt, Bürger, Euch zu fragen, ob ich durch das Gesetz vom 3. Frimaire des Jahres IV meines Amtes enthoben bin. In Anbetracht meines Eifers, dem Vaterland zu dienen, ein ehrbarer Mann, Vater einer Familie, von

denen einer, der erst fünfzehn Jahre alt ist, dem Vaterland auf den Schiffen der Republik dient, und der andere, der erst neun ist und gleichfalls dort wäre, hätte ihn nicht eine Krankheit im Augenblick der Abreise heimgesucht. Aber das Vorurteil haust unter den Dummen, die ihn wie ein Ungeheuer betrachten anstatt ihn zu begrüßen. Das sagt Ihnen genug, Herr Ministerialrat? Ich bitte Sie also, Gerechtigkeit auszusprechen über mein Schicksal.

Sie werden wie ich fühlen, daß eine späte Antwort mich schmachten läßt, aber ich bin mehr als überzeugt von der Eile, welche Sie einem unverdrossenen Republikaner von '89, der nicht aufhören wird, Ihnen Gerechtigkeit zu üben, wohl erweisen werden.
Gruß und Brüderlichkeit
CHARMOY
Rächer des Gesetzes in La Rochelle, Rue d'Offredy, no. 1

Was Charmoy nicht sagt, ist, daß er statt *begrüßt zu werden* den Leuten von La Rochelle ein solches Objekt des Schreckens war, daß er gezwungen war, auszuwandern. Er hatte sich zu *seinem Freund Sanson* geflüchtet, Scharfrichter in Tours. Dort empfing er nun statt der Glückwünsche und der erhofften Bezüge eine trockene Nachricht des Ministers, die ihm kundtat, daß »er vor dem Gesetz vom 13. Juni 1793 nicht im Dienst gewesen sei, daß es keinen Grund für ihn gebe, seine Verfügungen zu treffen« und daß er folglich nicht unter die vom Staate pensionierten Scharfrichter zu rechnen sei.

Dies machte ihm schmerzhaft bewußt, daß er niemals als etwas anderes denn als Amateur betrachtet werden würde, und so lehnte er sich dagegen auf. Er schrieb einen Brief nach dem anderen, in denen er »seinen patriotischen Elan« in Erinnerung brachte und die »Feinde der ganzen Nation zum Zeugen aufrief, auf die er, vom Abgeordneten Lequinio zu diesem Zweck aufgeboten, das Gesetz angewandt hatte.« Es gelang ihm, den alten Sanson aus Paris für sein Schicksal zu interessieren, der ihn empfahl. Offensichtlich übte Sanson, dieser König der Henker, der Abgeordnete einer so zahlreichen und illustren Henkerdynastie, auf den ehemaligen Kantor eine beträchtliche Ausstrahlung aus. Er strebte nach der Ehre, in diese glückliche Familie einzutreten, und es gelang ihm, seine Schwester[24] mit Louis-Charles-

---

[24] Marie-Victoire Chollet de Charmoy, Witwe eines ersten Ehegatten namens Lexcellent, war am 10. Juni 1750 geboren. Mir ist das Datum ihrer Heirat mit Louis-Charles-

Martin Sanson zu verehelichen, jenem Freund, zu dem er sich nach Tours geflüchtet hatte und der der Bruder des Henkers von Louis XVI. war.

Dank dieser Allianz wurde er zum Scharfrichter von Amiens ernannt. Er blieb dort bis zum Jahr 1811. Aber angeekelt von seinem Beruf hatte er seinen Posten zugunsten Constant Vermeilles aufgegeben, dem Sohn des alten Scharfrichters von Cambrai vor der Revolution, was ihm von seiten Vermeilles eine lebenslängliche Pension von 1200 Francs zusicherte und vor dem Notar M. Lesur urkundlich besiegelt wurde. Unglücklicherweise hielt Vermeille seine Verpflichtungen nicht ein, und Collet de Charmoy starb im Elend. Seine Witwe wurde durch einen Akt der Nächstenliebe bei seinem Neffen Henry Sanson aufgenommen, dem Scharfrichter von Paris. Dort lebte sie, mittellos, im Jahr 1819, zusammen mit einer fünfundvierzigjährigen Tochter aus ihrer ersten Ehe.

3. Rennes – Arras – Cambrai – Lyon – Feurs

Wenn die Revolution in den Provinzen des Westens besonders blutdürstig war, so deswegen, weil die Aufstände in der Vendée und der Bretagne die Unterdrückung anstachelten und die Ermessensbefugnis der entsandten Abgeordneten verzehnfachten. Rennes wurde das Theater von Blutbad-Szenen, deren Wiedergabe nicht in den Rahmen dieser Studie fällt. So soll es uns reichen, einige Aspekte zu nennen, die im besonderen die Geschichte des Schafotts berühren.

Die Gefängnisse und Schafotts reichten nicht mehr aus für all die Unglücklichen, die auf den Straßen aufgesammelt wurden, und für

---

Martin Sanson nicht bekannt, und es ist gewiß, daß Charmoy, wenn man beweisen kann, daß diese Verbindung vor der Epoche der Schreckensherrschaft stattfand, in dieser Allianz eine Entschuldigung für seinen greulichen Fanatismus fand. Als Schwager des Henkers bot es sich an, selbst Henker zu werden. Wenn man die Sache so betrachtet, wird sie wahrscheinlich. Aber so war es nicht. Die Hochzeit fand erst lange nach dem 9. Thermidor statt. Den Beweis liefert uns ein Brief Charmoys, datiert auf den Nivôse des Jahres III und an *seinen lieben Freund* Sanson aus Tours adressiert. Im gegenteiligen Fall hätte er nicht versäumt, von *seinem Schwager* zu sprechen.

ihre wahren oder vermeintlichen Komplizen. Folgendes geschah zur Weihnachtszeit des Jahres 1793: Puisaye hatte einige Personen nach Rennes geschickt, Männer und Frauen, gewöhnliche Boten seiner Korrespondenz. Bei ihrer Rückkehr waren ihre Wagen und der Saum ihrer Kleidung getränkt mit Blut. Man hatte ganze Wagenladungen guillotiniert. Der Regen hatte den Morgen über nicht aufgehört, und das Blut der Opfer hatte sich mit dem Schlamm der Straßen und dem schmutzigen Wasser des Rinnsteins vermischt[25]. Rudel von Hunden kamen herbeigelaufen, die scheußliche Lieblingsspeise zu genießen, welche die Revolution ihnen darbot. Einmal erhob sich unter den Tieren, die der scheußliche Fraß zu wildwütigen Bestien machte, ein allgemeiner und wütender Kampf. Sie rollten sich und wälzten sich in diesem Meer aus Blut, das sich unter dem Schafott gebildet hatte. Rennes, in Schrecken versetzt, sah sie durch die Straßen stromern, alle tropfend in ihrem schrecklichen Pelz. – Der Eindruck dieses Schauspiels war derart, daß die Behörden befahlen, die Hunde von nun an am Halsband zu halten, und die Guillotine wurde auf der Abflußrinne am *Place du Palais* aufgestellt mit dem Zweck, daß durch diesen Kanal das menschliche Blut unmittelbar in der Erde verschwände.

In derselben Stadt organisierte man eine Kinderkompanie, die man aus der wohlhabenden Bürgerschaft rekrutierte und *die Hoffnung des Vaterlands* taufte. Um die künftige Generation den Geschmack des Blutes kosten zu lassen, beschäftigte man diese Kinder damit, auf dem Friedhof Saint-Etienne die Unglücklichen zu erschießen, die durch mobile Kolonnen festgenommen worden waren. Jedesmal ging man mit 15 bis 20 Opfern zu Werk. Die meisten jedoch, von den jungen Henkerslehrlingen nur schlecht getroffen, wurden nicht auf der Stelle getötet[26].

In Arras, wo sich zur großen Freude des Prokonsuls Joseph Lebon und zum schrecklichen Gedächtnis dieser Region nicht minder wilde Szenen ereigneten, wurde der Posten des *Rächers des Volkes* von Pierre-

---

[25] Die Zahl der Exekutionen *nur durch die Guillotine* betrug in Rennes in den Tagen vom 24. bis 26. Dezember 1793 neunzig. Th. MURET, *Histoire des guerres de l'Ouest.*

[26] Mehrere Personen waren noch 1848 in Rennes dafür bekannt, das Unglück gehabt zu haben, in dieser Kompanie aufgetreten zu sein. Einer ihrer Anführer hatte nach 1830 einen wichtigen Posten in dieser Stadt inne.

Joseph Outredebanque gehalten[27], dessen Familie seit mehr als einem Jahrhundert das Amt des Scharfrichters des Rates von Artois ausübte. Er selbst hatte jung begonnen[28] und blickte zur Zeit der Schreckensherrschaft auf zirka dreißig Dienstjahre zurück. Übrigens hatte ihn die Revolution ruiniert. Wir werden ihn 1791 sehen, wie er sich darüber beschwert, in Folge der Aufhebung der gutsherrlichen Rechte seine Arbeit verloren zu haben. Vorher war er von der Gemeinde Arras und der von Saint-Omer bezahlt worden, und sein festes Gehalt belief sich auf 600 Livres. Zudem genoß er das Privileg, alle toten Pferde der Stadt und der Umgebung zu seinem Profit abtransportieren zu lassen; schließlich »bezahlten ihm alle Vogteien und Herrschaften, alle Exekutionskosten zusammengenommen, eine jährliche Summe von 2000 Livres«[29].

Seine Untätigkeit fiel ihm nicht lange schwer. Lebon gab ihm Arbeit. Seit der Ankunft des Prokonsuls in Arras quollen die Gefängnisse über: Saint-Waast empfing die von Kriminal- und Militärtribunalen Verurteilten; das *Baudet* genannte Gefängnis diente als Justizpalast und Vorzimmer des Revolutionstribunals. Was die Verdächtigen anbelangte – und diese waren Legion – hatte Lebon sie folgendermaßen aufgeteilt: »Die männlichen werden im sogenannten Hôtel-Dieu eingesperrt, die weiblichen in dem La Providence genannten Haus.«

Nun gibt es einen – wahrhaft antiken – Ausspruch von Saint-Just, den die *Société populaire* von Réunion-sur-Oise[30] in ihren Registern verzeichnet hat. Als er sich beschwerte, daß man seine Erlasse gegen den Adel nicht streng genug befolge, wies man ihn darauf hin, daß die Gefängnisse voll seien. »Es geht darum, daß die Friedhöfe und nicht die Gefängnisse von Verrätern überquellen.« Das war auch die Meinung von Joseph Lebon, und er fand in Pierre Outredebanque einen gefügigen und ergebenen Helfer.

Das Schafott, das man zunächst vor dem Hôtel de Ville, auf dem *Place de la Liberté* aufstellte (dem heutigen *Petite-Place*), wurde bald in

---

[27] Der Name ist in Ouderdebank oder in Oudreban geändert worden.
[28] Er wurde gegen 1735 geboren.
[29] Archives nationales: BB³ 217.
[30] Die Stadt Guise im Departement Aisne.

die Nähe des Zentrums verbracht, auf den *Place de la Révolution* (den heutigen *Place de la Comédie*)[31]. Der Ort war günstig. Zudem gestattete die Nachbarschaft des Theaters Lebon und seiner Frau[32], den Hauptexekutionen von oben, vom Balkon des Schauspielhauses herab beizuwohnen, während die Verurteilten von der Plattform in der *Rue des Raporteurs* aus, die sich direkt gegenüber befand, das Haus ihres Landsmannes Robespierre sehen konnten.

Im Zusammenhang mit Outredebanque und Lebon ist es angebracht, an den jüngeren Tacquet zu erinnern, den Amtsdiener des Revolutionstribunals, der damit beauftragt war, in den Baudets die Angeschuldigten zu suchen, um sie dann vor ihren Richter zu führen. Dieser war ein Mann von abstoßendem Äußeren, gewöhnlich in grellfarbige Kleider gekleidet und mit einer bestickten Polizeimütze auf dem Haupt. Zwar gab es vom Gefängnis zum Tribunal einen direkten Weg, aber Tacquet schlug extra Umwege ein, um die Angeschuldigten, die er mit einer Eskorte bei sich führte, an der Guillotine vorbeizugeleiten und ihnen somit einen Vorgeschmack auf die Marter zu geben. Man wies ihn darauf hin. »Um so besser«, sagte er, »wenn sie sie früher als später sehen«.

Pierre-Joseph Outredebanque hatte in seinen beiden Söhnen Pierre und Ernould zwei Gehilfen; jener war 1776 geboren, und weil er als Kind schon eine große Eignung zu diesem Metier gezeigt hatte, half er seinem Vater seit seinem zehnten Lebensjahr[33]. Es geht zweifellos auf die Initiative dieses jungen Mannes zurück, daß die Stammgäste des *roten Theaters* – so nannten die Richter die Guillotine unter sich – es

---

[31] Demuliez befahl alles, was die Polizei, die Tribunale und die Exekutionen anbelangte. Er hatte in Paris eine Galerie und Erfrischungen gesehen, man guillotinierte auf dem *Place de la Révolution;* sogleich versorgte er auch Arras mit einer Galerie und Erfrischungen und ließ die Guillotine auf den *Place de la Révolution* transportieren; er ließ die Guillotine nach den Exekutionen wegbringen, aber er ließ sie schließlich dort und die Guillotine blieb (*Erklärung Lebons im Verlauf seines Prozesses*).

[32] Die Bürgerin Lebon glaubte sich autorisiert, ihren Gatten in seinen administrativen Funktionen zu vertreten. Eines Tages, als Lebon abwesend war, unterzeichnete sie selbst einen Haftbefehl. Diese Dame, die bei Tisch vor ihren Gästen von der Zahl der *Kalbsköpfe* sprach, die an diesem Tage abgeschlagen worden seien, wurde später zu einer ausgezeichneten und hingebungsvollen Mutter.

[33] Archives nationales: BB³.

dauern mußten, nach einer Mehrfachhinrichtung[34] die nackten Kadaver des einen und des anderen Geschlechtes zu sehen, geschickt und in den allergräßlichsten Positionen auf dem Schafott angeordnet[35]. Lebon, weit davon entfernt, gegen diese Greuel anzugehen, fand diese Komposition im Gegenteil so genial, daß er Outredebanque an seinen Tisch lud[36].

Im übrigen war er selbst keineswegs Verächter eines gewissen Raffinements. Als der Sohn des Scharfrichters sich an einem Tag anschickt, den Marquis de Vielfort, das vormalige Mitglied des Adels aus dem État d'Artois, auf den Balken zu binden, macht sich Lebon auf dem Balkon des Schauspielhauses bemerkbar und gibt Outredebanque ein Handzeichen, die Exekution anzuhalten. Die erstaunte Menge glaubt, daß der allmächtige Prokonsul einem Verurteilten die Gnade erweisen wolle! ... Lebon zieht eine Zeitung aus seiner Tasche und beginnt eine gravitätische Lesung des Erfolges, den die Armeen der Republik errungen haben; dann schließt er mit der Erzählung der Ergreifung Menins an, von der er gerade erfahren hat; schließlich fährt er den Patienten hart an: »Geh, Schurke, erzähl deinesgleichen die

---

[34] Jener von Mme Bataille und ihrer Komplizen, die angeschuldigt waren, für den Rückkauf der Kirche Saint-Géry Geld zusammengelegt zu haben.

[35] Prozeß von Lebon. Aussage des Bürgers Alexandre Morgan.

[36] Prozeß von Lebon. – Der Präsident bittet den Zeugen Joseph-Antoine Catiaux, über die Gespräche des Angeklagten in bezug auf die Geschworenen Auskunft zu geben, ob der Henker nicht für gewöhnlich an seinem Tische aß und auf welche Art und Weise er mit ihm sprach.

Er antwortet, daß er nicht wisse, worum es bei den Gesprächen mit den Geschworenen gegangen sei, daß jedoch der Henker mit ihnen aß und der Abgeordnete ihn so zuvorkommend behandelte wie die übrigen Gäste.

Der Angeklagte antwortet, daß man zu lange schon von diesem Henker spreche, so daß er die Gelegenheit ergreifen wolle, auf diese Sache zu entgegnen.

»Gewohnt«, sagt er, »sich mit den Richtern des Tribunals von Arras zu treffen, setzte sich der Henker kurz vor meiner Abreise ungebeten in Cambray zu den anderen an den Tisch, und trotz des Abscheus, den einige bezeugten, wagte es niemand, ihm zu sagen, daß er sich zurückziehen solle, aus Angst, sich den Anschein zu geben, einen Mann brandmarken zu wollen, der durch das Gesetz nicht gebrandmarkt ist. Im übrigen möge man sich auch der Einfügung aus dem *Bulletin de la Convention* aus verschiedenen Briefen erinnern, in denen die Repräsentanten des Volkes sich brüsteten, ein Vorurteil besiegt zu haben, als sie den Scharfrichter an ihren Tisch geladen haben.«

Neuigkeit unserer Siege! ... « Und die Exekution nimmt ihren Lauf. Sie war zumindest für zehn Minuten unterbrochen worden[37].

Die Spießgesellen Lebons waren ihres Meisters würdig. Nach der Exekution der siebenundzwanzig Bewohner von Saint-Pol, Flourent, ging einer der Geschworenen, der zwei Frauen ins Theater geleitete – das Theater spielte häufig und der Saal war immer voll! – an dem Rinnstein vorbei, der das Blut der Opfer mit sich führte. Er löste seinen Arm von einer der beiden Frauen und tauchte seine Hand in das Rinnsal. Als das Blut an seinen Daumen hinab tropft, sagte er: »Oh, wie schön das doch ist![38]«.

---

[37] In der alten Gesetzgebung – unter der Herrschaft, der Outredebanque seine Zulassung verdankt –, war der Scharfrichter gehalten, in der Kammer des stellvertretenden Bürgers den Eid zu leisten, sein Amt gut auszuführen und das Leiden des Verurteilten zu mildern.

[38] Der Allgemeine Rat der Kommune von Arras. – Sitzung des 2. Ventôse.
»Der Scharfrichter sorgt sich nicht darum, die Guillotine ein jedesmal zu reinigen, wenn er eine Hinrichtung vornimmt. In der Hitze des Sommers wird es an diesem Platz ungesund sein, wenn man in dieser Hinsicht keine Maßnahmen unternimmt. Die Versammlung setzt fest, daß der Scharfrichter angehalten ist, seine Guillotine jedesmal zu reinigen, wenn er eine Hinrichtung vornimmt, und zwar dadurch, daß er Wasser darüber kippt und es entfernt. Sie entscheidet des weiteren, daß eine Tonne angebracht wird, um das Blut aufzufangen, und daß er [der Scharfrichter] gehalten ist, diese Tonne nach jeder Exekution zu leeren.«
Sitzung vom 24. Ventôse.
»Man schlägt aus Gründen des Allgemeinwohls vor, den Staatsanwalt zu bitten, mehrere Körbe anfertigen zu lassen, verdoppelt mit Wachstuch, um jene, die man guillotiniert, sogleich nach der Exekution zum Friedhof zu bringen, ebenso wie einen Wagen, der dazu dient, sie dorthin zu fahren. Der Grund dafür liegt darin, daß, wenn die Körper auf der Guillotine liegenbleiben, das herausfließende Blut schlechte Luft verbreiten und Krankheiten erzeugen kann«.
Am 25. Ventôse macht Outredebanque die Bemerkung, daß das Blut der Verräter die Luft nicht verpesten dürfe, die jeder Republikaner atme.
26. Ventôse. – Der allgemeine Rat der Kommune von Arras an das Direktorium des Departements: »Der allgemeine Rat wird über die Zuträglichkeit der Luft wachen. Weil die Adeligen, nachdem sie das Gift der Aristokratie verbreitet haben, noch immer unsere Mitbrüder mit ihrem Blut vergiften und das Schwert des Gesetzes nun ihren schuldigen Kopf heimsucht, hat der Rat entschieden, das Direktorium aufzufordern, einen oder mehrere mit Wachstuch gefütterte Körbe anzufertigen. Sobald die Köpfe fallen, können die Leichname wie in Paris auf einem Fahrzeug zum Massengrab abtransportiert werden.«
Die Leichen der Hingerichteten bleiben noch lange den taktlosen Blicken der Menge

Der 9. Thermidor und die Abberufung des Prokonsuls gaben Pierre-Joseph Outredebanque Mußestunden: er starb sechs Monate danach, am 1. Ventôse des Jahres III (19. Februar 1795), in seinem kleinen Haus in der *Rue des Porteurs*[39]. Sein ältester Sohn, dem das Amt zustand, überlebte ihn nur um zwei Tage. Am 4. März (14. Ventôse des Jahres III) wurde Charles Jouenne, der alte Scharfrichter in Dieppe vor der Revolution, auf dem Platz von Arras ernannt, trotz der Reklamationen und Beschwerden Ernould Outredebanques, der, was äußerst ungewöhnlich war, Mittel und Wege fand, sich dem Minister zu empfehlen, und zwar durch Guffroy, den Feind von Lebon. Im Jahre VIII setzte Ernould Outredebanque, der die Witwe seines Bruders geheiratet hatte (die Tochter des Bürgers Vermeil, des Henkers von Cambrai), es fort, sich um eine Stellung zu bewerben, die er jedoch nicht bekam. Charles Jouenne übte sein Amt in Arras bis 1818 aus[40].

Lebon herrschte nicht nur in Arras. Er hatte seine Herrschaft über die ganze Region des Nordens ausgebreitet, und die Blutbäder von Cambrai haben seinen Namen mit einem Unmaß von Abscheu und Schrecken befleckt. Ich weiß sehr wohl, daß die gräßlichen Dinge, die sich dort ereigneten, von Zeugen offenbart wurden, die im Prozeß gegen Lebon auftraten, und daß ein Großteil ihrer Behauptungen von ihm für falsch erklärt worden ist. Dennoch ist sicher, daß der fanatische Prokonsul bei der Inszenierung des Schafotts in Cambrai das gleiche Raffinement an den Tag legte wie in Arras. Er hatte eine Schauspieltruppe aus dieser Stadt mitgebracht, um den Leuten in der Woche drei Gratisvorstellungen zu geben. Neben der Guillotine war

---

ausgesetzt. Das Direktorium des Distrikts hat endlich diesen skandalösen Zuständen ein Ende bereitet, indem es am 27. Germinal des Jahres II folgenden Beschluß faßte: 1. Solche, die das Gesetz mit dem Tode bestraft, behalten ihre Kleidungsstücke bis zum Begräbnisort, keiner darf sich ihnen nähern, bis man sie begraben hat.
2. Die Gendarmerie und die Polizeigarde begleiten die hingerichteten Körper bis zum Ort ihres Begräbnisses. (Man vergleiche *Procès de Lebon*; das bemerkenswerte Buch von M.A. PARIS, *Histoire de Joseph Lebon,* und *Arras sous la Révolution,* von E. LECESNE.)

[39] Die *Rue des Porteurs* ist längs der Stadtmauern gelegen; hier fand sich ehemals das Schlachthaus, das man die *öffentliche Metzelei* nannte. Der jüngere Sohn Outredebanques pflegte dieses Gebäude nach dem Tod seines Vaters zu bewohnen, das in ganz Arras als das *Haus des Henkers* bekannt war.

[40] Archives nationales, BB³ 208.

ein Orchester plaziert[41], und einer der Zeugen, die im Prozeß vorgeladen wurden, erwähnte für die Art und Weise, wie die Exekutionen vollzogen wurden, Details, die, da sie in einer ebenso pompösen wie naiven Form dargelegt wurden, nicht minder schrecklich sind.

>»Ich war Zeuge einer Barbarei, die Euch schaudern machen wird. Das Tribunal hatte zwei der Emigration Beschuldigte zum Tode verurteilt: der eine war der Sohn des Postmeisters von Lens, der andere nannte sich Vaillant. Man hatte sie auf den *Place de la Révolution* geführt und band sie zu Füßen der Guillotine fest. Dort wurden sie während zweier Stunden den Pöbeleien der Kanaille ausgesetzt, die sie mit den widerlichsten Zoten überschüttete; ich weiß nicht einmal, ob sie mit Schlägen malträtiert wurden. Man verbrannte ihre Kleider vor ihren Augen. Der eine der beiden befand sich so schlecht, daß er beinahe das Bewußtsein verlor. Sogleich kippte ihm der würdige Vollstrecker der Verbrechen Lebons einen Eimer Wasser über den Kopf, der den Unglücklichen neuen Qualen aussetzte. Man führt sieben Personen herbei, um sie zu guillotinieren. Ihr Blut überschüttet sie, er wendet den Kopf ab: erschauert! Der Henker nimmt jenen, der fallen wird und, oh Gipfel des Schreckens, er schlägt diesen blutigen Kopf gegen seine sterbenden Lippen, die seit mehr als zwei Stunden die Konvulsionen des Todes bezeugen ... – und der Henker wurde nicht bestraft.« Der Angeklagte schrie, »daß er bei dieser Hinrichtung nicht anwesend gewesen sei, daß *er die Wahrheit dieser Fakten erst nach seiner Inhaftierung erfahren habe;* und daß, hätte er dies gewußt, der Henker schwer bestraft worden wäre, daß dies den Staatsanwalt betreffe, und daß einmal, als der Scharfrichter den Schlüssel zur Feder der Guillotine vergessen habe und er den Patienten habe warten lassen, er 15 Tage Haft für dieses Versäumnis habe hinnehmen müssen.«

Der Scharfrichter, der hier in Frage kommt, war wahrscheinlich nicht dieser Outredebanque, den wir in Arras haben walten sehen. Zweifellos führte ihn Lebon manchmal mit sich. Aber da das Schafott in Arras auch während der Abwesenheit des Konventsmitglieds weiter arbeitete, ist es gewiß, daß der Scharfrichter vor Ort sein mußte. Im übrigen besaß Cambrai eine ganze Henkersfamilie, die Vermeille[42], die seit mehr als einem Jahrhundert den Platz des Scharfrichters innehatte

---

[41] Lebon hat dieses Faktum, das von mehreren Zeugen bezeugt worden ist, verneint.
[42] Archives nationales, BB³ 206.

und welche die Revolution ohne Anstellung gelassen hatte. Es ist sehr wahrscheinlich, daß einer von ihnen Lebon zu Diensten war und – ein Detail, das es festzuhalten gilt – daß es ein Vermeille war, der damit beauftragt war, ihn zum Tode zu befördern. Denn Amiens, wo das grausame Konventsmitglied abgeurteilt wurde, besaß selbst keinen regulären Scharfrichter. Einige wenige Todesstrafen wurden hier zur Zeit der Schreckensherrschaft verhängt, und man war genötigt, jenen Vermeille aus Cambrai herbeizuzitieren, der seit dreißig Jahren Vollstrecker der Kriminaljustiz der alten Provinz von Artois war und infolgedessen des Departements Somme. Ebenso verfuhr man, zumindest deutet alles darauf hin, während der Verurteilung von Lebon am 24. Vendémiaire des Jahres III. Der stolze Prokonsul zeigte vor dem Schafott übrigens weniger Kaltblütigkeit, als er es als Akteur an den Tag gelegt hatte, da er dieses Spektakel veranstaltet hatte. Nach seiner Verhaftung schrieb er einen Brief an seine Frau, wo er in einer wahrhaft anrührenden Weise von seinen Kindern Pauline und Emelie schreibt – er, den die Tränen so vieler Witwen und Waisen nicht zu rühren vermochten. Dann aß er wie gewöhnlich; nach der Mahlzeit verlangte er Branntwein und trank zweimal davon. Bei der Überfahrt vom Gefängnis zum *Place du Grand-Marché*, wo das Schafott errichtet war, verharrte er in fortwährendem Schweigen. Mehrmals war der Scharfrichter genötigt ihn festzuhalten, um ihn auf den Beinen zu halten. Er war dreißig Jahre alt.

In Lyon, wo andere Männer regierten, die nicht minder wild waren als Lebon, hatte das Schafott den Namen *Altar des Vaterlandes* erhalten[43]. Man bot der Freiheit auf diesem Altar so häufig Sühneopfer dar, daß ein Mitglied der Revolutionären Kommission am 10. Januar 1794 danach verlangte, um die Guillotine herum der Luftreinheit wegen, vor allem aber, um den Augen den Anblick des Blutes zu ersparen, Kalk und Schutt zu verstreuen.

Worauf der Rat der Gemeinde sich beeilte, eine Vertiefung unter dem Schafott anzubringen, die mit Sand gefüllt wurde, der »alle zwei oder drei Tage« entfernt werden sollte, ebenso wie man Schutt ringsherum anbrachte.

---

[43] A. METZGER, *Lyon en 1794*.

Es wäre absolut überflüssig, die blutigen Episoden der Lyoneser Revolution in all ihren Einzelheiten zu erzählen. Diese Arbeit ist schon mehrfach und auf abschließende Art und Weise geleistet worden.

Die Großtaten der Kommission der Militärjustiz aus Feurs sind vielleicht weniger bekannt. Feurs ist eine kleine Stadt, die heute nicht mehr als 2500 Bewohner zählt und die sich im Oktober 1793 als Hauptort des Departements *Rhône-et-Loire* wiederfand, das zu einem Teil aus dem Departement der Rhône besteht, welches zu dieser Zeit dem Bürgerkrieg ausgeliefert war. Dieser ungelegenen Ehre schuldete Feurs das zweifelhafte Privileg, als eine wichtige Stadt betrachtet und wie eine solche revolutioniert zu werden. Die Guillotine kam hier am 2. November an und wurde mit einer gewissen Feierlichkeit installiert. Zwei Kompanien der Nationalgarde aus Rive-de-Gier und aus Saint-Charmond, sowie einhundertzwanzig Männer der Revolutionsarmeen unter der Leitung des Bürgers Escoffier und mit 40 Kanonen im Gefolge, veranstalteten einen Festzug um das Hinrichtungsinstrument. Am 7. November fand unter der Präsidentschaft des Konventsmitgliedes Javogue die Bestallung des Revolutionstribunals in der alten Büßerkapelle in der *Rue du Palais* statt: das Haus Assier und das Haus Gras waren in Gefängnisse umgewandelt worden. Das Schafott wurde vor dem Freiheitsbaum auf der *Place de Feurs* errichtet[44]; und dann, nachdem alles angerichtet war, begann Javogue mit dem Terror. Unter die Heldentaten dieses Fanatikers fällt auch die Inhaftierung der Witwe Martimon, einer alten Frau von zweiundachtzig Jahren. Sie wurde des Nachts aus ihrer Gegend Montuclas entführt, auf einen Wagen gebunden und über unwegsame Wege bis zur Stadt Chazelles gebracht, wo sie vorher schon, mit gebrochenen Gliedern und aufgeplatztem Bauch, den Geist aufgegeben hatte.

Übrigens funktionierte die Guillotine nicht sehr lange in Feurs. Die Erschießungen von Lyon brachten Javogue um den Schlaf. Dazu wählte er einen Teil des Kaninchengeheges des Schlosses, auf der Ostseite der Stadt, wo eine schöne Allee von Maulbeerfeigenbäumen den Bewohnern als Promenade diente. Dort erschoß man am 8. Februar 1794

---

[44] Die Guillotine von Feurs ist kürzlich bei einem Kuriositätenhändler am *Boulevard du Temple* ausgestellt und zum Verkauf angeboten worden. Ein Liebhaber aus Versailles hat sie für 1400 Francs gekauft.

achtundzwanzig Verurteilte. Die Opfer verließen das Gefängnis, mit einem groben Seil aneinander gebunden. Zunächst auf den Platz vor die Guillotine geführt, mußten sie die Verlesung des Urteils hören; dann marschierten sie, zu den Klängen des *Miserere,* durch die Straßen, umringt von einer schweigenden und erschreckten Menge. Einige Eltern, einige Freunde streckten ihnen eine Hand entgegen, die sie noch einmal drücken konnten. Als der Zug an der Promenade angelangt war, band man die beiden Enden des Seils an zwei Bäume, und die Todeskandidaten fanden sich so nebeneinander aufgereiht, längs einer Mauer, am Rand eines großen und tiefen Grabens, den man in der Nacht ausgehoben hatte. Es gab einige Minuten Warten. Der Offizier, der beauftragt war, das Feuer zu kommandieren, zögerte, die tödliche Order zu geben. Er wandte seine Augen in Richtung Stadttor: plötzlich erschien auf dem Weg von Feurs nach Dousy ein Wagen, auf dem Javogue sich zwischen zwei Göttinnen der Vernunft aufplusterte. Dies war das Signal: eine Entladung hallte wider, und die achtundzwanzig Verurteilten fielen gemeinsam, aneinander gebunden, nieder, und die Toten zogen die Verwundeten mit sich. Im gleichen Augenblick stürzte sich der Pöbel aus den Armenvierteln auf die Opfer und riß ihnen die Kleidung vom Leib: man hatte ihnen dieses Geschenk versprochen, um damit ihre Gleichgültigkeit zu erkaufen. Die republikanischen Soldaten von Feurs, das muß zu ihrer Ehre gesagt sein, hatten verlangt und durchgesetzt, nicht an dieser blutigen Exekution teilnehmen zu müssen. Die Erschießung wurde von einem Trupp piemontesischer Gefangener durchgeführt, die Javogue für diese Gelegenheit bewaffnet hatte[45].

Die Stadt Feurs freilich gab unter diesen Umständen ein einzigartiges Beispiel: sie zeigte Javogue beim Nationalkonvent an. Die Bewohner der Stadt hatten die Formulierung ihrer Bittschrift dazu genutzt, eine dunkle Liste der Verbrechen dieses wilden Irren aufzustellen.

---

[45] Man hat an dem Ort, wo die Opfer des 8. Februar fielen, eine Sühnekapelle errichtet. Ein Historiker von Feurs berichtete folgendermaßen über diese Begebenheit: »Ein Augenzeuge, ein Junge von 12 Jahren, neugierig und gleichgültig wie in diesem Alter die kleinen Bengel aller Länder sind, stand am Rand des Grabes, wo sich die Körper aufschichteten. Er hat mir berichtet, daß das, was ihn bei diesem blutigen Drama am meisten beeindruckt hat, weniger das tragische Bild der Toten als der Anblick der aufgehäuften Körper in diesem Massengrab war, die übereinander wogten und jedesmal erzitterten, wenn ein neuer Körper auf dieses zuckende Fleisch geworfen wurde.«

Das Konventsmitglied lebte in Feurs im alten Schloß des Ortes (Hôtel Gaudin) und spazierte »in einem Zustand der Nacktheit« durch die Stadt, um, wie er sagte, »die alte republikanische Einfachheit wiederzubeleben[46]«. Bei den städtischen Feiern predigte er die Verfügbarkeit der Frauen für jedermann, die Prostitution der jungen Mädchen, ja er empfahl sogar den Inzest. Er ließ eine Frau verurteilen, die ihm ihre Gunst verweigert hatte, und schickte sie nackt bis zum Gürtel aufs Schafott, um ihr im Vorübergehen ausrichten zu lassen, daß sie schön sei. »Ich erkenne nur diejenigen als Patrioten an«, verkündete er, »welche, so wie ich, gegebenenfalls ihren Vater, ihre Mutter und ihre Schwester denunzieren und auf dem Schafott ein Glas ihres Blutes trinken.« Er verlangte, daß man zur Befestigung der Republik zwei Millionen Köpfe abschneide[47]. Ihm zufolge war die einzig wahre Religion der Tod der Aristokraten, der einzige Gott des guten Republikaners die Guillotine.

Javogue wurde abberufen, aber der Wohlfahrtsausschuß bestrafte ihn nicht, ganz offenbar weil man befand, daß er seine Mission nach Wunsch erfüllt habe. Er mußte später sühnen. Nach seiner Abreise wurde das Tribunal von Lyon damit beauftragt, die Verbrecher des Departements Rhône-et-Loire abzuurteilen.

Damit sind wir hier nach diesem Umweg wieder bei der Lyoneser Revolution angelangt. Wir erwähnen davon nur einen Vorfall, der gemeinhin ignoriert wird, der aber so bedeutsam ist, daß man ihn erwähnen muß: das ist die *Hinrichtung des Henkers selbst*. Am 27. Germinal des Jahres II (16. April 1794) wurden Jean Ripet der Ältere, 58 Jahre alt und Scharfrichter, und Jean Bernard, sein Stellvertreter, sechsundzwanzig Jahre alt, beide aus Grenoble gebürtig, aufgrund einer Verurteilung durch die Revolutionskommission als Komplizen des Mordes an der Person des ehrenwerten Patrioten Chalier und des Bürgers Riau für schuldig befunden und guillotiniert.

Ich denke, daß sich diese flüchtige Skizze der Geschichte der Scharfrichter in der Provinz während der Zeit der Schreckensherrschaft mit einem solchen Faktum beenden läßt; weiter fortgeführt liefe

---

[46] *Assemblée baillagère du Forez*, von M. d' ASSIÈS.
[47] Zur Revolution in Feurs siehe: *Histoire de la ville de Feurs et de ses environs*, von BROUTIN; *Les tribunaux révolutionnaires de Lyon et de Feurs*, von E. FAYARD.

diese Auflistung Gefahr, überaus monoton zu werden; und man käme nicht umhin, sich zu wiederholen. Aber indem ich sie beende, scheint es nicht unpassend, einen Ausspruch von Barthélemy Maurice aus seiner *Histoire des prisons de la Seine* wiederzugeben: »Wie der Schüler, der sich seinen Platz in der Werkstatt nicht aussucht und von dem Modell nur jenen Teil wiedergeben kann, den er sieht, bin ich nicht zu tadeln. Wenn die Revolution in dieser Skizze nicht schön erscheint, so weil ich mich dem Schafott gegenüber plaziert habe, und das ist ihre abstoßendste Seite.«

Kapitel 3
Die Sanson (1695-1847)

1. Die Familie Sanson

Bevor wir auf die Geschichte des Mannes zu sprechen kommen, der in Paris während der ganzen Dauer der Revolution das Schwert des Gesetzes hielt, oder bevor wir zumindest einige wenige Dokumente präsentieren können, die wir zu diesem Thema haben zusammentragen können, ist es nicht ohne Interesse, die verschiedenen Arbeiten zu erwähnen, die unter der Patronage dieses verrufenen Namens zu verschiedenen Zeiten publiziert worden sind. *Die Memoiren des Henkers*, das war schon ein schöner Titel; nur ist er schon ausgebeutet worden. Ohne die Zeitungsartikel hier zu berücksichtigen, in denen man bestrebt war, Sanson zu Wort kommen zu lassen, betreffen ihn mehrere Publikationen im besonderen, und so ist es vielleicht nicht nutzlos, darüber eine kurze Übersicht zu geben.

> MÉMOIRES pour servir à l'histoire de la Révolution française, par *Sanson*, exécuteur des arrêts criminels pendant la Révolution. – Paris, à la Librairie centrale, Palais-Royale, galerie d'Orléans, no 1. – 1829, 2 vol. in-8°.

Der Bücherfreund Jacob hat in seinen *Annalen eines Bibliophilen* von 1862 erzählt, wie Balzac an jener Spekulation des Verlags teilnahm, dessen Idee auf ihn zurückgeht und für welche er von Sanson die Ermächtigung bekommen hatte, sich seines Namens zu bedienen. Immerhin trennte Balzac aus seinen künftigen *Scènes de la vie politique et de la vie militaire* einige Seiten heraus, die zur Einleitung der *Memoiren* wurden, sowie verschiedene Kapitel, die mehr schlecht als recht zwischen die von Lhéritier (dem Älteren) beigetragenen eingesetzt wurden. Diese in der vorläufigen Fassung noch unbetitelte Einleitung wurde später betitelt mit *Une messe en 1793* ... Um diese Erzählung an die folgende anzubinden, nimmt Balzac an, daß der im Sterben liegende Sanson das Manuskript seiner Memoiren jenem Priester anvertraut hat, dessen Messe er am Tag nach dem Tode Louis XVI. gehört hat. Der Rest dieses Werkes besteht aus einer Folge von miteinander unverbundenen Episoden, wie der Liebesgeschichte des Sohns des Henkers von Paris mit der Tochter des Henkers von Versailles, einer sentimentalen Anekdote (deren Ausgang mit der des *Blauen Taschentuchs* von Étienne Béquet übereinstimmt), aus mutmaßlichen Gesprächen Sansons mit den Doktoren Gall und Guillotin, aus statistischen und moralischen Erwägungen über die Todesstrafe ... Der Part Lhéritiers (des Älteren) beschränkt sich auf einige Kapitel über die Gehilfen des Henkers, das Attentat und die Hinrichtung Damiens, auf die Ermordung Marats etc. Der Bücherfreund Jakob versichert, daß der Herausgeber dieses Buches, Mame, seinen beiden Mitarbeitern nur unter großen Mühen einige Seitenabschriften hat entreißen können – was durchaus plausibel klingt, wenn man dieses zusammenhanglose und disparate Buch durchblättert. Den *Memorien von Sanson,* die, wie man sagt, mit 4500 Exemplaren herausgegeben wurden, war keinerlei Erfolg beschieden. Mame überließ den Restbestand an Boulland, der sie wieder in Umlauf brachte, ohne daß es ihm gelang sie bekanntzumachen.

MÉMOIRES de l'exécuteur des hautes œuvres, pour servir à l'histoire de Paris pendant la règne de la Terreur. Publiés par M.A. Grégoire. – Paris, chez les principaux libraires, 1830, in-8°.

Einfache Sammlung von Anekdoten, aus zeitgenössischen Berichten zusammengestoppelt und in Dialoge zwischen dem Henker, seinen Kindern und seinen Gehilfen gesetzt.

Sept générations d'exécuteurs, 1688-1817. – MÉMOIRES des Sanson, mis en ordre, rédigés et publiés par H. SANSON, ancien exécuteur des hautes œuvres de la cour de Paris. 6 volumes in-8°, 1863.

Von all den Werken, die über die Ausübung der Kriminaljustiz in Frankreich berichten, sind diese berühmten Memoiren Sansons bis heute das populärste, und wir würden sagen, das quellenreichste, wenn man einen solchen Ausdruck für ein Buch verwenden kann, das absolut apokryphen Charakters ist.

Es war im Jahr 1830, als ein Monsieur Dupray de la Mahérie, ein Mann von unverfrorenem, ja geradezu abenteuerlichem Geist, es sich in den Kopf gesetzt hatte, eine Druckerei in der Umgebung des Bazars von Bonne-Nouvelle zu erwerben. Dieser Dupray war ein Neuerer. Er stellte sich vor, daß er die Typographie und das Verlagswesen revolutionieren würde. Er hatte seine Arbeiter an den Gewinnen beteiligt, eine Großzügigkeit, die freilich höchst illusorischer Art war. Gelegentlich erschien er auf einer Galerie, die den Turm des Betriebs darstellte, und richtete eine Rede an sie, die die Großartigkeit ihres Berufes zum Gegenstand hatte.

Man begreift, daß Dupray sich sehr bald darum sorgte, eine Sensation zu finden, um seinen Einstieg in die Typographie zu begehen. Einer der Schriftsteller in seinem Lohn, ein gewisser d'Olbreuse, mit dem er in regem Gedankenaustausch stand, bot sich an, ihm aus der Verlegenheit zu helfen. Er war es, der die Idee zu den *Mémoires de Sanson* hatte. Er teilte seinen Plan Dupray mit, der ihn mit Enthusiasmus aufgriff und sogar dazu schritt, Sanson eine Summe von 30 000 Francs als Autorenrecht auszubezahlen, im Austausch für die Notizen, die Sanson zu liefern versprach, von denen man aber niemals eine Zeile zu Gesicht bekam.

Die ersten drei oder vier Kapitel wurden von d'Olbreuse geschrieben. Aber sosehr Sanson große Sorge trug, auf seine Adelstitel hinzuweisen und darauf zu beharren, daß sie ins rechte Licht gesetzt würden, hütete er, der Wortbrüchige, sich wohl, irgendein Stück oder irgendeine Auskunft zum Beweis seiner Prätentionen zu liefern. Womit unsere Biographen sich im Feld der puren Fiktion befanden. Man mußte nur einen Romancier dafür finden. Dieser jedoch forderte als Preis für seine Vorstellungskraft eine ziemlich hohe Summe und stellte seine Mitwirkung noch unter die Bedingung, daß er den sechsten Band nicht schreiben würde. Dieser sechste Band sollte das Tun und Treiben des letzten Sanson beschreiben, und unserem Autor war es nicht angelegen, in unmittelbare Beziehung mit dem ehemaligen Henker zu treten.

Nach dreimonatigen Verhandlungen einigte man sich schließlich. Der Romancier lieferte das »Manuskript« des Charles-Henri Sanson. Er hatte schon aufs angenehmste den Stil des 17. Jahrhunderts nachgeahmt, und das erste Buch wurde nicht ohne Erfolg in den Handel gebracht. Der Verkauf der nachfolgenden Bände wurde mühseliger; einzig die illustrierte Ausgabe fand einen Absatz von mehr als 80 000 Exemplaren. Sie erlaubte es Dupray de la Mahérie, seine Kosten wieder einzufahren (30 000 Francs an Sanson, 12 500 Francs an den Romancier, 5000 Francs an d'Olbreuse für den Anfang des ersten Bandes).

Sanson, der gedrängt wurde, seine Verpflichtungen zu erfüllen, blieb nach wie vor stumm wie ein Fisch. Er war ein kleines Licht, des Gedächtnisses und der Worte beraubt, mit einer gönnerhaften Miene und einem Gebaren wie ein sanfter alter Bürgersmann. Einer meiner Kollegen, der ihn während dieser sonderbaren Verhandlungen gesehen hat, hatte die Neugier besessen, ihn zu fragen, was er empfunden habe, als seine schrecklichen Amtsgeschäfte ihn dazu verdammt hatten, einen anderen Menschen um sein Leben zu bringen. Er zögerte sehr, sehr lange und antwortete schließlich: »Ich hatte große Eile, Monsieur, daß es schnell zuende geht«[1].

Er hatte merkwürdige Ansprüche auf den Adelsstand und deshalb Sorge getragen, seine Genealogie eigenhändig zu erstellen.

Neben diesen drei Kompilationen, deren letztere allein einen näheren Blick verdient und von denen keine nach den Originaldokumenten verfaßt worden ist, gibt es keine Biographie des Mannes, der unbestritten die erste Rolle auf der revolutionären Bühne gespielt hat. Es ist dies also eine grundneue Arbeit, die wir hier unternehmen: wobei dies nur deshalb gesagt wird, um als Entschuldigung für die Auslassungen und Lücken zu dienen, die unsere Erzählung bietet. Tatsächlich scheint es, daß die Gesellschaft dem Mann gegenüber, der ihre Rachegelüste befriedigt hat, nur eine mit Schrecken vermischte Verachtung übrig hatte. Die öffentlichen Archive schweigen sich meistens über die Henker aus: ihre Geschichte setzt sich aus Legendenfragmenten zusammen und fällt sehr bald der Vergessenheit anheim, als ob diese Männer, wie Michelet sich ausgedrückt hat, »in dem Blut verschwunden wären, das sie vergossen haben«.

Zunächst einige Worte zur Dynastie Sanson: woher kam sie? Aus der Picardie, sagen die einen, aus Italien, versichern uns die anderen.

---

[1] Siehe den *Temps*, März 1875.

Wir optieren bewußt für die erste dieser beiden Möglichkeiten, denn wenn der Name Sanson unter der Form *Sansoni* tatsächlich einen gewissen Geruch von jenseits der Alpen verrät, so hat der Beiname Longval, unter welchem der Ahnherr der Henker von Paris bekannt war, einen derart französischen Klang, daß man jegliche Exotismus-Hypothese ausschließen kann.

Wie dem auch sein mag, das genaue Datum des Erwerbs ihres Henkerpostens ist uns gewiß und durch den Zulassungsbrief überliefert, den die *Archives nationales* aufbewahren[2].

Vollstrecker der Haft
und Kriminalurteile
in Paris, 1688
6000 Livres[3]

Louis, durch Gottesgnadentum König von Frankreich und Navarra, grüßt all jene, die diese gegenwärtigen Zeilen lesen werden. Durch Beschluß unseres Gerichtshofes von Paris vom 11. August dieses Jahres wurde angeordnet, daß Charles Sanson, genannt Longval, damit fortfahren soll, allein die Funktion des Scharfrichters der Strafjustiz im Amtsbezirk und der Gutsherrschaft unserer Stadt Paris auszuüben, mit der Auflage, die Patentbriefe des genannten Amts zu erlangen. Zu diesem Zweck geben wir bekannt, daß wir ihm aufgrund des guten Berichts, der uns von Seiten des besagten Charles Sanson, genannt Longval, zuteil wurde, den wir ihm gemäß des genannten Beschlusses gegeben und auferlegt haben, den Stand des Vollstreckers der Straftaten und Strafurteile in der Stadt Paris, des Amtsbezirks Paris und der Gutsherrschaft von Paris bewilligen und zuerkennen. Diesen Posten hatte zuletzt Nicolas Levasseur, genannt Rivière, inne, welcher durch den genannten Beschluß des Gerichtshofes von Paris mit dem Siegel unserer Kanzlei gegengezeichnet wurde, um von nun an das besagte Amt durch Charles Sanson erhalten, führen und ausüben zu lassen. Darin ist eingeschlossen das Nutzungs- und Ausübungsrecht der Havage auf den Märkten und Jahrmärkten des Amtsbezirks und der Gutsherrschaft von Paris; dazu gehören auch solche und gleichartige Erträge, Gewinne, Bezüge und Vergütungen, wie sie die Inhaber entsprechender

---

[2] V¹ 540
[3] Diese Summe von 6000 Livres stellt den Betrag dar, welche dem Amtsinhaber zustehen..

Ämter gut und rechtmäßig genutzt haben, und zwar: das Nutzungsrecht von Geschäft und Wohnung des Pförtners der Markthallen, sowie der Nebengebäude als auch der dazugehörigen Umgebung, ohne daß er durch einen wie auch immer gearteten Grund gestört oder belästigt werde. Dazu erhält er das Recht, von jedem Händler, der Eier im Arm oder am Handgelenk trägt, ein Ei zu nehmen, von jedem Schock zwei Eier, von jedem Karren ein halbes Viertel, und von jedem Korb mit Äpfeln, Birnen, Trauben und anderen Eßwaren, die sowohl zu Land als auch zu Wasser in Booten gebracht werden und die Last eines Pferdes tragen, einen Sou.

Von jedem Pferd, das mit entsprechender Menge beladen ist und von jedem Karren zwei Sous und von solchen Gütern, die sowohl zu Wasser als auch zu Land gebracht werden, wobei er, so wie es immer Brauch war, sich eines Löffels bedienen soll. Dazu gehören: grüne Erbsen, Mispeln, Hanfsamen, Senfkörner, Hirse, Walnüsse, Tintenfische, Kastanien, Haselnüsse.

Von jedem Markthändler, der an Arm oder Handgelenk Butter, Käse, Geflügel und Süßwasserfische trägt, sechs Heller; von jedem Pferd ein Sous; von jedem Karren mit Bohnen zwei Sous und von jeder Kippe 20 Sous und einen Karpfen; von jedem Sack grüne Erbsen und dicken Bohnen in der Schale ein Sous und von jedem Korb sechs Heller; von jeder Kiste Orangen und Zitronen, die von den Markthändlern zu Wasser oder zu Land geliefert werden ein Sou; von jedem Packwagen mit Austern in der Schale ein Viertel und von jedem Schiff die entsprechende Menge (ein Viertel) und von jeder Person, die Ballen trägt, einen Ballen; von jedem Pferd zwei und von jedem Karren sechs Ballen. Von jedem Kohlenhändler einen Kochtopf voll; von den Meister-Seilern Seile für die Hinrichtungen. Alle diese Rechte sind sowohl in Unserer Stadt Paris als auch an anderen Orten Unseres Königreichs immer wahrgenommen worden. Von ihnen wird der besagte Sanson Gebrauch machen, wie auch von der Freistellung jeglicher Abgaben für Nachtwachen, Wachposten, Brücken, Passagen, die Einfuhr von Wein und anderer Getränke zu seiner Versorgung; sowie das Recht für ihn und seine Diener, zur Ausübung seines Amtes Angriffs- und Verteidigungswaffen zu tragen.

Also geben Wir es dem Vogt von Paris oder seinem Justizleutnant der Vogtei des besagten Ortes. Nachdem er sich von der guten Lebensführung und den Sitten, der katholischen, apostolischen und römischen Religion des besagten Sanson überzeugt und den für diesen Fall erforderlichen und üblichen Eid von ihm genommen und erhalten hat, soll er ihn durch Uns in vollen und friedlichen Besitz und Nutzungsrechte des besagten Amtes, zusammen mit den oben erwähnten Freistellungen

und Rechten, installieren und einsetzen; nämlich Geschäft und Wohnung im Pförtnerhaus der Markthallen, sowie seiner Nebengebäude und Umgebung, indem er jegliche feindlichen Störungen und Behinderungen beendet und beenden läßt und von ihm Gehorsam und Gehör verlangt, gegenüber allen, denen er verpflichtet ist, in bezug auf die Angelegenheiten, die das besagte Amt betreffen und berühren. Denn dies ist Unser Wille. Zu seinem Zeugnis haben wir diese Zeilen mit Unserem Siegel versehen.
Ausgestellt in Versailles, am Tage des 23. September, im gnadenreichen Jahr des Herrn 1699 und im 46. Jahr Unserer Regentschaft, auf dem Umschlag unterzeichnet
vom König. GAMART mit Stempel und Paraphe

Wie ist Sanson, genannt Longval, dazu gekommen, sich um die Stelle eines Scharfrichters von Paris zu bewerben – und wie hat er es durchgesetzt? Wir wissen dies nicht. Man sagt, daß er durch die Liebe, die ihm Maguerite Jouënne, die Tochter des Henkers von Caudebec-en-Caux, eingeflößt habe, also durch Heirat, in diese dunkle Brüderschaft eingetreten sei. Die Sache ist keineswegs unwahrscheinlich. Auf jeden Fall ist es sicher, daß im letzten Jahrhundert ein Verwandtschaftsband zwischen den Sanson und den Jouënne existierte, und jenen mangelte es in ihren Bittschriften an die Behörden nicht an Gelegenheit, sich diese illustre Allianz zunutze zu machen: *mein Cousin Sanson*, so sagen sie.

Maguerite Jouënne starb jung, und Sanson, genannt Longval, verheiratete sich neu: am 11. Juli 1699 heiratete er in der Kirche Notre-Dame-de-Bonne-Nouvelle Jeanne-Renée Dubut, die Tochter des Drechslers aus der *Rue de Beauregard*. Diese konnte ihm keine Kinder schenken, aber er hatte eines aus seiner ersten Ehe mitgebracht, Charles Sanson, der 1699 seinen Vater ersetzte, nicht offiziell, aber faktisch. Sanson de Longval hatte sein Amt eingestellt, vom Zeitpunkt seiner zweiten Ehe an, wobei dieser Ruhestand wohl die Bedingung dieser Ehe war. Er starb 1707, und am 8. Mai desselben Jahres wurde sein Sohn endgültig mit dem Titel des Scharfrichters versehen. Es war nicht leicht für die Henker, Frauen zu finden. Trotz der pekuniären Vorteile, die an ihr Amt geknüpft waren, hatten sie nur die Wahl unter den Schwestern oder Töchtern ihrer Mitbrüder aus der Provinz. Charles Sanson mußte freilich nicht allzu weit suchen. Einige Tage vor seiner offiziellen Ernennung, am 30. April 1707, heiratete er Marthe Dubut, die Schwester der Renée Dubut, der zweiten Frau seines verstorbenen Vaters. Sie gebar ihm drei Kinder:

1. Eine Tochter, Anne-Renée Sanson, geboren 1716, die den Musiker Chrétien Zelle heiratete und deren Nachkommen bis zur Revolution den Posten des Scharfrichters von Soissons innehatten;
2. Charles-Jean-Baptiste Sanson, geboren 1719;
3. Nicolas-Charles-Gabriel Sanson, geboren 1721.

Charles Sanson, Vater dreier Kinder, übertrug sein Scharfrichteramt am 9. September 1726, in Anwesenheit des Maitre Dupuis (des Älteren), Notar in Le Châtelet, seinem ältesten Sohn Charles-Jean-Baptiste, damals sieben Jahre alt. Dann starb er im gleichen Jahr und hinterließ Marthe Dubut als Witwe, die sich bald mit Jean-Baptiste Barré wiederverheiratete, Bürger aus Paris und Verhörvollstrecker[4] des Parlaments.

Hier ist nun das Amt des Scharfrichters einem siebenjährigen Knaben anvertraut worden. Derlei war keineswegs selten. Unter der alten Gesetzgebung konnte man von Kindesbeinen an ein Amt oder einen Familientitel innehaben: es gab Colonels von sechs Wochen oder drei Monate alte Abbés. Man hat allerlei schreckliche Dinge über diesen Kinderhenker geschrieben. Anstatt, wie es der Wahrheit entsprach, mit seiner bloßen Anwesenheit die Rechtmäßigkeit der Exekution verbürgend, hat man ihn mit dem Schwert der Justiz in der Hand dargestellt. Dies scheint mir überaus zweifelhaft: jedes Mal, wenn das Amt eines Scharfrichters durch Erbschaft in die Hände eines Knaben

---

[4] Hier die Liste der *Questionnaires*, die ihm in diesem Amt vorausgegangen sind: 1690: Gaspart Leboult, genannt Desmoulins; er verzichtete auf sein Amt. Louis Bourdelot, genannt Laroche, wurde an seiner Statt berufen, aber er konnte seine Zulassung nicht registrieren lassen, denn er war wegen Mißbrauchs der Amtsgewalt zu einer dreijährigen Verbannung aus Paris verurteilt worden. Man ernannte also im Jahr 1703 Jean Demoret, der 1715 verschwand. In seiner Abwesenheit wurde das Amt des *Questionnaire* Georges Hérisson gewährt. Dann finden wir 1717 Estienne le Feuve, 1722 Louis Liénard, schließlich 1746 Jean-Baptiste Barré (Archives nationales V¹ 540). Die Barré waren seit langer Zeit Scharfrichter in Metz.

fiel, hielten die Zulassungsurkunden, die ihn in sein Amt einführten, mit großer Sorge fest, daß er dieses Amt tatsächlich erst ausfüllen könne, wenn er zum Mann geworden sei.

1750 zum Beispiel folgte der minderjährige Simon Jean seinem Vater Martin Jean, Scharfrichter aus Epernay, »unter der Bedingung«, wie die Kommission sagt, »daß der besagte Simon Jean sein Amt erst dann ausübt, wenn er das betreffende Alter erreicht hat, und daß es solange von seinem Onkel Simon Demorets, dem Scharfrichter von Châlons-en-Champagne, erfüllt werden solle[5]«. Eine ähnliche Situation ergab sich 1767 in Freistroff in Lothringen. Ein Kind, Pierre Hoffre, erlangte die Nachfolge seines Vaters, »auf daß seine Mutter, Anne Dillembourger, seine Funktion übernehme, bis zu dem Zeitpunkt, da Pierre Hoffre das sachkundige Alter erreicht hat[6]«.

Während der Unmündigkeit Charles-Jean-Baptiste Sansons war es ein gewisser François Prud'homme, der das Amt des Henkers ausübte. Tatsächlich entnehmen wir einer Urkunde, die am 21. Januar 1737 vom Maitre Lemoine beurkundet wurde, daß dieser Prud'homme als Vormund bestimmt und solange zur Ausübung des Scharfrichteramtes bestellt wurde, bis Charles-Jean-Baptiste Sanson dazu in der Lage war[7]. Er war erst 1740 *dazu in der Lage*. Volljährig geworden, heiratete er die Tochter seines Vormundes, Madeleine Tronson. Im Jahr 1754 an Lähmung erkrankt, waren ihm noch weitere vierundzwanzig Jahre beschieden, er starb 1778. Er hinterließ zehn Kinder: sieben Söhne und drei Töchter.

Charles-Henri Sanson, der älteste aus dieser zahlreichen Nachkommenschaft, folgte ihm nach. Er war 1739 geboren, übte sein Amt – platonisch – von 1751 aus und wurde am 1. Februar 1778 offiziell auf den Platz seines Vaters berufen. Dieser Charles-Henri ahnte gewiß nicht, daß, als er zu jener Zeit seinen Zulassungsbrief erhielt, dieser *Louis, von Gottes Gnaden König Frankreichs und von Navarra,* der ihm diesen gewährte, fünfzehn Jahre später von seiner Hand sterben würde.

---

[5] Archives nationales V¹ 540.
[6] Archives nationales V¹ 540.
[7] Archives nationales V¹ 540.

Aber bevor wir die verschiedenen Dokumente anordnen, die wir in Hinblick auf die betreffenden Personen haben zusammentragen können, einige Worte noch zu den sechs Brüdern. Alle waren sie der Karriere ihres Vaters gefolgt: der erste, Louis-Charles-Martin Sanson, wurde 1793 in Tours ernannt. Am 9. Germinal des Jahres IV trat er zurück, nahm seine Dienste aber einige Monate später wieder auf; 1807 finden wir ihn als Scharfrichter in Dijon, von dort wechselte er nach Angers. Er starb 1817.

Sein Sohn Louis-Victor Sanson wurde 1806, nachdem er einige Monate in Montpellier gearbeitet hatte, nach Genua berufen; als nach der Folge der Desaster, die das Ende des Reiches markierten, Italien aufhörte, zu Frankreich gehören, zog er sich nach Aix zurück, wo wir seine Spur verlieren.

Der zweite, Louis-Cyr-Charlemagne Sanson, war 1788 Scharfrichter in Provins, als er zum Scharfrichter der Vogtei des Herrschaftshauses ernannt wurde[8]; er starb als Scharfrichter von Versailles.

Ein anderer Sanson, vor der Revolution Scharfrichter in Blois, darauf in Montpellier, wurde am 27. Fructidor des Jahres VIII wegen Trunksucht aus seinem Amt abbefohlen. Ein vierter praktizierte in Tours; der fünfte hielt den Posten eines *Questionnaire** in Paris inne, vom 1. Dezember 1779 bis zum 16. Oktober 1792. Was den sechsten Bruder des Charles-Henri Sanson betrifft, haben wir keine Ernennung gefunden; zweifellos erfüllte er die Rolle eines Gehilfen in Paris, wo es an Arbeit nicht fehlte. Der Onkel dieser sieben Scharfrichter, Nicolas-Charles-Gabriel Sanson, geboren 1721, war, wie wir schon gesagt haben, Scharfrichter in Reims; er gab sein Amt 1770 zugunsten seines Sohnes auf, der im Jahre II starb.

---

[8] Dieses Amt, das bis zum letzten Jahrhundert eine wahre Pfründe geblieben ist – denn es bestand darin, daß der Scharfrichter die vom Vogt des königlichen Herrschaftshauses befohlenen Todesurteile vollstreckte, die dieser niemals aussprach –, gehörte im Jahr 1733 einem gewissen Carlier an, der seinen Posten aufgab. François Prud'homme folgte ihm 1733 nach; dann fiel es an die Familie Sanson, die es titularisch bis zu seiner Abschaffung im Oktober 1792 innehatte. Der Titel lautete: *Vollstrecker der Sprüche und Urteile des königlichen Herrschaftshauses und des Großvogtes von Frankreich.* Das Gehalt betrug 3000 Livres pro Jahr.

* Der *Questionnaire*, übersetzt der ›Befrager‹ oder auch ›Verhörvollstrecker‹, ist der für die Verhöre zuständige Funktionär, dem auch das Mittel der Folter zu Gebote steht.

Diese zahlreiche Familie der *Questionnaires,* der Henker und der Folterer hielt, wie man sagte, fest zusammen. Es passierte oft, daß sich die sieben Brüder am Tisch des Ältesten vereint trafen, der ein ziemlich geräumiges Gebäude in der *Rue Neuve-Saint-Jean* bewohnte, in der Vorstadt Poissonière. Die alte Marthe Dubut, die Großmutter, die ein überaus fortgeschrittenes Alter erreicht hatte, präsidierte bei diesen sonderbaren Festessen, wo die Gehilfen als Bedienung wirkten. Man behauptet, daß der Brauch, die Scharfrichter beim Namen der Stadt zu rufen, wo sie praktizieren, auf die Knechte des Charles-Henri Sanson zurückgeht: *der Herr von Paris, der Herr von Tours, der Herr von Blois, der Herr von Reims.* Da es den Mitgliedern unmöglich war, sich mit dem ihnen allen gemeinsamen Namen *Sanson* zu rufen, unterschieden sie sich voneinander durch den Namen ihrer Residenz, und diese Gewohnheit ging auch an die Öffentlichkeit über, die die Namenlosigkeit des Henkers als bequem und angemessen empfand.

2. *Das Gewölbe der Sanson in der Kirche Saint-Laurent*

Übrigens erfreuten sich die Sanson in Paris, in ihrem Viertel zumindest, einer gewissen Wertschätzung[9]. Sie waren reich und verhielten sich wie gesetzte Bürger. Um sich der Macht zu widmen, welche sie fett entlohnte, ließen sie sich's gefallen, taten den Armen Gutes und sorgten sich ohne Lohn um die bedürftigen Kranken, denn der Volksglaube – das ist ein bemerkenswerter Sachverhalt – war davon überzeugt, daß jeder Henker ein wenig auch Arzt sei. So wie die großen Herren hatten die Sanson ihre Familiengruft in der Kirche Saint-Laurent, ihrer Pfarrgemeinde.[10] Man zeigt hier noch, bei der *banc d'œuvres,* die Steinplatte ohne Inschrift, die ihre Gruft abschloß und heute durch die kürzlich erfolgte Installation einer Zentralheizung entfernt worden ist. Alle Sanson waren seit 1707 hier beerdigt worden, jenem Todestag des Hauptes ihrer Dynastie. Wo aber sind ihre sterblichen Überreste geblieben? Das ist unbekannt; es ist jedoch sehr wahrscheinlich, daß sie vor nicht langer Zeit entdeckt wurden und

---

[9] In einem Brief des Generalstaatsanwalts von Avignon an den Minister findet man diesen Satz: »Die Familie Sanson hat sich immer eines guten Rufs erfreut.«
[10] Archives nationales: BB³ 212.

unter Umständen, welche die Pariser Bevölkerung einigermaßen berührt haben.

Es war im April 1871, zur Zeit der Kommune. Ein Föderierter adressierte an die Zeitung »*le Cri du Peuple*« den folgenden Brief:

26. April 1871

Bürger Redakteur,

Gestern erfuhr man, daß sich merkwürdige Dinge in der Kirche Saint-Laurent ereignet haben. Ein Offizier des Stabes empfing die Order, sich dorthin zu begeben. Bei seinem Eintritt in die Kirche sah er verschiedene Kellergeschosse geöffnet, und groß war sein Erstaunen, als er einen Raum von etwa 20 qm voll mit menschlichen Gebeinen sah.

Etwas weiter waren einige Skelette jüngeren Datums aufgefunden worden. Nach einer genauen Untersuchung fand man heraus, daß diese Skelette weiblichen Geschlechts waren. Eines von ihnen hatte noch einen üppigen Schopf aschblonden Haars.

Man erinnert sich, daß vor ungefähr zehn Jahren eine Entführungsgeschichte auf der Gemeinde von Saint-Laurent lastete. Ein Mann, der eingeschlafen und in der Kirche vergessen worden war, war durch ein Stöhnen aufgewacht.

Die Affäre, die von der Presse berichtet wurde, wirbelte allgemeine Entrüstung auf; Gerüchte zirkulierten, aber der Klerus, unterstützt durch die Schreiber des Throns und des Altars, kauften die Mediziner, die den Zeugen dieser Szene für einen Wirrkopf erklärten.

Hier liegt ein Rätsel, das es aufzuhellen gilt, eine Verbrechensserie, die man zur Erbauung all der Scheinheiligen und böswilligen Menschen, die die Maßnahme bezüglich der Schließung der Kirche tadeln, aufdecken müßte.

Die Blinden müssen endlich die Augen öffnen, und das Licht muß sich auf das Dunkel ergießen, das die Schwarzröcke um sich herum ausgebreitet haben, und die Klatschbasen, die vom Fanatismus irregeleitet sind, müssen vor Schreck vor diesen unerhörten Verbrechen zurückweichen. – An diesem Tag werden der Aberglaube und die Ignoranz der Wahrheit und der Zivilisation Platz machen, und die Könige und die Priester werden in der neuen Gesellschaft verschwinden.

Gruß und Brüderlichkeit

***

PS. Mediziner sind mit Untersuchungen beauftragt; ein Bericht ist an die Polizeipräfektur geschickt worden.

Das Ereignis verursachte Lärm. Das amtliche Blatt der Gemeinde beschäftigte sich damit und veröffentlichte einen langen Artikel, voll von makabren Details über dieses neue Verbrechen der Geistlichkeit. Wir greifen nur einige Zeilen auf, die das Gewölbe beschreiben, das der Zufall ans Tageslicht brachte:

> Man schreitet über Trümmer, dann steigt man eine kleine Steintreppe hinab, steil und düster; dann setzt man den Fuß auf einen feuchten, schlüpfrigen Grund; das ist der Eingang der Gruft.
> Das ist ein gewölbter Halbkreis, durchbrochen von zwei sehr schmalen Kellerfenstern, die vor nicht allzu langer Zeit zugemauert worden sind.
> Man geht durch einen von zwei Bogensäulen unterteilten Eingang hindurch.
> Lediglich die rechte Seite ist abgeräumt worden; links bedeckt die Erde noch die Skelette, die nicht sehr tief vergraben sind, denn der Fuß stößt jeden Augenblick an schreckliche Überreste.
> Beim Betrachten der Mauern dieses Platzes sieht man, daß er zu einer früheren Zeit dem Gefängnis zum Vergraben der Leichname gedient haben muß.
> Wir haben, mit Hilfe einer Wachskerze, einige rohe Inschriften entziffert:
>
> BARDOM 1713
> JEAN SERGE 1714
> VALENT ...
>
> Diese Namen sind gegenüber der Öffnung des Kellerfensters angebracht, welches auf die *Rue Sibour* hinausgeht, die ehemalige *Rue de la Fidélité*.
> Die Mauern des Gewölbes weisen Spuren von Putz auf, was auf eine Restauration hinweist, die nicht mehr als einige Jahre zurückliegen kann.

Die aufständische Regierung dachte daran, sich dadurch eine schlaue Reklame zu machen, daß man den Augen des Volkes die Gebeine der sogenannten Opfer der ehrwürdigen Kurie der Pfarrgemeinde Saint-Laurent ausstellte. Man plazierte die Überreste auf einer Matte vor dem Portal der Kirche, und die Föderierten standen vor den Überresten Wache. Einige Neugierige versammelten sich, schauten, zuckten die Schulter und murmelten im Weggehen: »Sind das Dummköpfe!«

Später jedoch, als die Gemeinde ernstere Sorgen hatte, vergaß man den Vorfall.

Nun wohl! Diese Gebeine, die man aus dem vergessenen Gewölbe hervorzog und die offensichtlich ohne Grabsteine sind, waren wahrscheinlich die der Sanson, die zu verschiedenen Zeiten beerdigt wurden, und es sind mithin die sterblichen Überreste der Henker, welche die Kommune bei ihrem Spektakel den Parisern 1871 ausgestellt hat[11].

3. Prozeß mit der Presse

Aber kehren wir zu Charles-Henri Sanson zurück. Als die Revolution ausbrach, praktizierte er seit einundzwanzig Jahren als bestallter Scharfrichter. Er hatte jung begonnen und war gewiß sehr abgestumpft durch die Unannehmlichkeiten seines Metiers. Obgleich wenig gebildet – wie man seiner Rechtschreibung entnehmen kann –, bildete er sich doch ein, eine Art Philosoph zu sein, und hatte es daher auf sich genommen, gegen das Vorurteil anzukämpfen, das ihn von seinen Mitbürgern entfremdete. Es war sein Antrag, auf den ein Beschluß des königlichen Rates vom 12. Januar 1787 zurückging, der die »Unterbindung und das Verbot, die Vollstrecker der Kriminalurteile als ›Henker‹ zu bezeichnen«, verordnete. Dies wirft ein Licht auf seine Persönlichkeit. Man hat eine Art sentimentalen und überzeugten Royalisten aus ihm gemacht, voll Abscheu vor seinem Amt; ja man hat ihn, wie wir später sehen werden, aus Kummer darüber, den König zu Tode gebracht zu haben, selbst sterben lassen. Es herrscht in diesen verschiedenen Legenden eine solch große Übertreibung, daß die wahren Fakten zur Unkenntlichkeit entstellt sind. Das, was einen Royalismus[12]

---

[11] Die Archive der Kirche Saint-Laurent gehen nur bis zum Jahr 1810 zurück und enthalten infolgedessen keinen Hinweis, der sich auf eine Beerdigung eines Mitglieds der Familie der Sanson vor der Revolution bezieht. Die alten Register der Beschlüsse der Pfarrei Saint-Laurent, die sich in den *Archives nationales* befinden, geben ebenfalls, so wie ich mich bei einer ersten Suche habe vergewissern können, keinen Fingerzeig auf eine Konzession für ein Grabmal der Henkersfamilie.

[12] Es ist möglich, daß diese Familie tatsächlich dem *Ancien régime* zugeneigt gewesen war. Jedoch nehmen zumindest einige der Mitglieder die Hingabe auf die leichte Schulter, sobald es opportun ist, die Meinung zu wechseln. Nicolas Sanson, Scharf-

der Sanson hat glauben machen können, ist ein ziemlich unbedeutendes Abenteuer, das sich gegen Ende 1789 ereignete. Die Sache wurde von den Journalisten der Zeit, die sich sehr viel mehr als jene von heute verpflichtet glaubten, ihren Lesern jeden Morgen die *große Verschwörung* oder den *großen Verrat* des Tages servieren zu müssen, über die Maßen übertrieben.

Nun also das, was der Bürger Prud'homme in der Nummer 27 seiner *Révolutions de Paris* publizierte:

Man entdeckt gerade, daß sich die Aristokraten die privaten Pressen zunutze gemacht haben. Wird man jemals glauben, wo sie diese etabliert haben? ... Bei Sanson, dem Henker von Paris! Der Distrikt der *Capucines de la Chaussée d'Antin* hat sie ausgehoben und sie damit beschäftigt gefunden, für die Aristokratie zu arbeiten. Urteilt, Bürger, über die Beziehungen, welche die Aristokraten bereits mit dem ehrwürdigen M. Sanson unterhalten, die Vorteile, die sie aus seinen Diensten und seinen Talenten ziehen, sofern sie überhaupt der Rede wert sind.

An dieser Stelle muß man anmerken, daß sich die konstituierende Versammlung bei der Diskussion der Wahlgesetze und der Beweggründe der Unwählbarkeit geweigert hatte, die Scharfrichter aus dem Bürgerstand auszuschließen. Auf diese Diskussion nun bezieht sich Gorsas in seinem *Courier de Paris et des départements*:

In den letzten Sitzungen dreht sich viel um den Vollstrecker der Kriminalurteile (Nationalversammlung vom 24. Dezember 1789). Während man sich intensiv mit der Frage seiner Wählbarkeit oder Nichtwählbarkeit auseinandersetzt, beschäftigt er sich mit den Mitteln, seine Wählbarkeit durchzusetzen. Zum Beispiel hatte er die Pressen bei sich, wo sie all die schrecklichen Schmähschriften druckten, die man in den Provinzen zirkulieren ließ, um zur Revolte und zum Mord anzustacheln. In der häßlichen, sich dahin schlängelnden *Rue Saint-Jean*, im gräßlichen Haus eines Henkers hielten sie ihre Versammlungen ab, bei denen die ehrwürdigen Mitglieder sich zweckdienlich damit beschäftigten,

---

richter in Reims, dem seine Körpergebrechen die Ausübung seines Amtes nicht mehr ermöglichten, verlangt im Messidor des Jahres II eine Fürsorgepension und faßt seinen Antrag in folgenden Worten ab: »Ich bin zum bestallten Scharfrichter des Distrikts von Reims ernannt worden aufgrund der Order des *Tyrannen Louis XV. (welche ich den Flammen zu überantworten bitte)* vom Datum des 27. August 1745.«

ihre Gedanken zu redigieren; es war dieses unreine Heim, aus dem die Brandschriften hochschossen, die man dann unter dem respektablen Siegel der Nationalversammlung zirkulieren ließ ... Wer sind die Autoren dieser abscheulichen Produkte? Man kennt sie nicht, aber, wir wiederholen dies, sie zirkulierten unter dem Siegel der Administration.

Die Pressen sind ausgehoben, und der ehrwürdige Henker ist in Haft, er ist in den Gefängnissen der Macht zum Gefangenen ausgebildet worden. Man garantiert jedoch, daß er sich aus der Affäre ziehen wird. Er hat mächtige Freunde, die vielleicht beweisen werden, daß man an seiner Person das Verbrechen der Bürgerbeleidigung begangen hat, und dies mit derselben Beredsamkeit, mit der man der Nationalversammlung bewiesen hat, daß er wählbar sein muß.

Der *Espion de Paris et des Provinces* fügte seinerseits noch hinzu:

> Der Scharfrichter ist vorgestern vernommen worden: jedoch waren seine Antworten keineswegs befriedigend für jene, die sichere und gewisse Auskünfte in Hinsicht auf die fatale Verschwörung erwartet haben, deren Brutstätte sein Haus war. Hier fanden die nächtlichen Sitzungen statt, bei denen Aristokraten präsidierten, die nicht erröten, sich mit einem Mann zu verbinden, der früher oder später hätte verpflichtet werden müssen, an dieser Horde von Catilina und im Namen des Staates all die Übel zu rächen, welche die Feinde der Verfassung vorbereiten. In diesem Schlupfwinkel wurden die aufrührerischen Schmähschriften gedruckt, die die Leute aufzuhetzen versuchten. Wohlpräpariert hat es dieser Agent der Aristokratie so eingerichtet, daß sein Standort zu groß war und die Menge der Armen, die ihn dort heimsuchten, allzu zahlreich; also hatte er einen Teil davon vermietet, um zu seinem Wohlbefinden Almosen zu verteilen – eine Aktion, die wahrlich größter Lobreden würdig ist. Denn nach einem so menschenfreundlichen Gebaren wären wir versucht zu glauben, daß er nicht strafbar ist. Aber folgen wir seiner Vernehmung, legen wir alle Animositäten beiseite, und so werden wir ohne Furcht das beweisen, was wir behauptet haben: dieser Aristokraten-Gastgeber kannte weder seine Mieter, noch ihren Stand. Auch besaß er keine Information über sie. Diese Antwort ist nicht mehr wert als die erste. Sein Gewissen rührte sich schon, ihm sein Vergehen vorzuwerfen, und wenn man nicht gescheut hätte, die Verwirrung zu mißbrauchen, in der er sich befand, hätte er uns vielleicht besser informiert. Verlieren wir nicht den Mut. In einigen Tagen wissen wir mehr.

Die Zeitung *l'Assemblée nationale*, die von Beaulieu redigiert wurde, brachte zur Vernehmung, der man Sanson unterzog, einige Einzelheiten, die den Menschen und seine Lebensart schildern:

Im Haus des Scharfrichters waren die Pressen, die dazu dienten, abscheuliche Schmähschriften zu drucken, die gegen die Nationalversammlung in Umlauf gebracht wurden. Man faßte auch, wie man sagt, verschwörerische Aristokraten in diesem sonderbaren Hospiz. Wie dem auch sei: der Scharfrichter ist arretiert und nach dem Gefängnis von Châtelet verbracht worden: und hier folgt seine Vernehmung, wie sie uns übermittelt worden ist.

Befragt, zu welchem Zweck er die Druckerpressen in seinem Hause hatte, antwortete er, daß er, der über so viel leeren Raum verfüge, den Arbeitern einen Gefallen habe erweisen wollen.

Frage: Aber warum haben Sie sich dazu hergegeben, das Übel zu begünstigen, vor allem in den Umständen, in denen wir uns befinden? – *Antwort:* Er habe es getan, um den Armen etwas zu geben. *Frage:* Sie haben Ihre Generosität nicht von diesen Arbeiten abhängig gemacht? *Antwort:* Er habe daraus keinen Profit ziehen wollen. – *Frage:* Das glaube ich; aber müßte Ihr Gehalt Ihrem Haus nicht genügen? – *Antwort:* Gewiß, aber da ich von einer solch großen Zahl von Armen bestürmt werde, bin ich genötigt, den Platz zu vermieten, den ich selber nicht brauche. – *Frage:* Sie wissen also nicht, daß das, was man bei Ihnen machte, dem allgemeinen Wohl zuwiderlief? – *Antwort:* Da ich nicht weiß, was die Personen, die dort arbeiteten, tatsächlich machten, glaube ich, daß ich mich in keiner Hinsicht kompromittiert habe. – *Frage:* Warum sind mehrere Personen entflohen, als Sie inhaftiert worden sind? – *Antwort:* Man muß glauben, daß es die Meister jener sind, die dort gearbeitet haben. – *Frage:* Sie kennen sie nicht? – *Antwort:* Nein. – *Frage:* Man vermietet seine Räumlichkeiten nicht ohne Sicherheit? – *Antwort:* Ich habe das, wie im Falle meines Hauptmieters, ohne Nachforschungen gemacht, da wir uns in einem entfernten Viertel befinden, das der Welt unbekannt ist.

Zweifellos gab die Gegenwart den Schreiberlingen im Dezember 1789 wenig Nahrung, denn der *Courrier de Paris* versuchte die Sache dadurch zu dramatisieren, daß er sie zu einer großen Verschwörung aller Henker Frankreichs gegen die neue Ordnung der Dinge hochstilisierte:

Man versichert uns, daß in mehreren Städten der Provinz Banden von Aristokraten, auf Befehl jener aus Paris und ebenso böswillig wie jene, das Haus des Henkers dazu auserwählt haben, um dort ihre Sitzungen abzuhalten; daß sie, von dort aus, mit den Anführern der letzten Verschwörung korrespondieren und ihre Instruktionen erhalten. Man versichert sogar, daß einige der Scharfrichter und ein Teil der Individuen, die sich bei ihnen versammelt haben, von den Nationalgarden eingeschlossen worden sind, um sie in die Pariser Gefängnisse zu schaffen. Wenn diese Neuigkeit wahr ist, wird sie sich sehr bald bestätigen.

Und Camille Desmoulins fügte in seinen *Révolutions de France et de Brabant* hinzu:

Die Schöngeister der grünen Partei haben gerade den Prospekt eines lyrischen Tagebuchs veröffentlicht und sie nehmen sich vor, die Dekrete ins Vaudeville oder zu den *ponts-neufs* zu schicken, um die erhabene Versammlung ins Lächerliche zu ziehen. Man versichert, daß dieses Journal die spaßige Sammlung von Couplets ist, welche die runde Tafel der Aristokraten unlängst sang, bei ihren Soupers beim Henker von Paris. – Sei es der Groll gegen das Licht und gegen M. Guillotin, sei es, daß der Besuch der großen Welt ihm den Kopf verdreht hat, *Monsieur Sanson bewirtet seine Welt auf sein Bestes.*

Sanson begriff die Gefahr dieser Insinuationen. Man versuchte seine Sache mit jener der Aristokraten zu vermengen. Er fühlte wohl, daß sein Amt eng an die alte Ordnung der Dinge geknüpft war, und fürchtete – weit davon entfernt, die Arbeit zu ahnen, die ihm die Revolution verschaffen würde – die totale Abschaffung seiner Stellung. Die Aufhebung der Todesstrafe lag, wie man sagt, in der Luft. Man muß jedoch darauf hinweisen: diese Utopie keimt in den Geistern zu Beginn einer jeden Revolution, die sich als blutig herausstellt. Im Jahr 1871 begann die Kommune damit, daß man die Guillotine feierlich auf dem *Place Voltaire* verbrannte.

Auch befand es Charles-Henri Sanson, in den kritischen Umständen, die er durchlebte, für gut, sich nicht angreifen zu lassen: er verklagte Gorsas, der die Sache ins Rollen gebracht hatte, und gewann den Prozeß. Das Urteil wurde mit den folgenden Worten verabschiedet:

Nachdem Monsieur Maton de la Varenne mit seinem Plädoyer und der Staatsanwalt der Kommune mit seinem Schlußantrag gehört worden sind, erklärt das Gericht Monsieur Gorsas für schuldig und setzt fest, daß der Paragraph, der in die Nummer 19 des *Courrier de Paris dans les Provinces* betitelten Journals eingefügt war, mit dem Epitaph: *Vires acquerit eundo,* wobei besagter Paragraph mit diesen Worten beginnt:

»Es dreht sich viel um den Vollstrecker der Kriminalurteile« und mit jenen Worten schließt: »mit soviel Eloquenz, daß man der Nationalversammlung bewiesen hat, daß er wählbar sein muß«, als verleumderisch aufgehoben ist und aufgehoben sein wird; es setzt fest, daß besagter Gorsas gehalten ist, sein Wort in der nächsten Nummer seines Journals zurückzuziehen; es verurteilt ihn zu 100 Livres Schadensersatz, zahlbar an die Partei von Monsieur Maton de la Varennes, wobei diese Summe mit Zustimmung der besagten Partei für die Armen aus dem Bezirk von Saint-Laurent verwendet werden soll; es spricht dem besagten Gorsas unter Androhung der gegen ihn verhängten Strafen das Verbot aus, rückfällig zu werden.

[Das Gericht] setzt fest, daß das vorliegende Urteil auf Kosten des besagten Gorsas in einer Auflage von 300 Exemplaren gedruckt, öffentlich ausgehängt und in sechzig Bezirke geschickt werden soll. Was die weiteren Klagen anbelangt, verweist das Gericht die Parteien außerhalb seines Hofes, es verurteilt den besagten Gorsas zu den Gerichtskosten. [...]

Gorsas versuchte, Witze zu reißen und die Affäre auf eine ihm günstige Weise darzustellen; er antwortete:

Man hat gestern in der Gemeinde um eine sehr sonderbare Sache prozessiert, zwischen Sanson, dem *Henker* der Stadt, Vogtei und Grafschaft Paris, und einigen Literaten. Man hat uns versichert, daß einer der Hauptpunkte des Prozesses darin bestand, daß dieser *Henker* es nicht dulden wollte, als *Henker* bezeichnet zu werden, in Anbetracht der Tatsache, daß es vier oder zehn Beschlüsse des Rates gibt, die wollen und fordern, daß man ihn *Vollstrecker der Kriminalurteile* nennt.

Man versichert uns zudem, daß er zwischen anderen Schlußanträgen jenen wählte: *daß das Wort Henker aus dem Wörterbuch der Akademie gestrichen werde.*

Es wäre besser, hier das Wort anzuwenden:

Carnifex! quoque nisi carnifex nomine tu appellandus?

Man versichert uns schließlich, daß ein Advokat der Parteien diese Affäre tragisch genommen und daß er unter anderem gesagt hat, daß ein Henker sich nur mit einer Laterne an der Ecke der *Rue de la Vannerie* beschweren könne.

Aber Sanson hielt sich gut, und Gorsas war genötigt, sich geschlagen zu geben. Er war erst am 7. Oktober 1793 gezwungen, mit der gegnerischen Partei wieder in Verbindung zu treten ... auf dem Schafott am *Place de la Révolution*, wo der Henker definitiv das letzte Wort in diesem Streit behalten sollte.

4. Das Budget des Scharfrichters

Charles-Henri Sanson hatte übrigens Grund, unruhig zu sein. Die Revolution schaffte mit einem Federstrich alle feudalen Rechte ab, die Gerichte, die Vogteien und viele andere Dinge: und da erhob sich, wie wir gesehen haben, in der Welt der Scharfrichter ein solcher Chor von Beanstandungen und Beschwerden, daß man sich anschickte, diesen Unglücklichen die nötigen Dinge zum Leben zu besorgen. Zunächst aber wendete man sich an den Vollstrecker in Paris, um von ihm zu wissen, was man von der Neuordnung der Angelegenheiten zu erwarten hätte. Sanson antwortete mit einer Schilderung seiner Situation:

Denkschrift vom Vollstrecker der Kriminalurteile der Stadt Paris

Seit ewigen Zeiten hatten die Vollstrecker der Kriminalurteile der Stadt Paris keine anderen Einkünfte als das Recht der Havage, das sie auf alle Lebensmittel erhielten, die in der Stadt zum Verkauf bestimmt waren. Dieses Recht war beträchtlich. Es wurde immer wahrgenommen bis zum Monat September im Jahre 1719, als es durch Patentbriefe aufgehoben wurde.

Der Scharfrichter befand sich ohne Einnahmequelle und erstellte eine Denkschrift von der Situation, in der er sich befand. Diese Denkschrift ermittelte damals den Betrag von 16 000 Francs. Diese wurden ihm in Form einer Entschädigung für das Recht der Havage bewilligt, durch ein Edikt vom 14. Januar 1727.

Dem Scharfrichter stand zur Bezahlung seiner Kosten nur ein sehr geringer, zudem wechselnder Betrag zu. Aber im Jahr 1767 gingen die Kosten der gutsherrlichen Strafjustiz zu Lasten des Königs, vorausgesetzt, daß dies innerhalb von 24 Stunden beim königlichen Richter bekanntgegeben würde. Durch diese Maßnahme gingen alle Gerichtskosten zu Lasten des Königs, der indes nur sehr wenig zahlte.

Dieses Edikt nahm dem Scharfrichter im Jahr mindestens 20 000 Livres. Dieser gewaltige Aderlaß brachte den Scharfrichter an den Rand des Ruins. Nach drei sehr lebendigen Ausführungen veranlaßte ihn der drohende Ruin dazu, präzisere Angaben zu machen. Diese Angaben gingen auf die Anordnungen des General-Kontrolleurs und des Verwalters von Paris zurück, die sich gemeinsam, nachdem sie von der gerechten Forderung einer Gehaltserhöhung des Scharfrichters überzeugt worden waren, mit M. de Beaumont, dem Verwalter des Staatsgutes, abstimmten und dem Scharfrichter auf Kosten der Justiz eine Erhöhung gewährten, die dem derzeitigen Niveau des Gehalts entspricht.

Das Budget des Scharfrichters

Vor dem Dekret, das der Feldrichter und der Vicomte von Paris aufgehoben hatten, hatte der Scharfrichter in seinem Arrondissement 600 Gerichtsbezirke zu versorgen, für den Dienst, der ihn folgendes kostete und noch immer kostet. Im einzelnen:

Ausgaben des Vollstreckers:
- Je 600 Livres für zwei seiner Brüder, damit diese sich um die Magistratsangelegenheiten kümmern und die Gehilfen befehligen, wenn es mehrere Orte betrifft oder wenn am gleichen Tag mehrere Exekutionen stattfinden. 1200
- Für den Diener, jeweils 300 Livres im Jahr 1200
- Für die Fuhrmänner, für jeden 300 Livres im Jahr 900
- Für eine Köchin 200 Livres im Jahr 200
- Für vier Pferde, für den Dienst in der Stadt und auf dem Land 2000
- Für die Anfertigung von drei Fuhrwerken und einem Kippkarren 300
- Pferdegeschirr und Instandhaltung 150
- Den Hufschmied für 50 Livres im Jahr pro Pferd 200
- Für die Mutter des Vollstreckers eine lebenslängliche Pension, verordnet per Erlaß des Gerichtshofes 1200
- Für die Verpflegung von sechzehn Personen, als da sind: er selbst, seine Frau, seine zwei Kinder, seine zwei Brüder, sein Onkel im Alter von 65 Jahren, der immer in der Dienststelle gedient hat, eine gebrechliche Schwester und acht Diener für je 600 Livres pro Person, insgesamt 9600
- Für seinen Unterhalt, den seiner Frau, seiner Kinder, die Nebenkosten innerhalb des Hausen, als da sind Wäsche, die Reinigung, Möbel etc. 4000
- Für die Miete eines Hauses, das seine Familie, seine Diener, seine Pferde, Fuhrwerke und die für seinen Dienst notwendigen Utensilien beherbergt, das obengenannte Haus in Reichweite, um unmittelbar den Anweisungen Folge leisten zu können. 4800
- Für die Pro-Kopf-Steuer (einstmals) 231 L., und heute . 2048

27 798

Nebenkosten:
Die Amtsbrüder, sofern sie zu meinen Kosten zu rechnen sind, was jedoch nur allzu oft durch das schlimme Betragen der Diener verursacht wird, derer man sich zu bedienen genötigt ist und die einem Bedingungen auferlegen, da sie sehr wohl wissen, daß man ihrer bedarf.

Die unaufhörlichen Trinkgelder, mit denen man jene, auf die man angewiesen ist, an sich bindet.

Der Wechsel der Pferde, wenn sie sterben, und die Kosten, wenn sie erkranken.

Die Krankheiten der Dienerschaft, die man nicht ignorieren darf; andernfalls würde man keinen finden.

Das üppige Weihnachtsgeld, das man nicht auslassen darf, andernfalls keiner mehr am morgigen Tag da wäre.

Die Kosten an den Tagen der Hinrichtungen.

Die Utensilien, die während der Hinrichtungen nötig sind und die sich unaufhörlich erneuern. Es gibt noch tausend Nebenkosten, die aufzulisten eine Unmöglichkeit wäre, weil sie im jeweiligen Moment auftauchen. Zusammengenommen können sich diese Kosten auf eine Summe von 5000 Livres belaufen.

Anmerkungen:
Wenn man den Scharfrichter mit dem Posten des *Questionnaire* beauftragt und mit dem des Zimmermanns, kommen folgende Ausgaben zu den Hinrichtungen hinzu:
Für das Büro des *Questionnaire*, darüber hinaus ein Diener.
Für den Posten des Zimmermanns: drei Fuhrwerke, drei Pferde, das Pferdegeschirr, der Hufschmied, zwei Fuhrmänner, zwei Zimmermann-Gesellen, eine Räumlichkeit, um das Holz einzuschließen, für die Konstruktion und um die Männer, Pferde, Fahrwerke und Werkzeuge zu beherbergen.
Das für die Erneuerung nötige Holz;
Die Wartung aller Gegenstände;
Die Nebenkosten auf dem Land;
Der Tod der Pferde und ihr Ersatz;
Das ganze kann kaum mit weniger als 18 000 Livres veranschlagt werden.

Ich bitte Sie demütig, meine Herren, sehr genau die Lage des Scharfrichters zu prüfen, die noch immer dem existierenden Vorurteil unterliegt, und sich zu erinnern, daß der Scharfrichter, wenn er nicht das Geschäft der Justiz ausübt, immer die gleichen Ausgaben und die selbe Anzahl an Menschen zu versorgen und zu bezahlen hat.

Hiermit lege ich Rechenschaft über die Wahrheit des Inhaltes dieser Denkschrift ab. Die Tatsachen sind authentisch.

Aber die Versammlung zeigte keine Eile, die Denkschrift zu prüfen. Sanson fuhr mit seiner Arbeit fort, die keine Pfründe war. Er verschuldete sich, wobei er auf eine Begleichung der Rechnungen oder auf eine Rückkehr zum Ancien Régime spekulierte.

Schließlich, nachdem seine Mittel verbraucht waren, richtete er an den Generalstaatsanwalt des Departements diesen Brief, den wir in seiner außergewöhnlichen Orthographie wiedergeben wollen:

Brief des Scharfrichters Sanson an Monsieur Rœderer, Generalstaatsanwalt des Departements

Paris, den 6. August 1791

Mein Herr,
Voller Respekt habe ich die Ehre, Ihnen die Lage vorzustellen, in der ich mich befinde. Sie ist derart, daß ich Sie anflehe, mein Herr, mir für einen kurzen Moment ihre Aufmerksamkeit zu schenken. Die Art der Hinrichtung, wie sie heute[13] vorgenommen wird, verdreifacht leicht die einstigen Kosten, dazu kommt noch die Verteuerung aller für den Lebensunterhalt nötigen Dinge.

Der Dienst und die Anzahl der Kriminaltribunale zwingen mich dazu, eine Anzahl von Personen in Lohn zu halten, um meine Aufträge, erfüllen zu können. Ich kann nicht überall sein, ich brauche Unterstützung. Um die Leute zu bekommen, die ich brauche, muß ich das Doppelte dessen bezahlen, was ich früher bezahlen mußte. Dennoch kamen sie am letzten Samstag mit der Bitte, daß ich ihr Gehalt um ein Viertel erhöhe, andernfalls sie ihren Dienst nicht mehr weiter ausführen könnten. Die gegenwärtigen Umstände zwingen mich, es Ihnen zuzugestehen.

Die Abschaffung der Vorurteile
Man kann denken, daß die Abschaffung des Vorurteils es mir leichter gemacht hätte, Bedienstete zu finden. Das Gegenteil trifft zu. [...]

Ich habe tagaus, tagein vierzehn Personen zu ernähren, von denen acht im Lohn stehen, drei Pferde, drei Fuhrleute, das Zubehör [...], dazu eine sehr hohe Miete, angesichts der Lage. (Zu allen Zeiten wurde der Scharfrichter immer durch den König beherbergt.)

Dazu noch die alltäglichen Nebenkosten der Hinrichtung, die übrigen Ausgaben für die Familie, wie für die Eltern, und für die alten gebrechlichen Diener, die ihr Leben dieser Tätigkeit geopfert haben und die das Recht auf die Humanität besitzen.

---

[13] Wie wurden die Hinrichtungen vollstreckt? Das ist eine Frage, die wir noch nicht auflösen konnten. Am 3. Mai 1791 hatte die Versammlung als Ergebnis festgelegt, daß allen zum Tode Verurteilten der Kopf abgetrennt werden sollte. Jedoch wurde die Dekapitationsmaschine erst im April des darauffolgenden Jahres in Gebrauch genommen. – Im Verlaufe des Jahres hat es selbstverständlich in Paris Exekutionen gegeben. Ohne Zweifel wurden diese mit dem Schwert oder mit dem Beil vollzogen, so wie man es heute noch in den deutschen Landen auf der rechten Seite des Rheins macht.

Dieses Gesuch ist nunmehr vor acht Monaten dem Rechnungshof der Justiz übermittelt wurden: als Aufstellung der Kosten und Ausgaben, die mir zu allen Zeiten zu den von mir genannten Tarifen erstattet wurden. Ich habe jedoch genau die vorgegebenen Tarife eingehalten und sogar bei einigen Artikeln den Tarif reduziert.

Ich habe die Ehre gehabt, Monsieur, Ihnen dazu ein Gesuch vom 11. Juni zu präsentieren, das ohne Antwort geblieben ist. Meines Vermögens verlustig und überdies hoch verschuldet, bin ich nicht mehr in der Lage, nötige Vorauszahlungen zu leisten, denn ich weiß nicht mehr, wie ich sie bezahlen soll. Und da ich mich nicht mehr an die Lieferanten wenden kann, denen ich etwas schulde und denen ich nichts zurückzahlen kann, solange ich selbst nicht bezahlt worden bin, sind Sie, Monsieur, meine letzte Zuflucht, um die Zahlungen, die man mir schuldet, anordnen zu lassen. Andernfalls werden die Opfer, die ich gemacht habe, um bis zu diesem Tag mein Amt ausüben zu können, meinen unvermeidlichen Ruin herbeiführen, indem sie mich zwingen, meine Familie und meine Stelle nach 24 Jahren Dienstjahren zu verlassen. Da meine gegenwärtige Lage sehr drückend ist, flehe ich Sie an, Monsieur, die Güte zu haben, sich durch jemanden ihres Vertrauens über die Wahrheit, die Ihnen darzulegen ich die Ehre hatte, in Kenntnis zu setzen.

Ich bin mit dem tiefsten Respekt der Ihre, Monsieur
Ihr sehr treuer und sehr ergebener Diener.
SANSON, Vollstrecker der Kriminalurteile in Paris

5. Sanson im Jahr 1793

Es wäre vergeblich, verhehlen zu wollen, was dieser Versuch einer Biographie des Henkers von Paris zur Zeit der Revolution zu wünschen übrig läßt. Es ist nicht erstaunlich, daß eine Arbeit, die in bezug auf diesen merkwürdigen Gegenstand erstmalig unternommen wird, voll dunkler Flecken, Löcher und Lücken bleiben muß.

Gelegentlich zeigt ein Brief, eine Bittschrift oder ein Dokument uns die Person, öffnet uns den Blick auf ihre familiären Verpflichtungen, ihre Lebensart und ihre Einnahmequellen; doch tritt sie sogleich wieder in den Schatten zurück. Aber um eine detaillierte – und frei erfundene – Erzählung ihrer Existenz zu entwerfen, müßte man um diese wenigen Manifestationen der Person die Anekdoten anordnen, die uns die Zeitgenossen erzählt haben und die so oft, mit einer mehr oder minder großen Liebe zur Wahrheit, wiederholt worden sind, immer die gleichen, welche seit gut einem Jahrhundert von den Chronisten nachgebetet werden, ohne daß es möglich wäre, sie nachzuprüfen. Aber dies hieße, die berühmten *Mémoires de Sanson* noch einmal zu schreiben, und es scheint, daß wir es – auf Kosten des Umstands, daß unsere Skizze unvollständig bleiben wird – vorziehen sollten, uns von den offiziellen Stücken führen zu lassen, den Dokumenten also, die man für *nicht-fragwürdig* hält, die es aber dennoch – ja auch sie – gelegentlich nötig haben, berichtigt zu werden. So der *Moniteur*, der von der Hinrichtung eines gewissen Vimal, eines Geldfälschers, und seiner Komplizen, die am 27. August 1792 hingerichtet worden sind, das kuriose Faktum berichtet: »Der Scharfrichter, der den Kopf des einen Kriminellen ergreifen wollte, um ihn den Leuten zu zeigen, ist vom Schafott gefallen. Er war auf der Stelle tot.«

Damit also wäre Charles-Henri Sanson offiziell aus der Geschichte gestrichen. Wer folgte ihm nach? Das ernsthafte Blatt, das gerade eben sein Hinscheiden vermeldete, schweigt sich darüber aus. Zudem ist es verbürgte Überlieferung, daß der Henker, der beauftragt war, Louis XVI. zu Tode zu bringen, sein königliches Opfer nur um wenige Tage überlebte. Die Biographie von Michaud, die so seriös und von geradezu allwissenden Schriftstellern redigiert ist, bestätigt dies mit diesen Worten: »Das schreckliche Spektakel (die Hinrichtung des Königs) machte auf Sanson einen so lebhaften Eindruck, daß er krank wurde und sein grausames Gewerbe bis zu seinem Tod sechs Monate später einstellte«. Also war er nicht derjenige, durch den die Königin, die Schwester Louis XVI. und der Herzog von Orléans, Malesherbes, Danton, Robespierre und so viele andere zu Tode kamen. Der *Dictionnaire Larousse* hätte sich nicht die Gelegenheit entgehen lassen, die Behauptung der *Biographie universelle* ohne Kontrolle durchgehen zu lassen: »Dieser Mann [so heißt es] ist vor allem deshalb berühmt, weil er beauftragt war, den Ex-König hinzurichten. Sanson (Henri), Sohn und Nachfolger des Vorhergehenden, folgte seinem Vater 1793 nach. Er war es, der Marie-Antoinette exekutierte, ihre Schwägerin Élisabeth, Malesherbes, den Herzog von Orléans, etc.« Damit wäre auch gleich der neue Scharfrichter beerdigt. Diese von den Chronisten für wahr genommenen Dinge haben verschiedenen, höchst pittoresken Ausschmückungen Raum gegeben, und die empfindsamen Seelen sind heutzutage geneigt anzunehmen, daß Sanson an Gewissensbissen gestorben sei, weil er den Kopf des Königs habe rollen lassen[14]. Da gibt es so viele Ungereimtheiten, doch die unveröffentlichten Stücke lassen in dieser Hinsicht keinen Zweifel. Charles-Henri Sanson hat erst am 13. Fructidor des Jahres III seinen Dienst aufgegeben:

> »Es ist dreiundvierzig Jahre her [so schreibt er in seinem Rücktrittsgesuch], daß der Platz frei wurde, den er besetzte. Er bittet um eine Rente von 1000 Livres, welchen den Scharfrichtern ohne Stellung zukommt, die schon lange im Dienst sind, er ist stets bereit, seinen Dienst wiederaufzunehmen, sobald seine Gesundheit wiederhergestellt ist.«

Am 18. Fructidor des Jahres III antwortete der Staatsanwalt beim Kriminaltribunal der Seine mit folgenden Worten:

> Bürger,
> die Stelle des Vollstreckers der Kriminalurteile von Paris befindet sich durch den Rücktritt von Charles-Henry Sanson vakant; in Ausübung der Gesetze vom 13. Juni 1793 und dem 22. Floréal des Jahres II hat die Gemeinde Henry Sanson[15], den Sohn des Zurückgetretenen, der sich auf der Liste in einem dienstbaren Rang befindet, als vollmächtig ernannt, die Funktionen auszuüben. [...]

---

[14] Der Comte de Reiset, der ein sehr merkwürdiges und sehr romantisches Buch über Marie-Antoinette veröffentlicht hat, das viele Anekdoten enthält, die seinen Vorgängern entgangen waren, begeht in der Sache des Vollstreckers einen Irrtum. »Der junge Mann, sagt er, Sohn des Henkers von Louis XVI., weigerte sich, von Gewissensbissen geplagt, nach dem Tod der Königin wieder aufs Schafott zu steigen und überließ anderen seine verhängnisvolle Aufgabe: der Kopf Marie-Antoinettes war der letzte, den er zu Fall brachte.«

Wenn man diese verschiedenen Zitate zusammenstellt, so findet man 1792 einen Sanson, der durch einen Sturz vom Schafott starb, einen anderen Sanson, der 1793 aus Kummer, den König hingerichtet zu haben, starb und einen dritten Sanson, der sich weigert sein Amt auszuführen, nachdem er die Königin zu Tode gebracht hat ... Die offiziellen Blätter, die wir zitierten, korrigieren diese Fehler. Wenn auch der Ruf des mitfühlenden Henkers dadurch leidet, gewinnt doch wenigstens die historische Wahrheit ein wenig!

[15] Der Brief verzeichnet die Vornamen Nicolas-Charles-Gabriel; aber eine spätere Notiz, die sich in der gleichen Akte befindet, berichtigt dies folgendermaßen: »Es hat sich in den Auftrag, den wir an den Sohn Sanson geschickt haben, ein Irrtum eingeschlichen. Man hat diesem Scharfrichter die Vornamen Nicolas-Charles-Gabriel gegeben anstelle von Henry, was sein wahrer Name ist.«

Also war Charles-Henri Sanson, der im Jahr 1795, als die Schreckensherrschaft schon vorüber war, nach dreiundvierzig Jahren Dienst seine Stelle aufgab, nicht aus Gram über jene tragische Szene vom 21. Januar gestorben, ebensowenig wie er im August 1792 beim Sturz vom Schafott gestorben war. Es war sein jüngerer Sohn, der die Funktion des Gehilfen ausübte, der diesem einzigartigen Unfall zum Opfer gefallen war. Der Tag des 21. Januar [der Tag der Hinrichtung des Königs] verlief für Sanson ohne Blessur, jedoch, was in Anbetracht des ungewöhnlichen Faktum überflüssig zu sagen ist, nicht ohne Emotion. Bereits am Vorabend schrieb er:

An den Bürger, Stellvertreter des Generalstaatsanwalts des Departements
Bürger,
Ich habe gerade die Befehle erhalten, die Sie mir geschickt haben. Ich werde alle Maßnahmen ergreifen, damit das, was sie vorschreiben, sich nicht verzögert. Für den Aufbau der Maschine, welche am angegeben Platz aufgestellt werden wird, ist der Zimmermann benachrichtigt worden.
   Es ist absolut notwendig, daß ich weiß, wie Louis den *Temple* verlassen wird. Hat er seinen Wagen oder wird es in einem gewöhnlichen Wagen geschehen, wie er üblich ist bei den Hinrichtungen dieser Art? Und was wird nach der Hinrichtung aus dem Körper der Hingerichteten?
   Soll ich oder sollen meine Gehilfen sich um acht Uhr am *Temple* einfinden, wie es die Order besagt?
   Falls ich nicht derjenige bin, der ihn vom *Temple* wegführt, an welchem Platz und an welcher Stelle soll ich mich befinden?
   Da all diese Dinge in der Order nicht sehr genau beschrieben sind, ist es angebracht, daß der Bürger Stellvertreter des Generalstaatsanwalts des Departements mir sobald wie möglich diese Auskünfte übermitteln läßt, während ich damit beschäftigt bin, all die notwendigen Anweisungen zu geben, damit alles pünktlich ausgeführt werden kann[16].
Paris, der 20. Januar 1793, Jahr II der französischen Republik
Der Bürger SANSON
Vollstrecker der Kriminalurteile

Obgleich die beiden Vikare, MM. Damoreau und Renard, in ihrem Bericht von der überaus kurzen religiösen Zeremonie, die in der Kirche der Madeleine stattgefunden hat, die Gegenwart Sansons nicht erwähnen, ist es wahrscheinlich, daß Sanson den Körper des Königs bis zum

---

[16] Musée des Archives nationales, n° 1341.

Friedhof begleitete. Dies geht aus dem Brief eines Augenzeugen hervor, der jüngst in der *Revue rétrospective* veröffentlicht worden ist:

> Da ich denke, daß jede Einzelheit Euch Freude bereitet, füge ich noch dieses kleine Papier bei, um Euch zu sagen, daß unser Bataillon von 7 Uhr bis Mittag die Kaserne verlassen hat, um den *Place de Louis XV.* zu umzingeln, und daß, sobald die Hinrichtung vorüber war, ein Tanz von wenigstens hundert Personen, Männern und Frauen, ein Rondo geformt hat, mit Freude getanzt und die Marseillaise aus vollen Kehlen gesungen hat, aus vollen Kehlen schreiend: »Hier der Kopf des Tyrannen, nieder mit ihm!« Weiterhin hat man bemerkt, daß sich mehrere Personen unter dem Schafott die Hände mit dem vergossenen Blut eingerieben haben. Dies hat auf das angespielt, was seine Frau gesagt hat – daß sie sich nach der Revolution die Hände im Blut der Franzosen waschen wolle. Nun, jetzt sind es im Gegenteil die Franzosen, die ihre Hände mit dem Blut ihres Gatten benetzen.
>
> Eine merkwürdige Sache ist, daß, als der Wagen des Henkers vom Friedhof den Weidenkorb mitbrachte, dieser zu Boden gefallen ist, und sogleich hat sich ein Haufen Leute darüber geworfen, und alle haben sie den Boden des Korbs mit Wäsche, ihren Taschentüchern, ihren weißen Papiertüchern eingerieben, und unter anderem mit zwei Würfeln gespielt, auf eine Art, daß all dieses vom Blut des Tyrannen beschmiert war, zum Gedächtnis an sein Urteil.

Acht Tage später sandte Charles-Henri Sanson bezüglich einiger Gerüchte, welche in der Stadt kursierten und sein Verhalten bei der Hinrichtung des Königs betrafen, einen Widerruf an die Zeitungen, und der *Thermomètre du Jour*[17] fügte die folgende Notiz ein:

> Die Knöpfe, die Fetzen des Kleides und des Hemds des Louis Capet sowie seine Haare sind gesammelt und sehr teuer an Liebhaber verkauft worden. Der Scharfrichter Sanson, der angeschuldigt worden ist, an diesem neuartigen Handel beteiligt gewesen zu sein, schreibt soeben an die Journalisten, um sich in dieser Hinsicht zu rechtfertigen. Hier seine Worte: »Ich erfahre in diesem Moment, daß ein Gerücht umläuft, daß ich die Haare des Louis Capet verkaufe oder verkaufen lasse. Wenn man davon etwas verkauft hätte, so hätte dieser infame Verkauf nur durch Spitzbuben erfolgen können. Die Wahrheit ist, daß ich es nicht geduldet habe, daß irgend jemand auch nur die geringsten Reste an sich genommen hat.«

---

[17] Nummer vom 29. Januar 1793.

6. Ein Tag Sansons während der Schreckensherrschaft

Die Conciergerie [das Gefängnis der Pariser Justizpalastes]! Dieses Wort ruft in allen Parisern die pittoreske Silhouette der alten Türme mit den Gitterfenstern hervor, deren geschwärzte Mauern am Saum des *Quai de l'Horloge* sich erheben. Viele Leute haben beim Vorübergehen an der eisernen Tür, die auf den Quai weist, von den Karren geträumt, die, von dort ausgehend, ihren Inhalt am Fuße des Schafotts am *Place de la Révolution* ausschütteten. Das Dekor dieses alten Gefängnisses ist unter diesem Aspekt so dramatisch, daß der Geist es sogleich mit dem Andenken der Revolution verbindet. Die Bestinformierten würden Sie vielleicht darüber aufklären, daß der Eingang dieses Schreckensortes vor fünfundzwanzig Jahren versetzt worden ist, daß sich einst das Gitter zwischen den beiden Türmen öffnete und daß dies eine feststehende, unabweisbare Tatsache ist ... Historiker haben sie befördert, und all die Romanciers sind ihnen darin gefolgt.

Dennoch ist nichts unrichtiger. Im Jahr 1793 war dieser ganze Teil des Quais verstopft mit Nebengebäuden, stillosen Barackenlagern, welche die Mauern des Palais bis zur Höhe des ersten Stockwerks verbargen, und der Eingang des Gefängnisses war noch nicht hier.

Am Fuße der großen Treppe, deren Stufen zum Justizpalast führen, sieht man im nördlichen Winkel des *Cour du mai* eine dunkle Arkade, die vor einer tiefer gelegenen Tür steht, die geradezu in die Erde versenkt ist, die hinter einem Doppelgitter verborgen ist und förmlich zermalmt wird von dem Gebäude, das sie beherrscht. Diese Tür, die der Eingang zu einem Souterrain zu sein scheint, ist so klein, so tief, so schmal, daß sie fast mit dem Schatten verschmilzt, den die Vorsprünge der umstehenden Bauten werfen. Für den, der es nicht weiß, bleibt diese Arkade, wo sich nur ein ziemlich unerklärbares und unbedeutendes architektonisches Motiv befindet, unbemerkt; für den, der sich erinnert, ist dies ein dunkler Ort. Hier betrat man in der revolutionären Epoche die Conciergerie und hier ging man wieder hinaus[18] ...

---

[18] Das blieb bis ins Jahr 1851 so. Von 1851 bis 1853 existierte zwischen den beiden Türmen tatsächlich ein Eingang zum Gefängnis. Nach seiner Beseitigung benutzte man den vorherigen Eingang *Cour du mai*, am Fuße der großen Treppe des Palais. Der aktuelle Eingang auf dem *Quai* stammt erst von 1864; und als man ihn errichtete, mauerte

Im übrigen hat sich seit hundert Jahren nichts an dem Erscheinungsbild dieser tragischen Ecke verändert. Es sind wohl die gleichen Gitter, an die die Wagenleitern der Karren gestoßen sind; es sind die gleichen Treppen, die von so vielen wankenden Schritten erklommen worden sind, der gleiche winzige Hof dort unten, der unter den Unterbauten der monumentalen Treppe verborgen ist, die man 1787 errichtet hatte; es sind die gleichen Pflastersteine, die gleichen Türen – nur daß der Hof heute aufgegeben und leer ist. Einst war er Tag und Nacht umzingelt von Jakobinermützen, Gefängnisaufsehern, Verurteilten, Beschuldigten, Henkersgehilfen und Bittstellern.

Wenn man durch die Gittertür getreten ist, die das flach konstruierte Gewölbe, das einen Zugang zu dem kleinen Hof bietet, abschließt, steigt man einige Steinstufen hinab, deren schmiedeeisernes Treppengeländer auf das Jahr 1787 zurückgeht. Auf der Linken findet sich unter der großen Freitreppe ein Raum, der im Jahr 1795 dem Wachkorps diente; auf der Rechten zwei tiefe Fenster, welche die Büros heller machen; vor sich hat man zwei Glastüren, von denen die eine bis zur Brüstung zugemauert ist, während die andere den Zugang zum Schalter des Gefängnisses darstellt[19]. Dort hielt sich, in einem großen Lehnstuhl bei einem großen Tisch der Concierge des Gefängnisses auf[20]. Das dem Schalter benachbarte Zimmer auf der Linken, wie das andere durch den kleinen Hof beleuchtet, war die Kanzlei. Sie war durch große Stangen zweigeteilt und diente den angestellten Schreibern und als Aufbewahrungsort für die Verurteilten. Dort war-

---

man den Gang zu, der vom großen Hof in das Innere des Gefängnisses führt, eine Generalvorschrift der Strafvollzugsverwaltung, die verlangte, daß eine Strafanstalt niemals zwei Ausgänge haben dürfe.

Man muß erwähnen, daß Victorien Sardou als einziger unter den Schriftstellern, welche die Revolution in Szene gesetzt haben, nicht in den allgemeinen Fehler verfallen ist. Das Bühnenbild im 4. Akt seines Dramas *Thermidor* gibt peinlich genau den engen und düsteren Hof wieder, der 1793 und 1794 der Vorplatz des Schafotts war.

[19] Eine kleine Tür von ungefähr dreieinhalb Fuß Höhe war in der großen eingelassen worden: von daher der Name *Schalter*.

[20] Dieser Concierge war zu Beginn der Schreckensherrschaft Richard, der am 11. September durch den Bürger Bault ersetzt wurde; dieser wurde wenig später wieder eingesetzt. Die Frau Richards wurde von einem Gefangenen niedergemetzelt, der im Messidor 1796 zu zwanzig Jahren Kettenhaft verurteilt wurde.

teten die beiden Abbés, gewöhnlich der Abbé Lambert und der Abbé Lothringer, im Gespräch mit den Gefängnisschließern und den Gendarmen.

Denn die Revolution hatte die alten Praktiken der Kriminaljustiz beibehalten: den Brauch, den Verurteilten vor der Hinrichtung Geistliche zu schicken. Freilich handelte es sich hier um verfassungsmäßige Priester. Der Bischof von Paris, Gobel, überwachte diesen Dienst seiner Geistlichkeit mit Skrupeln. Nach jeder Audienz des Revolutionstribunals händigte der Präsident die Liste der Verurteilten an Fouquier-Tinville aus. Fouquier leitete sie an den Bischof weiter, der wiederum seinen Priestern die Stunde kundgab, zu welcher sie sich zur Conciergerie begeben sollten, um dort den Vorbereitungen zur Hinrichtung beizuwohnen[21].

Eine Tür in der Tiefe des ersten Zimmers ging hinaus auf einen Gang, der zum *Hof der Frauen* führte. In diesem Gang finden sich auf der Rechten zwei kleine Kammern, von denen die eine ziemlich dunkel ist. War es hier oder in der Kanzlei, wo man die Verurteilten fertig machte? War es dieser Raum, in dem der berühmte, von einem Scheuerlappen bedeckte Korb stand, in dem sich die blonden und braunen Haare häuften, welche die Gehilfen von Sanson schnitten? Das ist ein Punkt, der unmöglich festzustellen ist. Die Überlieferung will, daß diese beiden Kammern den Schalterbeamten als Logis und ebenso als Wartesaal für die weiblichen Todeskandidatinnen gedient hätten. In einer Ecke hatte man *griaches* aufgestellt, das heißt, im Gefängnisjargon, die Eimer, die den Unglücklichen, die das Schafott erwarteten, ein Ort der Erleichterung waren. Diese Eimer verströmten einen unerträglichen Gestank, der bis in die Kanzlei drang.

So war, und so ist er noch, bis auf einige Trennwände, der Teil der Conciergerie, welcher den Außendienst des Gefängnisses beherbergte.

---

[21] Der Abbé Lothringer erfüllte seine schwierige Mission mit einem aufdringlichen und eitlen Eifer. Man behauptet gar, daß er nur eine Art von Berühmtheit aus seiner Besessenheit für die Nähe der Opfer ziehen wollte, und er versuchte unter der Restauration die Beziehungen auszubeuten, die zwischen ihm und ihnen bestanden. Der Abbé Lambert, von nobler Figur, von eher militärischer als priesterlicher Statur, versah das Werk seiner Nächstenliebe mit größerer Diskretion. Nach der Schreckensherrschaft besaß er soviel Takt, sich in Vergessenheit zu bringen. Er widerrief das Gelübde, das er geleistet hatte und starb ziemlich alt, 1846, als Pfarrer von Bésancourt, in Seine-et-Oise.

Außerhalb befanden sich die beiden Gitter[22], zwischen denen die Amtsdiener des Revolutionstribunals Berufung einlegten und den Beschuldigten ihre Anklageschrift zur Kenntnis brachten. Dann kam der lange zentrale Korridor, an dessen äußersten Ende sich der Saal der Girondisten und das Verlies der Königin befand.

Was den großen Hof des Palais betrifft, der diesem dunklen Gemäuer vorsteht, so hat er sich seit der Revolution gar nicht verändert[23]. Es sind dieselben Mauern, dasselbe Gitter[24], dieselben Torlampen am Fuße der großen Freitreppe. Die Häuser, die dem Palais gegenüberliegen, öffnen sich vor diesem Gitter zu einem kleinen Halbkreis-Platz, der immer ziemlich belebt ist; da gab es einen Tabakladen, dessen Renommée dem der *Civette* gleichkam. Das war eine Art *Laden des Geistes,* wie man im letzten Jahrhundert zu sagen pflegte. Die Bürgerin Guibal, eine junge und fröhliche Frau aus dem Languedoc, führte dies Etablissement. Man nannte sie die *Maitresse à Robillard.* Der vormalige Marquis d'Antonelle, einer der unversöhnlichsten Juristen des Revolutionstribunals, hatte der schönen Zigarrendreherin einen Mops zum Geschenk gemacht, der auf dem Ladentisch thronte und in dem Viertel eine Art Berühmtheit erlangt hatte.

So war also das Dekor jenes Schauplatzes beschaffen, auf dem Sanson, während achtzehn Monaten, fast täglich seine finstere Rolle spielte. Die Gerichtssitzung des Tribunals, die gewöhnlich zwischen neun und halb zehn Uhr morgens begann, wurde mittags unterbrochen, um zwei Uhr wieder aufgenommen und zog sich oft bis in den Abend hinein – so daß in manchen Fällen die Hinrichtung auf den folgenden Tag verschoben wurde. Wenn im Gegenteil die Debatten zügiger verliefen – und durch den Einfluß des Gesetzes vom 22. Prairial waren sie schrecklich vereinfacht worden –, wurde der Urteilsspruch am Nachmittag bekanntgegeben und die Verurteilten konnten noch am selben Tage zum Schafott geführt werden.

Man kann – obgleich kein Dokument diese Annahme beglaubigt – daraus schließen, daß Sanson seine Vorbereitungen traf, bevor das

---

[22] Diese beiden Gitter gibt es heute noch.
[23] Die Trottoirs jedoch existieren seit 1793.
[24] Deren liliengeschmücktes Wappenschild weggenommen worden ist. Das Gitter wurde vor einigen Jahrzehnten vollkommen repariert.

Urteil verkündet wurde. Er kam des Morgens zum Palais, stellte sich im Arbeitszimmer des Staatsanwaltes vor[25], der ihm die Zahl der Beschuldigten bekanntgab, nach der er ungefähr die Zahl der Verurteilten hochrechnen konnte. Der Scharfrichter, der nur zwei Karren zu seiner Verfügung hatte, beschäftigte sich alsdann, wenn nötig, noch damit, weitere Karren zu besorgen: er bezahlte dafür 15 Francs, zuzüglich eines Trinkgeldes von 5 Francs für den Fahrer. »Andernfalls finde ich keinen«[26], sagte er. Dann kehrte er heim oder ging anderen Amtspflichten nach, so etwa der Ausstellung der zu Kettenhaft Verurteilten, für die er ein spezielles Schafott errichten mußte, oder den Aushängen, die jedes Urteil erwähnten, die Namen der Verurteilten etc. Zu diesem Zweck hatte er, zusätzlich zu den vier Gehilfen, die ihm das Gesetz zugestand, drei weitere Helfer rekrutiert, die er aus seinen Bezügen entlohnte, und darüber hinaus assistierte ihm noch sein Sohn. Gegen drei Uhr dreißig kam er zum Palast zurück, wo seine Silhouette den Stammgästen schon vertraut war: man traf ihn auf den Höfen oder in den Gängen des Tribunals, gewöhnlich mit einem rundlichen Zylinder auf dem Kopf, der englischen Mode der Zeit folgend. Sein Haar war sorgsam gekämmt, und er trug gewöhnlich einen geknöpften Gehrock von dunkler Farbe. Die Witzbolde sagten, wenn sie ihn vorübergehen sahen, mit einem Wortspiel auf seinen Namen Sanson: »Da, da haben wir den *Sans-farine*«,* das war sein Spitzname. Er überwachte die Aufmachung der Verurteilten, die besonders in den Wirkungskreis seines Gehilfen Desmorets fielen, und betrat die Szene erst in dem Augenblick, da man die unglücklichen Opfer die Karren besteigen hieß. Man sagt, daß er ihnen gegenüber die äußerste Zuvorkommenheit und Aufmerksamkeit an den Tag legte; und er war es schließlich, der das Signal zur Abfahrt gab ... Ein großes Hin und Her erhob sich in der Menschenmenge, die Karren

---

[25] Das Kabinett von Fouquier-Tinville war in der ersten Etage der einen der beiden Türme untergebracht, die auf den Quai hinausgingen, hinter dem Revolutionstribunal. Dies ist heute eine Dependance der ersten Zivilkammer.

[26] Siehe S. 103

* = den Ohne-Mehl; das Wortspiel ist im Deutschen nicht wiederzugeben. Man lese den Namen Sanson *Sans-son*, das heißt dann ohne (=sans) Getreide (= son), also Sans-farine; darüber hinaus ist die Anspielung auf das verloren gegangene Recht der *Havage* überdeutlich.

setzten sich in Bewegung, eskortiert von Gendarmen zu Pferd und der Nationalgarde. Der Zug drehte nach links, sobald das Gitter passiert war, und bog auf den *Pont au Change* ein; dann strebte er, durch die Straßen hindurch, dem Platz des Schafotts entgegen[27].

7. Der Schub vom 4. Thermidor des Jahres II

Man weiß sich nicht auszumalen, wie dünngesät die Schilderungen dieser tristen Szenen sind. Ich meine die Erzählungen, die so präzise sind, daß sie die gewöhnliche Banalität überschreiten, und durch den Namen ihrer Autoren so verbürgt, daß man den Geschehnissen, auf die sie sich beziehen, Vertrauen schenken kann. Ich kann mich nicht erinnern, in den Zeitungen dieser Epoche nur eine einzige gelesen zu haben, die die Mühe wert gewesen wäre, festgehalten zu werden. Zumeist vermerken die Gazetten nur die Namen, welche die Guillotine zerfleischt, und die Stunde ihrer Hinrichtung. Und das ist alles! Aber selbst diese Namensregister sind häufig unvollständig und fast immer fehlerhaft.

Diese Abwesenheit von Erzählungen ist eines der Charakteristika der Epoche. Die Zahl der Schaulustigen um das Schafott herum war groß, vor allem in der ersten Zeit. Ein Polizeibericht beschreibt uns den *Place de la Révolution* »voll von Menschen, die mit allen Kräften laufen, aus Angst, das Spektakel zu versäumen. Fast alle haben kleine Operngläser und gehen mal hierhin, mal dorthin, um den Betrach-

---

[27] Über den *Quai de Mégisserie*, die *Rue de la Monnai*, die *Rue Saint-Honoré* und die *Rue Royale*, solange sich das Schafott auf dem *Place de la Révolution (Concorde)* befand. Vielleicht fuhr man, um zur *Rue de la Monnai* zu kommen, auch über den *Quai de l'Horloge* und den *Pont-Neuf*. Über diesen Punkt konnte ich mir keine klare Gewißheit verschaffen. In den *Souvenirs de la Terreur*, 1800 veröffentlicht, sagt Mlle Hémery, daß sie, als sie sich eines Tages am Louvre befand, in dem alten Raum der Malakademie am Ufer des Flusses eine Wagenladung Verurteilter vorüberfahren sah, die sich auf dem Weg zum Schafott befanden.
Ihre Erinnerungen täuschen sie, oder wenn die Sache so stattgefunden hat, dann war es eine Ausnahme. Als im Prairial des Jahres II die Guillotine zur Place du Trône gebracht wurde, verirrten sich die Wagen, nachdem sie den *Pont au Change* passiert hatten, in den Straßen, wendeten am Rathaus, erreichten die *Rue Saint-Antoine* und folgten dem Faubourg bis zum Schlagbaum von Vincennes.

tungspunkt zu finden, von dem aus sie die beste Sicht haben. Die einen haben Leitern erklommen, die andern stehen auf den Karren, zu fünf Sous für den Platz ... « Dennoch hat von all diesen Leuten, die eine entsetzliche Neugierde dorthin geführt hat, keiner daran gedacht, seine Eindrücke und seine Erinnerungen tagtäglich aufzuschreiben. Ach, wenn man von irgendeinem obskuren Menschen, der unvoreingenommen wäre und nicht von der Sorge geleitet, vor der Nachwelt gut dazustehen, das *Journal eines Parisers während der Schreckensherrschaft* besäße! – aber dieses Tagebuch, unglaublich, aber wahr, ist nicht geschrieben worden. Unsere Väter lebten während dieser beiden Jahre von Tag zu Tag, gleichgültig, was den folgenden Tag anlangte, und so sorglos der Nachwelt gegenüber, als ob die Welt mit ihnen untergehen würde.

Und dann muß man sagen, daß diese Leute, auf Distanz vom Schafott gehalten, nichts sahen[28]. Bei der Ankunft der Wagen wurde die Menge von einer große Bewegung erfaßt; Stille kehrte ein. Schließlich erhob sich die Silhouette des ersten Opfers auf der Plattform, eine Art Kampf fand statt, ein dumpfer Schlag hallte wider; und schon präsentierte sich ein zweiter Unglücklicher dem Tode, und immer weiter so: das ist die gleichbleibend banale und immer selbe Erzählung, welche die Zuschauer von allen Hinrichtungen geben. Ein einziger Mann hätte sprechen können, ein einziger Mann hat die letzten vertraulichen Mitteilungen empfangen, hat die letzten Worte aufgefangen und den verirrten Blick so vieler berühmter Sterbender ertragen; dieser Mann ist Sanson, und er hat niemals das Geringste davon preisgegeben. Man behauptet, daß er von Natur sanft und mitfühlend war, man versichert, daß er, soweit dies in seiner Macht lag, den Verurteilten die schrecklichen letzten Stunden vor der Hinrichtung

---

[28] Eines Tages. als ich mich mit Pénières zur Versammlung begab, erblickten wir, als wir am *Place de la Révolution* vorüberkamen, die Vorbereitungen einer Exekution: »Laß uns warten«, sagte mein Kollege, »gewöhnen wir uns an dieses Spektakel. Vielleicht haben wir es eines Tages nötig, Courage zu zeigen und kaltblütig auf dieses Schafott hier zu steigen. Machen wir uns mit der Hinrichtung vertraut«. Ungeachtet meines Abscheus blieb ich stehen, und sah das Opfer, welches das Aussehen eines gebildeten Mannes hatte, sich entkleiden und an den Balken binden lassen. *Ich war zu weit entfernt*, um seinen Seelenzustand beurteilen zu können. (Fragments des memoires inédits de Dulaure. *Revue rétrospective*.)

versüßt habe. Man zählt selbst gewisse Einzelheiten auf: so ist es Überlieferung, daß er, allein mit Charlotte Corday auf dem Wagen, die Augen nicht von diesem jungen Mädchen ließ, die, eine neugierige Provinzlerin, vor ihren Augen die Schilder der Boutiquen der *Rue Saint-Honoré* vorüberziehen sah. Er wies sie darauf hin, daß sie, wenn sie sich auf die Wagenleiter stütze, die Stöße vermeiden könne, die sie rüde durchschüttelten; dann, als er bemerkt hatte, daß sie von jener Kontraktion der Beklemmung ergriffen war, die die Kehle all derer, die man zu Tode führt, austrocknet und sie daran hindert, ihren Speichel herunterzuschlucken, neigte er sich zu ihr und sagte: »Das dauert lange, nicht wahr?« Charlotte lächelte und zuckte die Achseln mit einer Miene der Gleichgültigkeit.

Man erzählt auch, daß die Königin, auf den Balken gedrückt, ihm aus Versehen auf den Fuß getreten sei und »Pardon, Monsieur« gestammelt habe. – Aber was kann man auf diese Dinge geben? Sanson, wiederholen wir dies, hat niemals gesprochen, niemals geschrieben, und nur er allein könnte sie kennen.

Dennoch gibt es eine Erzählung von einer zweifellosen Authentizität und von einer sehr großen Naivität, einer absoluten Aufrichtigkeit. Man schuldet sie einem kirchentreuen Priester, der im Paris des Jahres 1794 untergetaucht war und der, um die Pflichten seines Amtes zu erfüllen, eines Tages den Mut besaß, den Karren zu folgen und bis zum Fuß des Schafotts am *Place du Trône* zu gehen, um einigen unglücklichen Frauen die letzte Absolution zu erteilen. Heimgekehrt, hielt der Abbé Carrichon – das ist der Name dieses Oratorianerpriesters – alle Einzelheiten dieses gräßlichen Spektakels fest, dem er das erste Mal beigewohnt hatte. Sein Manuskript, von ihm dem M. Castelnau, einem Angestellten des Nationalarchivs, hinterlassen, wurde später an Michelet weitergegeben. Die wesentlichen Passagen daraus sind 1865 im Leben der *Anne-Paule-Dominique de Noailles, Marquise de Montagu*[29] publiziert, und Mme Michelet hat, seit dieser Zeit, das Original der *Nouvelle Revue* offeriert. Dennoch müssen wir hier kurz innehalten, denn wir finden hier Einzelheiten über Sanson und die Art, wie er sein Geschäft ausübte, die man anderswo vergeblich sucht.

---

[29] *1 vol. in-18. Donniol et dentu, libraires.*

Der Abbé Carrichon hatte Mme Maréchale de Noailles, der Herzogin von Ayen, und ihrer Tochter, der Gräfin von Noailles, versprochen, ihnen bis zur Guillotine zu folgen, sollten sie zum Tode verurteilt werden. Um von ihnen inmitten der Menge wiedererkannt zu werden, sollte er sich in einen dunkelblauen Frack und eine rote Jacke kleiden. An dieser Stelle lassen wir ihm das Wort:

> Am 22. Juni 1794, einem Dienstag, dem Tag der Hl. Madeleine, war ich zu Hause. Ich wollte gerade ausgehen, als man klopfte. Ich öffne und sehe die Kinder der Noailles und ihren Lehrer. Die Kinder, mit der Fröhlichkeit ihres Alters, welche den Grund der Traurigkeit überdeckt, der durch die Inhaftierung ihrer Eltern genährt wird. Sie waren spazieren und die Landluft genießen. Der Lehrer jedoch war bleich, entstellt, gedankenvoll und traurig. Dieser Kontrast frappiert mich. »Gehen wir in Ihre Kammer«, sagt er, »lassen wir die Kinder in Ihrem Arbeitszimmer«. Wir sondern uns ab. – Die Kinder versenken sich sogleich ins Spiel. Wir gehen in mein Zimmer. Er wirft sich in einen Sessel: »Es ist passiert, mein Freund! Die Damen sind beim Revolutionstribunal. Ich komme, um Sie aufzufordern, Ihr Wort zu halten ... «
>
> Obschon seit langem darauf vorbereitet, gerate ich doch außer Fassung. Nach einem Augenblick finde ich zu mir zurück und sage, nach einigen Fragen, Antworten und anderen traurigen Einzelheiten: »Gehen Sie, ich werde mich umziehen. Was für ein Auftrag! ... «

Der Abbé, allein zurückgeblieben, merkt, wie er schwach wird. Gegen ein Uhr läuft er zum Palais, will hinein – unmöglich. Ein Mann, der aus der Sitzung kommt, verrät ihm, daß das Urteil verkündet worden ist. Er nimmt seinen Gang wieder auf, der ihn in die Vorstadt Saint-Antoine führt,

> mit welchen Gedanken, welch innerer Erregung, mit welch inwendigem Schrecken, verbunden mit gräßlichen Kopfschmerzen! ... Als ich mit einer vertrauten Person zu tun habe, eröffne ich mich ihr. Sie ermutigt mich in Gottes Namen. Um meinen Kopfschmerz zu zerstreuen, bitte ich sie, mir ein wenig Kaffee zu machen, das tut mir gut. Ich gehe sehr langsam zum Palais zurück, sehr gedankenvoll, sehr unentschlossen, mit dem Wunsch, dort nicht anzukommen, jene nicht anzutreffen, die mich dorthin bestellt haben. Ich bin vor fünf Uhr da. Nichts kündigt den Abmarsch an. Traurig steige ich die Stufen der Sainte-Chappelle hinauf, ich laufe in dem großen Saal herum, in der Umgebung. Ich setze mich,

ich stehe wieder auf, spreche mit niemandem. Unter einer ernsten Miene verberge ich einen aufgewühlten, trostlosen Grund. Von Zeit zu Zeit werfe ich einen Blick auf den Hof, ob sich der Aufbuch ankündigt. Ich komme wieder. Mein dauernder innerer Aufruf war: »In zwei Stunden, in anderthalb Stunden sind sie nicht mehr! ...« Endlich, wegen der Bewegung, die sie erzeugen, schließe ich darauf, daß die Opfer das Gefängnis verlassen. Ich gehe hinunter und begebe mich in die Nähe der Gittertür, aus der sie herauskommen, denn seit fünfzehn Tagen ist es nicht mehr möglich, in den Hof zu gelangen.

Die erste Karre füllte sich; sie näherte sich mir. Es waren darauf acht erbauliche Damen, sieben davon mir unbekannt. Die achte, der ich ziemlich nahe war, war die Marschallin de Noailles. Ihre Schwiegertochter und ihre Enkelin nicht zu sehen, war ein schwacher und letzter Hoffnungsschimmer. Aber oh weh, auf dem zweiten Wagen zeigen sich die Mutter und ihre Tochter. Diese in Weiß, der Kleidung, die sie seit dem Tod ihres Schwiegervaters und ihrer Schwiegermutter, des Marschalls und der Marschallin von Móuchy, nicht ausgezogen hat.

Sie scheint vierundzwanzig Jahre oder älter zu sein; ihre Mutter vierzig, im blauweiß gestreiften Morgenrock. Sechs Männer befinden sich in ihrem Gefolge, die beiden ersten, ich weiß nicht wieso, ein bißchen weiter entfernt als gewöhnlich, wie um ihnen mehr Freiheit zu lassen, und mit einem rücksichtsvollen, respektvollen Gebaren, wofür ich ihnen dankbar bin.

Kaum sind sie auf der Karre, da bezeugt die Tochter ihrer Mutter das so wohlbekannte lebendige und zärtliche Interesse. Ich höre in meiner Nähe reden: »Schaut diese Kleine, wie sie sich bewegt!, wie sie spricht! Sie scheint gar nicht traurig zu sein! ...« Die erste Karre bleibt etwa eine Viertelstunde in meiner Nähe stehen. Dann setzt sie sich in Bewegung. Die zweite wird folgen. Ich bereite mich vor. Sie fährt los. Die Damen sehen mich nicht. Ich gehe in das Palais, mache einen großen Umweg und baue mich an der Einfahrt des Pont-au-Change an sichtbarer Stelle auf. Mme Maréchale de Noailles schaut sich nach allen Seiten um. Sie fahren vorüber und sie sehen mich nicht. Ich folge ihnen über die Brücke, durch die Menge von ihnen getrennt, aber doch in ihrer Nähe ... Ich bin versucht es aufzugeben. Ich habe alles getan, was ich konnte. Von überall wird die Menge immer größer. Es gibt kein Durchkommen, ich bin müde. Ich werde mich zurückziehen.

In diesem Augenblick bricht ein Gewitter los, der Regen geht in Sturzbächen nieder und der Wind pfeift. Im Nu ist die Straße wie leergefegt, die Neugierigen suchen in den Hauseingängen Schutz und

lassen den schrecklichen Zug im Stich. Die Reiter und die Infanteristen, die die Verurteilten eskortieren, beschleunigen das Tempo der Karren. Der arme Abbé, ganz durchnäßt vom Schweiß und vom Regen, nähert sich dem Karren, auf dem die Damen von Noailles sitzen. Nach einer neuerlichen Unschlüssigkeit gelingt es ihm schließlich, sich ihnen bemerkbar zu machen; den Kopf bedeckt, um sich gegen den Regen zu schützen, erteilt er ihnen die Absolution. Als man am *Place du Trône* ankommt, hat der Regen aufgehört:

> Die Karren halten, das Schafott zeigt sich, ich schaudere. Die Reiter und die Infanteristen umringen es sogleich. Hinter ihnen ein großer Kreis von Zuschauern. Die meisten lachen und amüsieren sich über dieses trostlose Schauspiel. Ich befinde mich mitten unter ihnen, in einer ganz anderen Lage! ... Ich sehe den Henkersmeister und seine beiden Gehilfen, von denen er sich durch seine Jugend[30], sein Aussehen und das Kostüm eines zu klein geratenen Meisters unterscheidet. Der eine der beiden Gehilfen fällt durch seine Größe auf, seine Körperfülle, die Rose, die er im Mund hat, die Kaltblütigkeit und die Überlegtheit, mit der er agiert, seine aufgekrempelten Ärmel, seine gekräuselten Haare, die er zu einem Pferdeschwanz gebunden hat, schließlich durch eine jener gleichmäßigen und auffallenden Physiognomien, die, wenn auch ohne Erhabenheit, den großen Malern hätte Modell stehen können, welche die Henker in den Märtyrergeschichten gemalt haben. Man muß das sagen: sei es wegen eines Grundes von Menschlichkeit, sei es aus Gewohnheit oder dem Wunsch, die Sache schnell zu erledigen, die Hinrichtung war ganz einzigartig erleichtert durch ihre Schnelligkeit,

---

[30] Der Abt Edgevorth de Firmont erzählt in seinem Bericht über die Exekution von Louis XVI., daß er genau sah, wie der Jüngste der Henker die Guillotine bediente; beim Tode Marie-Antoinettes bemerkt der Schlüsselträger Larivière, der einen Bericht über die letzten Augenblicke der Königin in ihrer Zelle hinterließ, daß es der *damals noch junge* Henry Sanson (sic) war, der dem erhabenen Opfer die Haare abschnitt. Hier also der Abt Carrichon, der uns den Henker noch 1794 als jung präsentiert. Die offiziellen Blätter lassen jedoch keinen Zweifel: zur Zeit der Schreckensherrschaft war Charles-Henri Sanson, geboren 1739, als Amtsinhaber vierundfünfzig Jahre alt und hatte mehr als vierzig Jahre Dienstzeit inne. Es besteht also zwischen den Berichten der Augenzeugen, die aus dem Henker einen jungen Mann machen, und den offiziellen Dokumenten eine erstaunliche Divergenz, die man sich nur auf eine Art erklären kann: Charles-Henri Sanson, den die Guillotine anwiderte, überließ die Ausführung der Hinrichtungen seinem nicht bevollmächtigten Sohn, der weniger empfindlich war. Wenn diese Hypothese stimmt, fügt sie der Geschichte des Schafotts einen merkwürdigen Charakterzug hinzu.

ihre Aufmerksamkeit, alle Verurteilten herabsteigen zu lassen, bevor sie damit anfingen, sie mit dem Rücken zum Schafott aufzustellen, so daß sie nichts sehen konnten.

Ich bin ihnen dafür dankbar, ebenso wie für die Zurückhaltung, die sie an den Tag legten, und den Ernst, ohne irgendeine lächerliche oder verächtliche Miene den Opfern gegenüber.

Während die Gehilfen den Damen von der ersten Karre hinunter helfen, sucht Mme de Noailles mich mit ihren Augen – und sieht mich. Was sagt sie mir mit diesen Blicken, bald zum Himmel hinauf, bald zu Boden gerichtet? Diese Zeichen einer so eindringlichen Frömmigkeit, einer so anrührenden Beredsamkeit ließen meine grausamen Zeitgenossen sagen: »Ach! diese Frau, wie ist sie zufrieden, wie erhebt sie ihre Augen zum Himmel, wie betet sie! Aber wozu wird ihr das dienen?« Und dann, im Widerhall: »Die Schurken von Pfaffenfreunden!«

Nachdem das letzte Lebewohl ausgesprochen ist, steigen sie herab. Ich verlasse den Ort, wo ich bin, ich gehe auf die andere Seite, während man die anderen Verurteilten herunterläßt, und finde mich gegenüber der Treppe, auf die das erste Opfer gelehnt steht, ein Alter mit weißen Haaren, groß, mit dem Aussehen eines Biedermanns; es heißt vom ihm, er sei Generalpächter[31]. Bei ihm eine sehr stattliche Dame, die ich nicht kenne; dann die Marschallin mir gegenüber, im Trauerkleid, auf einem Block Holz oder Stein sitzend, der sich dort befindet, mit weit geöffneten, unbeweglichen Augen[32]. Alle anderen[33] stehen unten am Schafott, in mehreren Reihen angeordnet, auf der Seite, die zum Westen geht, zur Vorstadt Saint-Antoine. Ich suche die Damen, ich entdecke nur die Mutter in dieser Haltung der einfachen Andacht, nobel, resigniert, mit geschlossenen Augen, mehr als unruhig; aber so wie sie war, wenn sie sich dem Abendmahl näherte ... Alle sind von den Karren herabgestiegen. Das Opfer kann beginnen. Die tosende Freude, die schrecklichen Anzüglichkeiten der Zuschauer verdoppeln und steigern die ansonsten sanfte Marter, die nur gräßlich ist durch die drei Schläge, die man einer nach dem anderen vernimmt[34], und den Anblick so viel vergossenen Blutes. Der Henker und seine Gehilfen steigen herauf, ordnen alles an. Der erste zieht sich, über sein Gewand, noch ein anderes, von einem

---

[31] Dies war tatsächlich Jules Sosthènes de Laborde, Ex-Generalpächter.
[32] Die Marschallin de Noailles war fünfundachtzig Jahre alt und fast kindisch.
[33] An diesem Tag (dem 4. Thermidor) betrug die Zahl der Verurteilten vierundvierzig.
[34] Der Anprall auf dem Balken, das Geräusch der zufallenden Klappe und der Fall des Messers.

besonders blutigen Rot.[35] Er stellt sich auf der Linken auf, Richtung Westen, und seine Gehilfen rechts, ostwärts, in Richtung Vincennes. Vor allem der große Gehilfe erregt die allgemeine Bewunderung und gibt Anstoß für die Lobreden der Kannibalen, durch seine fähige und *reflektierte* Erscheinung, wie sie sagen. Als alles fertig ist, steigt der Alte herauf, vom Henker gestützt. Der Meisterhenker nimmt ihn am linken Arm, der große Gehilfe am rechten, der dritte an den Beinen: und in einem Augenblick ist er auf den Bauch niedergelegt, der Kopf abgeschnitten und der bekleidete Körper ist in einen großen Kippkarren geworfen, wo alles im Blut schwimmt; und immer so fort. Was für eine schreckliche Schlächterei! ... Beim dritten Mal steigt die Marschallin hinauf. Man muß das Oberteil ihrer Kleidung abtrennen, um ihren Hals bloßzulegen. Sie scheint zufrieden zu sein, vor ihrer Tochter zu sterben, und die Tochter muß nicht vor ihrer Mutter vergehen! Der Meisterhenker entreißt ihr die Haube. Wie er sie an einer Nadel hält, die zu entfernen er nicht die Aufmerksamkeit besaß, zerrt er sie an ihren Haaren, was ihr einen Schmerz bereitet, der sich auf ihrem Gesicht widerspiegelt. Da die Mutter beseitigt ist, wird sie durch ihre Tochter ersetzt. Welche Empfindung beim Anblick dieser jungen Frau ganz in Weiß! Sie scheint sehr viel jünger als sie in Wahrheit ist ...

Das, was ihrer Mutter widerfahren ist, widerfährt nun auch ihr. Die gleiche Unachtsamkeit für die Nadel, der gleiche Schmerz. Ach! Welch ein Strom hochroten Blutes schießt aus Kopf und Hals hervor! ... aber daß sie jetzt glückselig ist!, rufe ich mir innerlich zu, als man ihren Körper in diesen entsetzlichen Sarg wirft! Ich könnte gehen, aber ich zögere einen Augenblick, wegen der Erscheinung, den Zügen und des Wuchses desjenigen, der nach ihr kommt.

Es war ein fünf Fuß und neun Zoll großer Mann, verhältnismäßig stark, von imposanter Figur. Ich hatte ihn schon zu Füßen des Schafotts bemerkt. Er hatte sich von den andern entfernt, um zu sehen, was passierte. Sein großer Wuchs war seiner Neugierde zu Diensten. Er ist mit Festigkeit hinaufgestiegen, hat die Henker, das Lager und das Todesinstrument mit unerschrockenen Blicken angeschaut, allzu hochmütig vielleicht. Der Mann, den man hinzurichten sich anschickte, war Gossin oder Gossuin[36], der soviel dazu beigetragen hat, Frankreich in

---

[35] Eine Petition der Gehilfen Sansons an den Bürger Fouquier enthält folgende Worte: »Unsere Kleidung ist in kurzer Zeit kaputt, trotz der Vorsichtsmaßnahmen, die wir ergreifen, um die schrecklichen Auswirkungen der Exekutionen wenigstens teilweise zu verhindern.«

[36] Gossin, Pierre-François, ehemaliges Mitglied der konstituierenden Versammlung und Generalbevollmächtigter des Departements Meuse.

Departements zu unterteilen. Nach seinem Tod ging ich fort, außer mir. Dann bemerkte ich, daß mir kalt war! ... Als ich ging, war es beinahe acht Uhr.

In zwanzig Minuten hatte man vierzig oder fünfzig Personen herabsteigen lassen; zwölf davon hatte man schon hingerichtet.

Diese Erzählung scheint mir, um mich eines modischen Begriffs zu bedienen, außerordentlich suggestiv. Man findet hier wohl einige Dinge, die der gute Abbé gar nicht hineinlegen wollte. So fragt man sich oft, wie das Paris am Ende des 18. Jahrhunderts, das sich nur wenig in seinen Gewohnheiten und Sitten von dem Paris heute unterscheidet, während dieser langen Monate das tägliche Schauspiel dieses Blutbads, das die Revolution ihres Heils wegen für nötig befand, ertragen konnte. Wie es möglich war, daß diese große, nervöse und empfindsame Stadt nicht von der ersten Hinrichtung an dagegen aufbegehrte, wie sie es hatte akzeptieren können, daß die Guillotine eine ihrer Funktionen, eins ihrer gewöhnlichen Organe werden konnte! Aber hallo!, der Abbé Carrichon erklärt es uns. Hier ist ein Mann, ein Priester, der das entsetzliche Schauspiel des Schafotts so sehr fürchtet, daß er die Idee, einer Hinrichtung beizuwohnen, nicht bloß mit stetem Schrecken zurückgedrängt hat, sondern der, beladen mit einer heiligen Mission, gut zwanzig Mal drauf und dran ist zurückzuweichen, der wünscht, daß es ihm unmöglich gemacht wird, sie zu erfüllen. Eine erste, mit Verurteilten beladene Karre zeigt sich am Gitter des Justizpalastes und bleibt dort stehen, *eine Viertelstunde lang!* Eine Viertelstunde, die diese Unglücklichen ruhig, unbeweglich, schweigend und still aushalten müssen, ohne einen Gedanken daran zu wenden, die Menge zu erregen, sie anzurufen, das Volk zum Zeugen ihrer Unschuld zu machen. Ihre Haltung erweckt nur diesen Gedanken: »Sie schienen gar nicht traurig ... « Der Zug setzt sich in Bewegung. Das Volk hat so wenig Sinn für die schreckliche Größe des Schauspiels, das man ihm bietet, daß, als es zu regnen beginnt, alle Welt sich davonmacht: vierundvierzig Personen, die zum Tode geführt werden, aber – das ist schon komisch – das ist es nicht wert, daß man sich naß macht! Dank dieser allgemeinen Flucht kann der Priester seine Mission erfüllen. Er erteilt seinen adligen Freunden die letzte Absolution; er ist todmüde, durchnäßt, er könnte jetzt heimkehren, seine Schuld ist beglichen. Nichts dergleichen. Von einer unverständlichen Anziehung weitergetrieben, geht er bis zum Schafott. Er ist voller Kaltblütigkeit und – dies muß man betonen – Neugierde, denn er beschreibt den Henker und all seine Handgriffe. Er bewundert ihre Geschicklichkeit, er weiß ihnen Dank für ihre Humanität, er findet alles perfekt organisiert, die Hinrichtung erscheint ihm süß, kein Detail entgeht ihm, er schaut solange hin, bis das hochrote Blut in einer Fontäne aus Hals und Kopf der jungen Frau hervorschießt, die er begleitet, geschätzt und respektiert hat. Und als dies vorüber ist, glauben Sie, daß er seinen Platz verläßt! Nein, er bleibt, aus Neugierde ... aus Vergnügen, hätten wir beinahe geschrieben.

Und wenn ein Priester unter solchen Umständen einer solch grausigen Faszination erlegen ist, urteilen Sie darüber, wie es für jene gewesen sein mag, die der Schrecken derartiger Spektakel abgestumpft hatte.

Man erzählt, daß in einigen neubesiedelten Gegenden Amerikas, wenn man im Theater ein Drama spielte, in dessen Verlauf eine der Personen gehängt werden mußte, sich der *Impresario* eines verurteilten Galeerensträflings versicherte, der diese Rolle spielen sollte, mit dem Hintergedanken, daß die Lage dieses Verbrechers dem Trugbild einer Hinrichtung eine gewisse Würze verleihe. Nun, die Pariser von 1794 wohnten jeden Tag der Darstellung eines Dramas bei, das wohl auf eine andere Weise packend war. Die Akteure starben *allen Ernstes* und spielten ihre Rolle wundervoll. Sie hatten nichts Menschliches mehr, diese Leute, die so gelassen zum Schafott schritten und die, ohne Schwäche, der Todesmaschine den Rücken kehrend, kaltblütig auf ihren Auftritt warteten, während einer Dreiviertelstunde. Wenn die Opfer gesprochen hätten, wenn ihre Schreie und ihre Tränen die Zuschauer daran erinnert hätten, daß es Wesen waren wie sie, denen man den Hals abschnitt, hätte das Schafott keine Woche überdauert. Während der Fahrt des Karrens, welcher die Mme Dubarry zur Hinrichtung fuhr, die wild zerzaust und schluchzend um Hilfe rief, liefen die Schaulustigen davon, schlossen sich die Türen, erhoben sich Schreckensschreie in der außer Fassung gebrachten Menge ... Aber die anderen! Warum sollten die schlichten Schaulustigen sich von einer Sache rühren lassen, die schon die Opfer so wenig zu erregen schien. Man ging dorthin in der Erwartung irgendwelcher Neuigkeiten, in der Hoffnung, daß einer der Unglücklichen in Ohnmacht fiele und man ein wenig über seine Grimassen lachen könne; und weil es niemals dazu kam, blieb von dem Spektakel nur der sadistische Genuß, das Blut fließen zu sehen, *das überschießende hochrote Blut* hübscher Aristokratinnen.

8. Der Überdruß des Henkers

Sanson selbst fand daran keinen Gefallen. Außer, daß er entsetzlich abgestumpft sein mußte, waren die Nebenkosten dieser zahlreichen Schübe für ihn außerordentlich hoch. Ich glaube nicht, daß man über dieses makabre Thema absurdere Dokumente produzieren kann als jene Beschwerde, die er an den Minister richtete, in der blutigsten Phase der Revolution.

> *Betrachtungen über das Dasein des Scharfrichters von Paris* [37].
> Weder der Scharfrichter von Paris, noch jene der ganzen Republik sind durch das Gesetz zu irgendeiner Lieferung verpflichtet, und das Gesetz ist so klar und hat es so wohl verstanden, sie in nichts zu verpflichten, daß es die Regierung verpflichtet hat, ihre Gehilfen zu bezahlen.
> Der Scharfrichter von Paris, dem man vier Hilfen zugesteht, hat sieben, und das ist unter den gegenwärtigen Zustanden nicht zuviel, in Anbetracht der immensen und unaufhörlichen Arbeit, der er unterworfen ist, er und seine Gehilfen. Tag und Nacht auf den Beinen, bei jedem Wetter, kein einziger Ruhetag, das ist eine Arbeit, die selbst den Kräftigsten zu Boden wirft! Ist es möglich, daß ein Mann von 1000 Francs lebt, und noch dazu jetzt!
> Der Scharfrichter gibt seinen vier ersten Gehilfen 1800 Francs und Logis, was sie von ihm fordern; andernfalls würde er niemanden finden. Wie soll man ihre Arbeit und die Ausgaben berechnen, die sie für ihren Unterhalt fordern müssen; wie soll man herausfinden, ob es nur ein Gewinn-Köder ist, der jemanden veranlaßt, dies zu tun. Die drei Gehilfen in untergeordneter Stellung haben 800 Francs, etwas mehr oder weniger je nach Arbeitsaufkommen, aber dies verhindert nicht, daß man sie wie die anderen beherbergt.
> Der Scharfrichter verfügt über Räumlichkeiten, in denen er die Männer und ihre Utensilien unterbringt, die ihn seinerseits 3000 Francs

---

[37] Archives nationales BB³.

kosten; all dies wird von der so hochgerühmten Summe von 17 000 Livres abgezogen.

Das Gesetz ist verabschiedet, der Scharfrichter verlangt nichts und bringt in seiner Eigenschaft als Scharfrichter keinerlei Beschwerde vor. Dieser Posten, der mit 17 000 Livres dotiert ist, erweist sich, wenn man die Gehilfen und die zahllosen Einzelkosten abzieht, die auf seine Rechnung gehen, als eine wahrhaft unglückselige Stellung. Im übrigen behält der Scharfrichter diesen Posten nicht. Seit dreiundvierzig Jahren übt er seinen Dienst aus. Die Arbeitslast, die er mit sich bringt, läßt die Beendigung dieses Dienstes wünschen[38].

Betrachtungen des Lieferanten der für die Vollstreckung der Kriminalurteile in Paris notwendigen Dinge.
Zwei ständige Wagen zu je 15 Francs pro Tag, ob sie benutzt werden oder nicht, mit Nebenkosten, beläuft sich auf 20 Francs.

Die anderen, außerplanmäßigen Wagen, die derzeit stark genutzt werden, werden mit 15 Francs bezahlt, zuzüglich 5 Francs für jeden Fahrer, andernfalls findet man niemand.

Die Lieferungen der Schilder.[39] Am 8. Floréal brauchten wir morgens beim Revolutionstribunal des Departements 15 davon. Um neun Uhr abends hatte man sie für den folgenden Morgen, acht Uhr früh, bestellt;

---

[38] Nicht nur in Paris ließ das Schafott Henker zurück. Am 9. Prairial im Jahr VIII schrieb Louis-Charles-Martin Sanson an den Minister, weil er um eine Stelle ersuchte. »1768 hatte er schon zehn Jahre Praxis an der Seite seines Vaters in Paris hinter sich, als er zu einem Amt in der Justiz in Tours berufen wurde. Zur Zeit der Revolution vervielfältigten sich seine Aufgaben infolge der Ausdehnung des Departements und vor allem aufgrund der Umstände. Eine lange Krankheit, die Folge der extremen Erschöpfung, versetzte ihn außerstande, seine Tätigkeit fortzusetzen.« Archives nationales: BB³ 209.

[39] Für die zur Schau gestellten Verurteilten, die auf einem speziellen Schafott auf dem *Place de Grève* stattfand. Leider fehlen Details über diese Art Todesstrafe in Paris während der Revolution, aber ein von M.A. Combier in seiner *Geschichte der Strafjustiz in Laon* zitiertes Dokument zeigt uns, wie sich die Dinge in dieser Stadt zutrugen.
Die Zurschaustellungen fanden auf dem *Place de la Liberté* und am Brunnen *Saint-Julien* während des größten Andrangs in der Dekade (sc. der Woche des Kalenders der Revolution) statt. Sie dauerten manchmal bis zu sechs Stunden. Wie viele Unfälle und Torturen in diesen Todesstunden! Die einen verletzten sich beim Fallen, die anderen verhungerten, und wieder andere schließlich, von natürlichen Bedürfnissen getrieben, verletzten den öffentlichen Anstand, da der Henker und die Gendarmen sich gegenseitig die Pflicht sie loszubinden vorhielten. Ab einem bestimmten Moment mußte man darauf achten, daß sie weder Wein noch Schnaps bekamen.

man mußte die Nacht durcharbeiten. Der Mann, der sie mir verschafft hat, hat mich 1500 Francs gekostet, zudem, sehr häufig, außerplanmäßige Pferde zu 15 Francs und zuzüglich die Trinkgelder für die Gehilfen.

Die Körbe, Kleie, Stroh, Nägel, Gurte, etc., die genau im zuvor gegebenen Gedenkschreiben aufgelistet sind, das sich in den Akten befindet, und in denen man eine Anweisung des Minsters Detournelles finden wird, die vom Departement zur Ausführung an den Lieferanten übermittelt worden ist. Diese Anweisung ist jedoch eindeutig, da sie den Lieferanten anweist, dies zu machen und die Bezahlung auf diesem Gebiet auf die gewohnte Art anzeigt.

Die Beerdigungen, die nicht in den Zuständigkeitsbereich des Lieferanten[40] fallen; in dem Bericht sind die Gründe dafür genau beschrieben. Im übrigen, wenn es nichts zu liefern gibt, gibt es keine Rechnung. Der Lieferant kann nicht 30 000 oder 35 000 Francs pro Jahr vorschießen mit den 10 000 Francs, die er für einen anderen Gegenstand abzieht, zu dem er nicht verpflichtet ist und den er nur aus Pflichtbewußtsein übernommen hat und von dem er nichts hat außer dem Übel, es machen zu müssen. Der Lieferant hat mehr als 30 000 Francs für diese Gegenstände vorgestreckt, die er sich seinerseits von anderen Leuten für den Dienst ausgeborgt hat; er verlangt, daß man aufs schärfste Auskünfte einholt und daß, wenn dies geschehen ist, er *primo* ausbezahlt wird und daß daraufhin, wenn man diesen Dienst billiger machen kann, jemand anderer damit beauftragt wird, unter Berücksichtigung der Tatsache, daß er es nicht mehr aushalten kann, daß er nicht anders kann, als alles aufzugeben, wenn er nicht ausbezahlt wird und ihm Gerechtigkeit widerfährt.[41]

Es gab zu dieser Zeit nur einen Mann in Frankreich, der es sich erlauben konnte, in einem solchen Ton mit den Männern zu sprechen, die das Land regierten: dieser Mann war der Henker. Nur für ihn galt die Schreckensherrschaft nicht[42], und mit Grund: er war das Werk-

---

[40] Ist es nötig, darauf hinzuweisen, mit welch penibler Sorgfalt Sanson Umschreibungen sucht, um nicht ein einziges Mal seinen wahren Titel nennen zu müssen?

[41] Das Datum dieser Akte ist Floréal, Jahr II. Archives nationales: BB³ 208.

[42] Es ist seltsam zu sehen, wie in den Schriften der am wenigsten verdächtigen Zeitgenossen das Wort *Schreckensherrschaft*, das man als von den königstreuen Schriftstellern erfunden glaubte, das allgemeine Empfinden derer beschreibt, die man für die Tapfersten hielt. Mercier gibt zu, daß die Furcht vor dem Schafott die einzige Sorge vieler seiner Kollegen im Konvent war. Einmal im Gefängnis, ermahnt er täglich seine Frau, sich nicht zu zeigen: »Man muß sich in Vergessenheit bringen«, schrieb er.

zeug, notwendig und unersetzlich, die stärkste Stütze des Regimes, die Basis des ganzen Systems. Es ist wohl der Achtung wert, daß, während alle Welt schwieg, Sanson frei reden konnte. Man beschuldigte ihn royalistischer Gefühle. In Wahrheit scheint er keine anderen Gefühle als die eines von Arbeit und Kosten niedergedrückten Funktionärs verspürt zu haben. Aber wenn man sich den Brief ins Gedächtnis ruft, den er ziemlich keck an Dulaure adressierte, in bezug auf die Hinrichtung des Königs, wenn man die wenig zweideutige Art und Weise untersucht, mit der er den Behörden seinen Überdruß und seinen Ekel mitteilte, ist es wohl evident, daß er, wenn er nicht der Guillotineur gewesen wäre, seinerseits guillotiniert worden wäre: er hatte viele Leute zu Tode schicken müssen, die den Mund nicht so weit aufgemacht hatten.

Obendrein kann man sehen, mit welchem Diensteifer die Behörden seine Beschwerde entgegennahm:

Der Artikel 3 des Dekrets vom 13. Juni 1793 [schrieben sie an das Komitee] setzt die Bezahlung des Vollstrecker der Kriminalurteile des Departement von Paris auf 10 000 Francs fest.
Der Artikel 5 desselben Dekrets besagt, daß alle Nebeneinkünfte und irgendwelche Privilegien allgemein, an deren Besitz die Vollstrecker der Kriminalurteile sich erfreuen, abgeschafft sind.

In den *Unveröffentlichten Fragmenten der Erinnerungen Dulaures*, welche die *Revue rétrospective* 1840 veröffentlichte, sind die Tatsachen noch eindrucksvoller. Das entsetzte Konventsmitglied zeigt uns eine zitternde und schweigende Nationalversammlung, die aus Angst zu einem Beifallswerkzeug wurde; er zeichnet uns seine Kollegen, wie sie sich in Paris zu verstecken suchen, sich falsche Pässe machen lassen und Verkleidungen erfinden; er erzählt seine eigene Flucht durch Frankreich und über die Grenze, die zu überschreiten ihm nach unglaublichen Erregungen und Abenteuern schließlich gelang. Jeden Augenblick ist man versucht, an den Rand seines Berichtes zu schreiben: *patere legem quam ipse fecisti*. Es ist wahr zu sagen, daß viele dieser Tapferen, die die Kunst, im richtigen Moment zu verschwinden, so gut beherrschten, sich nicht fürchteten, wieder aufzutauchen, als es darum ging, sich von Napoléon pensionieren zu lassen und sich Fürst oder Baron des Kaiserreichs zu nennen, und ihre Angst dem Orkan gegenüber, den sie selbst ausgelöst hatten, läßt an ein von M. Bertin kürzlich geäußertes Wort denken: »Wir sind dabei, die Helden dieser Epoche mit Ehrungen und sogar mit Denkmälern zu überhäufen: aber ich habe große Furcht, daß wir uns in den großen Männern getäuscht und sie nicht auf der richtigen Seite gesucht haben.«

Der Artikel 1 des Dekrets vom 3. Frimaire, will, daß der Scharfrichter, unabhängig von seinem Gehalt, 1000 Francs als Zuschuß erhält, und das viermal, und daß er obendrein, solange die Regierung Frankreichs eine revolutionäre sein wird, eine jährliche Summe von 3000 Francs erhalten wird.

All diesen Bestimmungen zufolge beläuft sich das Gehalt des Scharfrichters auf 17 000 Francs.

Dieser scheint nicht eine Erhöhung dieses Gehalts zu fordern, aber er bemerkt, daß er seit vier Jahren damit beschwert ist, die Kosten und unausweichlichen Ausgaben für die Hinrichtungen zu tragen, und daß alle diese Dinge ihm bezahlt worden sind auf den gelieferten Denkschriften und zurück vergütet wurden, und er reklamiert die Fortführung dieser Rückerstattungen oder dieser Zahlungen der Lieferungen, die er auf folgende Weise erläutert:

– einen Wagen, um die zum Tode Verurteilten zum Ort der Hinrichtung zu fahren, und das Gehalt des Fahrers, 20 Francs.
– der Transport des Korbes, der dazu dient, die Körper der Hingerichteten aufzufangen, Lieferung der Kleie und anderer für die Hinrichtung nötigen Dinge, 10 Francs.
– einen Wagen, um die Körper der Hingerichteten zur Begräbnisstätte zu fahren, 20 Francs.
– für jede Ausstellung am Pfahl, Kosten des Wagens, um die Verurteilten zum Ort der Hinrichtung zu fahren, 20 Francs.
– Abschrift des Urteils auf einem Schild, das unter dem Kopf des Verurteilten angebracht ist, und für die Ausgaben der Pappe, 10 Francs.
– Lieferung der Seile, Gurte, Nägel und anderer für die Hinrichtung notwendigen Dinge, 10 Francs.

Der Artikel 2 des Dekrets vom 3. Frimaire besagt: Der Transport der Guillotine wird auf Kosten der öffentlichen Hand durchgeführt, die Tilgung dieser Ausgaben geschieht durch den Präsidenten des Kriminaltribunals des Departements und wird durch den Vorsteher der Einschreibungsgebühren ausgezahlt.

Dieses Gesetz gewährt als rückzuerstattende Kosten nur solche, die durch den Transport der Guillotine entstehen und in der Folge solche, die dem Zimmermann bezahlt werden, der beauftragt ist, die Guillotine für die Hinrichtungen aufzustellen.[43] Die weiteren Artikel, die der Scharf-

---

[43] Es handelt sich hier wahrscheinlich um das Schafott vom Grèveplatz, das zur Enthauptung der politischen Verurteilten bestimmte Instrument, das auf Dauer auf dem *Place de la Révolution* oder an der *Barrière du Trône* aufgestellt war und somit keine Umzugskosten verursachte.

richter als Ausgaben in der von ihm präsentierten Denkschrift auflistet und deren Zahlung er beansprucht, scheinen auf seine Kosten zu gehen und werden aus dem Gehalt beglichen, das der König ihm bewilligt hat. Dieses Gehalt ist beträchtlich, und für alle weiteren Ausgaben hinreichend, so daß man getrost eine erneute Forderung seitens des Scharfrichters zurückweisen darf. Was die Kleidung oder die Bälger der Verurteilten betrifft, läßt sie der Scharfrichter pünktlich zum großen *Hospiz der Humanität*[44] bringen, gemäß einem Erlaß des Gemeinderates vom 28. Pluviôse. Das ist, was die Beamten der Gemeinde der öffentlichen Einrichtungen bescheinigen.

9. Die Garderobe der Hingerichteten

Diese Frage nach der Garderobe der Verurteilten stellte sich nicht, ohne den Gehilfen Sansons Anlaß zu einer Beschwerde zu geben. Seit unvordenklichen Zeiten ermächtigte eine Tradition den Henker dazu, sich der Kleider der Hingerichteten zu bemächtigen. Man zitiert die Geschichte eines Verurteilten, der im Jahr 1793 beim Anblick des Haufens, den die abgelegten Kleidungsstücke der Opfer, die man zu opfern sich anschickte, auf dem Schafott hinterließen, sich an den Scharfrichter wandte, just in dem Moment, wo dieser ihn auf den Balken legte, und ihm in einem spaßigen Ton sagte: »Mein Kompliment, mein Herr! Sie sind gewiß der Mann in Frankreich, der die vollkommenste Garderobe besitzt!« Chaumette reformierte all dies, und es wurde bestimmt, daß die Kleider der Opfer an die Verwaltung der Hospitäler geschickt würden, um an die Armen oder bedürftigen Gefängnisinsassen verteilt zu werden[45].

---

[44] Das Bürgermeisterhaus.
[45] Die Blusen und Kleider der Königin wurden aufgrund dieses Erlasses an die Salpêtrière geschickt, wo sie lange von der Person aufbewahrt wurden, die sie dort entgegennahm. Die Recherchen, die M. Reiset unternahm, um sie wiederzufinden, waren erfolglos. Als Marie-Antoinette die Stufen zum Schafott hinaufstieg, verlor sie einen ihrer Schuhe. Das war ein jämmerlicher schwarzer Seidenschuh, von Löchern durchbrochen. Ein Soldat hatte diesen Schuh von der Erde aufgehoben, wo er dem Fuß der Königin entglitt, und hatte ihn nach der Hinrichtung zur Conciergerie gebracht. Diese Reliquie wurde noch am selben Tag zu einem Louidor von ihm verkauft. Sie war 1865 im *Musée des souverains* zu sehen. Der *Monde illustré* hat zu dieser Zeit eine Zeichnung davon abgebildet.

So blieben den Gehilfen des Scharfrichters nur die Accessoires, das heißt: die Blusen, Kopfbedeckungen, Schuhe, Strümpfe, Tücher, Gürtel, etc., und sie begnügten sich mit diesen geringen Nebeneinkünften, als ein neuer Erlaß ihnen untersagte, sich von nun an irgendeinen Gegenstand zuzuteilen, der den Verurteilten gehörte. Aus diesem Grund übersandten sie an Fouquier-Tinville die nachfolgende, höchst sonderbare Bittschrift:

An den Bürger Fouquier, Staatsanwalt beim Revolutionstribunal
Seit der Revolution haben die Gehilfen Sansons, des Vollstreckers der Kriminalurteile Eures Tribunals, die Kleidung der Hingerichteten stets für sich beansprucht. Dieser an sich geringfügige Gegenstand kann unseren Bezügen nur ein kleines Plus hinzufügen, welches in diesen Zeiten nicht überflüssig ist für die Art von Arbeit, die wir machen. Unsere Kleider finden sich häufig zerstört, ungeachtet der Vorsichtsmaßnahmen, die wir unternehmen, um zumindest teilweise den schrecklichen Effekt zu verhindern, der sich bei solchen Hinrichtungen einstellt. Da wir nur über ein Gehalt von tausend Livres verfügen, das uns auf Kosten unseres Cousins[46] Sanson, bei dem wir Gehilfen sind, noch um die Hälfte erhöht worden ist, ist es uns unmöglich, die Ausgaben zu tragen, welche diese schwierige, mühselige, schmutzige Arbeit verursacht, die tagtäglich wiederholt werden muß. Kurz, Bürger, Chaumet, der vormalige Nationalagent der Kommune, hatte auf seinen Antrag einen Beschluß gefaßt, daß, wenn wir die Kleidung der Gerichteten preisgeben würden, er uns die Accessoires lassen würde. Ein neuer Erlaß ist uns gestern abend, am 6. des laufenden Monats, zugekommen, welcher uns auferlegt, in Zukunft nichts an uns zu nehmen. Da dieser Erlaß nicht Gesetz ist und uns bestellt zu sein scheint, bitten wir Sie, Bürger, uns wohl die Unterwäsche, Taschentücher, Stiefel und Schuhe etc. abzugeben. Unser Dienst fordert viele Ausgaben. Diese Abschaffung macht es uns unmöglich, ihm nachzukommen.
Gezeichnet:
DEMORETS, der Ältere
DEMORETS, der Jüngere

---

[46] M. VATEL, der dieses Stück in seinem schönen Buch *Charlotte Corday und die Girondins* zitiert, wundert sich, daß die Unterzeichner ihren Chef als *Cousin* bezeichneten. Es handelt sich dabei nicht, wie man glauben könnte, um einen Ehrentitel, den sie ihm da verliehen, sie versuchen nicht die Herrscher nachzuahmen, die sich untereinander *mein Cousin* nennen. Die Demoret, die ebenso wie die Férey aus Rouen stammten, waren in der Tat Verwandte der Sanson aus Paris.

FRANÇOIS der Große⁴⁷
LE VASSEUR⁴⁸
hat erklärt, nicht unterschreiben zu können

Diese Unglücklichen glaubten sich um so mehr im Recht, Einspruch zu erheben, als sie genau wußten, daß in der Provinz die Überreste der Hingerichteten ins Eigentum des Scharfrichters übergingen. Monsieur de Baumefort erzählt in der *Histoire du tribunal révolutionnaire d'Orange,* daß in dieser Stadt, am Tage der Hinrichtung der Bewohner von Venasque, ein zu spät gekommener Bürger dieser Gemeinde sich dem Henker nähert, zu dem er in näherer Beziehung steht⁴⁹, und ihn im allerselbstverständlichsten Ton fragt: »Sind die aus Venasque fertig?«

Statt einer Antwort weist der Scharfrichter auf den Kleiderhaufen der Hingerichteten, den er abgebalgt hat. Nachdem er um Erlaubnis gebeten hat, wählt der Mann eine Jacke und eine Weste nach seinem Geschmack, dann, als er eine Hose von greller Farbe bemerkt, die zu dieser Zeit ziemlich in Mode war und die Monsieur Veyer gehört hatte, bemächtigt er sich ihrer sogleich und vollzieht, indem er sich seiner alten Kleidungsstücke entledigt, auf der Stelle einen kompletten Wechsel seiner Toilette⁵⁰.

Ungeachtet der eigennützigen Beschwerden der Gehilfen Sansons blieb es in Paris nicht beim Alten. Die Kleidung der Verurteilten ging ganz und gar in den Besitz der Republik über. Monsieur Dauban zitiert einen Bericht des Kommissars der Sektion der *Quinze-Vingts*

---

47 Jener, der den Kopf der Charlotte Corday ohrfeigte.
48 Ohne Zweifel ein Abkömmling der Le Vasseur genannt Larivière, den Charles Sanson genannt Longval im Jahr 1688 ersetzte.
49 In Orange hieß der Scharfrichter Antoine Paquet; er war nicht aus dem Süden.
50 Die Kleidung der Todeskandidaten hat heute eine andere Bestimmung, und das Haus in der *Rue de la Folie-Régnault*, in dem die Tischlerarbeiten für die Justiz ausgeführt wurden, enthält bizarre Reliquien. Man kann dort die Mütze und die graue Jacke sehen, die Moreux trug, als er zum Schafott ging, den Gehrock von Lemaire; die schwarze Weste Vergers, des Mörders des Erzbischofs von Paris; den Überzieher aus schwarzem Orléans von Lapommeraye; die dicke Jacke aus braunem Wollstoff von Avinian, dem Metzger; den Gehrock Troppmanns, usw. Was macht man mit diesen Sachen? In Stücke geschnitten dienen sie zur Reinigung des Schafotts. Das Haus in der *Rue de la Folie-Régnault* ist im Besitz des verstorbenen Heindereich. Die Mieteinnahmen sind den Erben überwiesen worden. (*Petit Journal* vom 20. Juni 1872)

[des Pariser Blindenhospitals], der es, in Anbetracht der Zahlen der Opfer, erlaubt, auf die Wichtigkeit dieser Leichen-Einkünfte zu schließen.

> Auf dem Friedhof [der Hingerichteten in Picpus] ist es ein Ding der Unmöglichkeit, ein Protokoll aufzunehmen, vor allem des Nachts, wegen des Gestanks, des Regens oder wenn der Wind bläst, daß man nicht das Licht halten kann. Da es auf diesem Friedhof eine Grotte gibt, bedeckt und teilweise geschlossen, geht es nurmehr darum, zwei kleine Gestelle dorthin zu schaffen, sie vorn zu bedecken und die Öffnung der besagten Grotte zu schließen. Dann könnte man, geschützt vor den äußeren Unbilden, eine Inventur der Sachen der Hingerichteten aufstellen; man könnte dort, auf einem Brett, alles registrieren lassen, man hätte Feder, Tinte und Licht zur Hand. Die gesamten Kosten dieser Abschließung betrügen 50 Livres, ein einziger vergessener Gehrock jedoch bedeutet oftmals ein Verlust von 100 Livres für die Nation, und wenn es in Strömen regnet oder der Wind bläst, könnte man vielem entgehen[51].

Die grausigen Szenen, an die dieser ruhige und kalte Bericht erinnert, überbieten vielleicht noch den Schrecken der öffentlichen Abschlachtung. Da waren Staatsbedienstete am Rande klaffender Gräber, die zu drei Vierteln von den vorausgegangenen Schüben angefüllt waren, und entkleideten die kopflosen Leichname, die nackt und in Trauben zu denen des Vortages geworfen wurden ... Während dieses Geschehens brannten helle Feuer aus Reisigbündeln, in die man »Thymian, Salbei und Wacholder« hineinwarf. Die Kleidungsstücke, die Gehröcke, Jakken, Damenkleider, Schuhe, Mützen und Blusen wurden auf verschiedene Haufen verteilt, die ein Schreiber inventarisierte; dann schickte man all diese vom Blut versteiften Festtagskleider zum Fluß und von dort zu den Hospizen. Und während all der Monate fanden sich Männer bereit, diese Arbeit zu machen.

Vielleicht verschafften sich die Knechte des Henkers, denen man den *kleinen Gewinn* aus der Bekleidung derer genommen hatten, die sie zum Tode beförderten, eine leichte Kompensation durch den Verkauf der Haare, die sie in der *Conciergerie* bei der *Toilette* der Verurteilten abschnitten. Ich habe kein Dokument zu diesem Gegenstand

---

[51] 21. Messidor des Jahres II.

gefunden, und vielleicht gibt es ein solches auch nicht – jedoch ist es sicher, daß jemand aus dem Verkauf dieser Haare einen Profit zog. Am 26. Floréal des Jahres II sagte Paysan bei einer der Gemeindesitzungen:

> Es gibt eine neue Sekte, die sich in Paris formiert: eifrig und um jeden Preis darauf bedacht, sich mit den Konterrevolutionären wieder zu vereinigen. Von einem heiligen Respekt und einer zärtlichen Devotion der Guillotine gegenüber beseelt, schwören die Initiierten denselben Eid, haben die gleichen Gefühle und heute die gleichen Haare. Zahnlose Frauen beeilen sich, die der guillotinierten Blonden zu kaufen und auf ihren Kopf eine solch kostbare Haarpracht zu bringen. Dies ist ein neuer Handelszweig und eine ganz neue Art der Andacht. Lassen wir uns nicht von diesen süßen Genüssen stören. Tolerieren, ja achten wir gar die blonden Perücken. So sind unsere Aristokraten zumindest zu irgend etwas nützlich: ihre Haare bedecken die kahlen Köpfe irgendwelcher Frauen. [...]

Und da haben wir den Ursprung jener *blonden Perücken,* die eine berühmte Operette damals so schön in Musik gesetzt hat. Figaro hat das wohl vorausgesagt: »Alles endet bei den Liedern!«.

10. Das Ende von Sanson

Hier gehen die spärlichen Tatsachen zu Ende, die wir um die tragische Figur Sansons haben anordnen können. Man hat gesehen, daß er, als die Schreckenszeit vorüber war, im Fructidor des Jahres III um seinen Rücktritt ersuchte. Einige Jahre später finden wir ein letztes ihn betreffendes Dokument. Es ist ein Brief, datiert auf den 4. Pluviôse des Jahres X und an den Liquidator (Masseverwalter) der öffentlichen Schulden im Justizministerium gerichtet.

> Bürger Minister,
> Der Bürger Sanson, ehemaliger Vollstrecker der Kriminalurteile, bevor er seinen Ruhestand im Jahr IV erreicht hat, beansprucht für seine Dienste eine Pension. Aus den Akten, die seiner Beschwerde beigefügt sind, ergibt sich, daß er den Titel eines Scharfrichters erst am 1. Februar 1778 empfangen hat. Er hat folglich nicht dreißig Jahre Dienst hinter sich. Allerdings behauptet er, an einem Körpergebrechen erkrankt zu sein.

Es ist uns unmöglich gewesen, in den offiziellen Akten eine Spur seines Todes zu finden. Wir wissen lediglich, daß seine Frau Marie-Anne Jugier am 24. Oktober 1817 starb, im Alter von vierundachtzig Jahren.

Ihr Sohn, Henri Sanson, war seinem Vater am 18. Fructidor des Jahres III, dem Datum, zu welchem er offiziell ernannt worden war, nachgefolgt. Jedoch hat man gesehen, daß er möglicherweise dieses Amt schon lange ausgeübt hat. Am 24. Dezember 1767 geboren, war er 1793 sechsundzwanzig Jahre alt; und so ist – das ist kaum zu bezweifeln – er der *junge* Scharfrichter, von dem der Abbé Edgeworth de Firmont spricht, der *junge Mann* von gigantischem Wuchs, den der Gefängnisschließer Larivière in seiner Erzählung in Szene setzt, der Lehrmeister, der sich von den Knechten durch seine *Jugend* unterscheidet, wie ihn der Abbé Carrichon zeichnet. Diese drei Aussagen, die von so unterschiedlichen Zeugen stammen, geben Grund zur Annahme, daß es Henri Sanson war, der während der ganzen Dauer der Revolution das Amt des Guillotineurs faktisch ausübte. Sein Vater, obschon ordentlicher Scharfrichter, behielt sich ohne Zweifel die einfachen Ausführungen vor. Vielleicht hielt er sich sogar ganz abseits, solange die Schreckensherrschaft andauerte. Dies würde erklären, daß man ihn für tot halten konnte, so wie es alle Historiker wiederholt haben.

Wie dem auch sei, Henri Sanson, erst 1795 zum Scharfrichter ernannt, erscheint nicht offiziell in der Geschichte der Revolution. Die Dokumente sind stumm, was ihn anbelangt. Wir wissen lediglich, daß er am 18. August 1840 starb und einen Sohn von einundvierzig Jahren hinterließ, Clément-Henri Sanson, der ihm am 1. Dezember desselben Jahres im Amt nachfolgte. Dieser war der letzte Scharfrichter der Familie, und es ist aus diesem Grund nicht ohne Interesse, hier die wenigen Auskünfte zusammenzustellen, die uns seine Zeitgenossen zu diesem Abkömmling jenes tragischen Geschlechts hinterlassen haben. Er war eine Art Gentleman, anständig gebildet, wie man sagte, ein guter Kenner der Malerei und der Musik, überaus korrekt im Benehmen und in seiner Erscheinung. Er bewohnte ein kleines Haus von bescheidenem Aussehen, aber sehr komfortabel, in der *Rue des Marais-Saint-Martin*, gegenüber der *Rue Albouy;* und er zeigte den Neugierigen gegenüber soviel Entgegenkommen, daß er ihnen die

Güte erwies, eine mehr oder weniger authentische Sammlung von Folterinstrumenten, die man vor der Revolution benutze, im Innern des Hauses zu besichtigen. Was ist aus diesem finsteren Museum geworden?

Seine Gehilfen wohnten bei ihm und dienten ihm als Dienstboten. Auch von den alten Henkern aus der Provinz, die sich nach Paris zurückgezogen hatten, wurde sein Haus zum Domizil gemacht, mit dem Ziel, durch seine Vermittlung in den Genuß der Pensionen oder Beihilfen zu bekommen, die ihnen vom Justizministerium eingeräumt worden waren; zudem fiel es ihnen hier sehr viel leichter, ihre Vorfahren zu verbergen, als in der Gegend, wo man sie hatte arbeiten sehen.

Man behauptet, daß es Monsieur Edouard Plouvier war, der Sanson in dem kleinen Haus in der *Rue des Marais* nachfolgte. Plouvier war ein unbeugsamer Geist und fürchte sich nicht vor Gespenstern.

Der letzte Sanson schien nichts von der dunklen Misanthropie seiner Vorfahren geerbt zu haben. So wie jene sich abseits der Menschen hielten und die Isolation und die Stille suchten, so schien er nur Sorge zu tragen, den größten Profit aus seiner außergewöhnlichen Situation zu ziehen. Bereitwillig empfing er Journalisten, die auf der Suche nach Tagesberichten, und Engländer, die auf der Suche nach gewalttätigen Gefühlsäußerungen waren. Den einen wie den anderen erwies er die Ehre seiner *Ahnengalerie* und führte auf seinem Hof das Hinrichtungsinstrument vor. Ein Bündel Stroh spielte die Rolle des Todeskandidaten. Wenn seine Besucher vornehm waren – und gut bezahlten –, guillotinierte man vor ihren Augen einen lebenden Hammel[52].

Ein Journalist[53] dieser Zeit hat aus eigener Anschauung verschiedene Besuche beschrieben, die ein interessantes Bild von Sanson abgeben, das es lohnt, aufbewahrt zu werden.

> Vor der Nummer 31a der *Rue des Marais* angekommen, sah ich ein kleines Haus, von einem Eisengitter beschützt, dessen hölzerne Zwischenräume es dem Auge nicht gestatten, ins Innere zu sehen. Dieses Gitter war nicht zu öffnen. Ins Heiligtum trat man durch eine kleine Tür, die

---

[52] Zum Thema dieser befremdlichen Zurschaustellungen siehe *Dix ans à la cour de Louis-Philippe*.
[53] M. James Rousseau, Redakteur der *Gazette des Tribunaux*.

dort angrenzte und auf deren Rechten sich eine Klingel befand. In der Mitte dieser Tür war eine Öffnung aus Eisen, die ganz und gar einem Briefkasten ähnelte. Hier deponierte man die Briefe, die der Generalstaatsanwalt an den Scharfrichter schickte, um ihn zu benachrichtigen, daß man auf die Unterstützung seines Arms zurückkommen wolle. [...]

Ich drückte leicht den Klingelknopf. Die Tür öffnete sich und ein Mann in den Dreißigern, groß und kräftig, fragte mich sehr höflich, was ich wolle. »Monsieur Henri Sanson«, sagte ich mit einer wenig selbstsicheren Stimme. »Treten Sie ein, mein Herr«, sagte mein Führer.

Das war einer der Gehilfen des Scharfrichters. [...]

Man führte mich in ein kleines niedriges Zimmer, wo ich einen Mann sah, der damit beschäftigt war, einem Piano allerlei Töne zu entlocken, die nicht unmelodisch waren, und der kaum sechzig Jahre alt zu sein schien, obwohl er siebzig war[54], von einer Gestalt voller Offenherzigkeit, Sanftheit und Ruhe. Sein hoher Wuchs, sein schöner, kahler Kopf und die gleichmäßigen Züge seines Gesichts gaben ihm den Anschein eines Patriarchen.

Das war er!

Im gleichen Zimmer war sein Sohn[55] – der heute Titelinhaber des Amtes ist –, ein Mann von ungefähr achtunddreißig Jahren, von einer schüchternen und sanften Erscheinung. Bei ihm hielt sich ein junges Mädchen von fünfzehn oder sechzehn Jahren, mit der lebendigsten und vornehmsten Physiognomie.

Das war die seine![56] [...]

Monsieur Sanson empfing mich als weltläufiger Mann, ohne Verlegenheit und Geziertheit, und informierte sich über den Grund meines Besuches.

Mein Märchen war parat. Ich sagte ihm, daß ich an einem Werk über die Hinrichtungen zu den verschiedenen Zeiten unserer Gesetzgebung arbeite und auf sein Entgegenkommen setze, um ihn um einige Auskünfte zu bitten. [...]

Monsieur Sanson verhehlte nicht den Schrecken der Position, in welche das Schicksal ihn gestellt hatte. Freilich erlitt er sie nicht als ein Mann, der ihre Konsequenzen verachtet hätte, sondern als Weiser, der fühlte, was er wert war, der verstand, daß wir uns mit einem starken

---

[54] Das war Henry Sanson, jener, den der Abbé Carrichon hatte *arbeiten* sehen, jener, der zweifellos die Königin exekutiert hatte. Er war 1767 geboren und starb 1840, im Alter von dreiundsiebzig Jahren.

[55] Clément-Henry Sanson, geboren 1799. Abberufen 1847.

[56] Die Tochter von Clément-Henry Sanson.

Willen stets über den Stand, den die Geburt uns bereitet hat, erheben können, und daß es die Empfindungen des Herzens und die Stimme der Vernunft sind, die uns den Platz in der Welt zuweisen, ungeachtet der Richtung, die unseren Bewegungen anfänglich eingedrückt war.

Dieses Bewußtsein, das ihm in seinen eigenen Augen wieder Selbstvertrauen gab, ließ ihn jedoch niemals die Distanz vergessen, welche die Gesellschaft zwischen ihm und ihr errichtet hatte. Wenn man dies für einen Augenblick aus dem Auge verlor, beeilte sich Monsieur Sanson selbst, einen darauf hinzuweisen.

Mir wurde davon ein Beweis zuteil. So hatte er in meiner Gegenwart oft seine Tabaksdose geöffnet, ohne mir etwas davon anzubieten. Dieser Verstoß gegen die bei den Schnupfern übliche Sitte, gegen die Höflichkeit, die keine mehr ist, wenn sie zur Gewohnheit wird, hatte mich überrascht, ohne daß ich es mir hätte erklären können. Ganz plötzlich, ohne irgendeinen Zweck, mechanisch, in der Mitte eines Gespräches, welches die Seele von meinen Gedanken abzog, bot ich ihm von meinem Tabak an. Er hob die Hand zum Zeichen der Abwehr, mit einem Gesichtsausdruck, der wiederzugeben unmöglich ist und mich frösteln machte. Der Unglückliche! ... eine Erinnerung von gestern stieg in ihm hoch, die Finger in Blut zu tauchen! ... Weniger aus Neugierde, als um Monsieur Sanson den Zweck meines Besuches ins Gedächtnis zu rufen, hatte ich ihn gebeten, mir das Zimmer zu zeigen, in dem er die Instrumente verschloß, die man einst zu den verschiedensten Martern benutzt hatte.

Der Anblick dieses *Museums* ließ mich vor Schreck erstarren, weniger durch das, was ich sah, als durch das, an was es mich erinnerte.

Eine einzige Sache in diesem blutigen Konservatorium ist es wert, daß man von ihr spricht: das ist der Säbel, mit dem der Marquis de Lally enthauptet wurde. Man hatte ihn eigens dafür angefertigt, und es wurden drei davon gegossen, bevor man einen passenden fand.

Zu dieser Zeit hatten die jungen Herren, wenn eine bemerkenswerte Hinrichtung stattfand, das Privileg, auf die Plattform des Schafotts zu steigen[57], so wie man des abends die *Comédie-Française* besucht, um sich auf den Bänken auszubreiten, die dort stehen. An dem Tag, an dem der Marquis de Lally sein Urteil erleiden mußte, war die Menge größer als

---

57 Dies erscheint absolut unwahrscheinlich, und wir haben keine Spur dieses Brauchs in irgendeiner Erzählung dieser Zeit gefunden. Im übrigen kann man selbst, siehe S. 129, die offizielle Erklärung dessen lesen, was bei der Hinrichtung von Lally-Tollendal passiert ist.

gewöhnlich. Einer der Diensteifrigsten bei diesem schrecklichen Fest quetschte den Arm des Scharfrichters just in dem Moment, wo die tödliche Waffe über dem Kopf des Todeskandidaten schwang; der Stoß lenkte die Waffe ab, die, anstatt den Nacken zu treffen, aufs Kleinhirn traf und bei den Kinnbacken des Opfers steckenblieb, ohne den Kopf gänzlich abzutrennen. Die Klinge des Säbels wurde durch den Kontakt eines Zahnes, auf den sie traf, schartig, und einer der Gehilfen des Scharfrichters wurde verpflichtet, mit Hilfe eines kurzen Säbels das Opfer zu beenden! [...]

Eine letzte Beobachtung, die das Gemälde dieses Mannes vollenden wird.

Als ich ihn nach einem langen Besuch verließ, der mein Vorurteil über ihn hatte nahezu vergessen lassen, streckte ich ihm, gedrängt von diesem natürlichen und unbedachten Elan, der uns allen Mißgeschikken entgegen trägt, die Hand entgegen. Er trat einen Schritt zurück und schaute mich mit einem erstaunten, fast konfusen Gesichtsausdruck an. [...]

Seit dem Tod des Monsieur Sanson hat das kleine Haus in der *Rue des Marais* seinen fremden, ja fast düsteren Eindruck verloren. Das schwarze, oxydierte Eisengitter hat einer dieser eleganten Türen Platz gemacht, wie man sie in den kleinen Häusern der neuen Viertel sieht. Die kleine Türe ist verschwunden, und die eiserne Öffnung ist nicht mehr. Im Hof, der ziemlich groß ist, hat man eine Art gläserne Trommel errichtet, deren Inneres ein elegantes Vestibül bildet. Links, unter dem Vestibül, findet sich die Küche, das Büro und alle Dienstzimmer, rechts das Speisezimmer und ein kleiner Salon, wo *der Herr von Paris* seine Besucher empfängt. Im ersten Stock sind die Wohnräume, wo man nicht hinein kann und wo sich Mme Sanson aufhält, die ich bei meinen verschiedenen Besuchen, sei es beim Vater, sei es beim Sohn, niemals zu Gesicht bekommen habe. Das, was ich von der Wohnung des Monsieur Sanson gesehen, ist mit solch strenger Einfachheit möbliert, wie es einem solchen Ort gut ansteht. [...]

Der gegenwärtige Scharfrichter[58] unterscheidet sich ganz beträchtlich von seinem Vater. Er zeigt, wenn er von seinem Beruf spricht, nicht diese Verlegenheit und diese Scham, dieses Unwohlsein, das man bei seinem Vorgänger bemerkte. Sehr wohl von der Nützlichkeit seines Amtes und der Dienste, die er der Gesellschaft erweist, überzeugt, betrachtet er sich nicht anders denn als einen Amtsdiener, der ein Urteil ausführt, und er spricht von seinen Funktionen mit einer bemerkenswerten Gelassenheit. [...]

---

[58] Dieser Artikel wurde 1844 geschrieben.

Das Ende von Sanson

Ich fragte Monsieur Sanson, was aus seiner Tochter geworden sei, dieser charmanten jungen Person, von der ich zu Anfang dieses Kapitels gesprochen habe. »Sie ist verheiratet«, sagte er mir, »sie hat einen Arzt aus Paris geheiratet.«

Ich weiß nicht, ob mein Aussehen irgendeine Überraschung verriet, aber M. Sanson beeilte sich hinzuzufügen: »Ach, mein Gott, wir sehen die Dinge ein bißchen zu weit von oben herab. Um einen menschlichen Körper zu retten, ist ein Chirurg oft genötigt, ein krankes Glied zu opfern! Wenn nun der soziale Körper an einem seiner Glieder brandig ist, ist es nicht ebenso angemessen, dieses Opfer zu begehen? ... « – »Erlauben Sie mir«, sagte ich mit einem gewissen Zögern, »Sie darauf hinzuweisen, daß es zwischen diesen beiden Opfern einen großen Unterschied gibt.« – »Ja, Monsieur, in der Größe des Messers.«

Und indem er mich mit gewichtiger Höflichkeit grüßte, verschwand M. Sanson in seinem Atelier. [...]

Henri Sanson endete übel: diese Person war von einer nicht bloß zweifelhaften, sondern beklagenswerten Moralität. Zudem hatte er, obwohl sein Erbe ziemlich beträchtlich war, 1847 schon alles vergeudet. Er war am Ende seiner Mittel und auf seinen letzten Notgroschen angewiesen. Eines schönen Tages schickte man ihn nach Clichy ... das war der Verlust seines Postens. Sanson hatte gut protestieren, daß er das Instrument des Justiz sei und daß die Gesellschaft nicht auf ihn verzichten könne, seine Gläubiger blieben hart und waren bereit, ihn nur unter der Bedingung in die Freiheit zu lassen, ein Pfand zu bekommen ... das Holz der Guillotine!

Die Guillotine im Leihhaus! Das ist nun wahrhaft eine Wendung, die dem Gobsek des Balzac Vergnügen gemacht hätte. Aber alles klärt sich auf, wie man weiß. Wenige Tage später empfing Sanson die Order des Generalstaatsanwaltes, eine Hinrichtung vorzunehmen. Er läuft zum Inhaber seines Materials, fleht ihn an, ihm dies für einen Tag auszuleihen. Der Gläubiger schlägt dies rundweg ab. Man muß also die Staatsanwaltschaft auf den Stand der Dinge hinweisen.

Der Justizminister gibt also die Order, die 3000 oder 4000 Francs zu bezahlen, die zur Einlösung der Guillotine nötig sind – aber mit der gleichen Feder beeilt er sich, die Abberufung des zahlungsunfähigen Scharfrichters zu unterzeichnen[59].

---

[59] Siehe den *Temps* vom März 1875.

Er wird von einem gewissen Heinderech[60] ersetzt, der von einer jener zahlreichen *Rifleur*-Familien aus dem vorrevolutionären Elsaß stammt[61].

Was Sanson anbelangt, so verschwand er[62]; wenig später jedoch, wie wir gesehen haben, besuchte der Publizist d'Olbreuse ihn noch einmal, mit dem Zweck, einige Auskünfte über die Geschichte seiner Familie zu bekommen. Seither hat man nichts mehr von ihm gehört. Wohin hat er sich zurückgezogen? Man weiß es nicht.

Es gibt jedoch eine Stadt in Frankreich, wo die Erinnerung an die Sanson fortbesteht und wo ihr Name den Leuten noch immer ein Begriff ist.

In einer abgelegenen Straße von Provins, einer jener schrägen, pittoresken Straßen, die durch Weinberge und von Mauern gesäumte Gärten führt und in einem jähen Gefälle die Anhöhe hinabstürzt, wo sich hoch und majestätisch die *tour César* erhebt, zeigt sich ein alleinstehendes Haus, ein interessantes und gut erhaltenes Probestück der bürgerlichen Architektur des 16. Jahrhunderts. Ein großer Schieferdachstuhl erhebt sich da, mit Wetterfahnen aus gearbeitetem Eisen verziert; die Fenster sind mit Ketten verriegelt, und die einzige Tür, schmal und niedrig, die auf die Straße hinausführt, ist rot angemalt. Man nennt es in dieser Gegend *das Haus des Henkers*. Ich denke jedoch, daß die örtliche Tradition nicht über den Ursprung dieser Benennung Bescheid weiß; einige sagen, daß es während der Revolu-

---

[60] Der Name wird *Heindereich, Henderîch* und *Heidenreichs*, was wohl seine richtige Form ist, geschrieben.

[61] Im Jahr 1806 war ein Joseph Heinderech (zweifellos der Vater von diesem) Scharfrichter in Macon. Sein Dossier in den Archiven enthält einen nach seinem Diktat geschriebenen Brief, wo er zugibt, nicht Französisch zu können, und daß er gezwungen sei, im Verkehr mit den Behörden einen Dolmetscher dabei zu haben, den er jedoch nur unter großen Kosten findet. Da er ein wenig Italienisch konnte, fragte er nach einer Stelle in Savoyen, die er auch bekam. Im Jahr 1812 erhielt die Witwe Heinderech, die mit ihren fünf Kindern nach Macon geflohen war, Unterstützung vom Staat.

[62] Monsieur Georges Grison versichert in einem Artikel des *Figaro*, daß er mehrere Male diesen Sanson getroffen habe, einen kleinen dicken, glatt rasierten Mann, mit dem Kopf eines Rabelais'schen Mönches, das Kinn glänzend von Cold Cream, mit der er sich zum allgemeinen Unverständnis fünf bis sechs Mal am Tag einrieb. Er starb vor ca. 15 Jahren.

tion das Landhaus des Henkers von Paris gewesen sei; anderen zufolge hat das grausige Gebäude den Ruhestand des letzten Sanson nach seiner Abberufung geschützt: bloße Legenden, die, wie alle Legenden, einen wahren Kern enthalten. Dieses alleinstehende Haus war vor der Revolution der Wohnsitz des Henkers von Provins. Hier zweifellos wohnte 1791 noch jener Ferey, von dem wir erfahren haben, daß er seinen Lebensunterhalt aus einem Recht bestritt, das sich auf das Kegelspiel auf den Promenaden der Stadt bezog. Aber wie vermischt sich der Name der Sanson mit dieser Tradition? Das Verzeichnis der Witwen, Söhne und Abkömmlinge der verstorbenen Scharfrichter, 1818 aufgestellt, gibt uns darüber Auskunft. Einer der Brüder des Charles-Henri Sanson, des allzu berühmten Faktotums der Revolution, war im Jahr 1788 Scharfrichter in Provins, als er zum Vollstrecker der Verdikte und Urteile des Königshauses und des Großvogts von Frankreich ernannt wurde. Nach Aufhebung der Vogtei wurde er als Scharfrichter nach Versailles berufen. Er hieß Louis-Cyr-Charlemagne Sanson und hatte Marie Gendron geheiratet, die 1759 in Provins geboren war. Ein Sohn, Louis-Henry-Gabriel, war 1791 aus dieser Verbindung hervorgegangen: er entkam der schrecklichen Erbschaft, die seit Jahrhunderten auf seiner Familie lastete. Er erlernte in Troyes den Beruf des Schlossers, aber der fatale Name, den er trug, entfremdete ihn seiner Kundschaft. Da er nicht wußte, wie er seinen Unterhalt verdienen konnte, richtete er sich bei seiner Mutter ein, die sich nach dem Tod ihres Gatten aus Provins zurückgezogen hatte. Er war verheiratet und hatte drei Kinder, von denen eine Tochter 1816, zwei Söhne 1815 und 1819 geboren waren. Die ganze Familie war ohne Einkünfte. Madame Sanson erhielt als Witwe des Scharfrichters eine jährliche Beihilfe von 400 Francs; mit diesen geringen Einkünften kam sie ihrem Sohn, ihrer Schwiegertochter und ihren Enkeln zu Hilfe. Eine Notiz des Präfekten von Seine-et-Marne[63] zeigt uns, daß sich im Jahr 1823 der Sohn Sanson, obwohl ein erwerbsfähiger Arbeiter, geweigert hatte, Arbeit zu finden: »Der Beruf, der vom Vater ausgeübt wurde, isoliert die Familie von der ganzen Gesellschaft, und

---

[63] Archives nationales, BB³ 218.

obwohl sie sich auf eine tadellose Weise verhält, befindet sie sich in einem Zustand der Bedürftigkeit und der Vergessenheit.« Vielleicht hatte die Gemeindeverwaltung von Provins jenen unglücklichen Menschen gestattet, das baufällige Haus zu bewohnen, das unter dem Namen *Haus des Henkers* bekannt war; die feinen Eisenbeschläge, die sich dort finden, sind möglicherweise das Werk dieses Schlossers, eines Abkömmlings von fünf Scharfrichter-Generationen.

Im übrigen war das Ende der Dynastie beklagenswert. Louis-Victor Sanson, der Sohn des *Herrn von Auxerre*, wurde, nachdem er in Montpellier gewaltet hatte, nach Genua berufen, wo er im Jahr 1814 überstürzt aufhören mußte. Seiner Arbeit beraubt, flüchtete er sich zu seiner Mutter, der Schwester des alten Kantors Collet de Charmoy, von dessen Heldentaten wir erzählt haben und der um der Nächstenliebe willen 1818 bei seinem Schwiegerneffen einquartiert war, dem Scharfrichter von Paris. Diese alte Frau von fünfundsiebzig Jahren hatte aus ihrer ersten Heirat mit einem gewissen Lexcellent eine Tochter bei sich, die, 1820 fünfundvierzig Jahre alt, ihr Brot nicht zu verdienen wußte.

Es blieb zur gleichen Zeit noch eine Tochter des Jean-Louis Sanson, des ehemaligen Scharfrichters von Reims vor 1791, der seine leibliche Cousine Marie-Josèphe Sanson geheiratet hatte. Diese Tochter war 1819 als Wäscherin in Paris tätig.

So endete also diese tragische Familie. Zweifellos sind die Auskünfte unvollständig; zudem haben die Töchter, die nicht mehr den Namen ihres Vaters fortsetzen, ihrerseits Söhne, deren Nachkommen noch heute leben. Wo? In welchem Stand? Unter welchem Namen? Vielleicht wäre all dies in Erfahrung zu bringen, aber wozu? Mit welchem Recht würde man versuchen, den Schleier zu heben, den sie über ihre Geburt gelegt haben? Wenn es ihnen aus Gründen der Vorsicht, der Sorge und der geduldigen Umwege gelungen ist, ihre blutige Herkunft zu verbergen, warum ihnen die Maske abreißen, die sich über ihren Namen gelegt hat?

Vielleicht befindet sich unter einem falschen Namen in irgendeinem Winkel Frankreichs ein Mann, der ganz allein weiß, daß er der Repräsentant dieser alten und blutigen Dynastie ist; vielleicht besitzt er gar als letzte Erbschaft seiner Vorfahren das Schwert mit den zwei Schneiden, das ein Zahn von Lolly-Tollendal gekerbt hat, oder das

Taschentuch, das der Hand des Königs entglitt, als man ihn auf den Balken band ... und es ist gerade dieses Mannes wegen (wenn es ihn denn geben sollte), daß man die Genealogie der Sanson bei jenem anhalten muß, der der letzte war, der die Guillotine erlebt und ein solch undurchdringliches Refugium zu finden gewußt hat, daß dieses Rätsel niemals wird entschleiert werden können.

Kapitel 4
Die Guillotine

1. Die Gesetzgebung

Am 10. Oktober 1789 verlas Dr. Guillotin, Deputierter von Paris, der konstituierenden Versammlung eine Gesetzesvorlage in sechs Artikeln, die auszudrücken bestrebt war, daß das gemeine Vorurteil, das auf die Familie eines Verurteilten zurückfällt, nicht mehr existierte, daß die Konfiskation seiner Güter nicht mehr beschlossen werden konnte, daß den Verurteilten, ungeachtet des gesellschaftlichen Ranges, die gleichen Strafen auferlegt würden und daß die höchste Strafe die Enthauptung wäre. Die Vorlage wurde vertagt.

Am 1. Dezember brachte Monsieur Guillotin seine sechs Artikel erneut vor. Unglücklicherweise war die Rede, die er zur Unterstützung seiner Thesen hielt, zumindest in einigen Passagen so gehalten, daß sie das Schicksal seines Antrages gefährdete. Der Redner schlug das Hinrichtungswerkzeug vor, das nunmehr seinen Namen trägt, und sagte in der Absicht, daß auch seine Kollegen sich dies zu eigen machen würden, mit einer überaus naiven Gutmütigkeit: »Mit meiner Maschine schlage ich Ihnen den Kopf in einem Augenblick ab, und Sie leiden so gut wie gar nicht dabei.« Die Versammlung brach in Gelächter aus, verabschiedete einige Artikel und verbrachte den folgenden Tag mit anderen Arbeiten, womit die Vorlage von Monsieur Guillotin aufs neue vertagt wurde.

Erst am 3. Mai 1791 entschied die Versammlung: »Alle zum Tode Verurteilten werden enthauptet.«

Nun galt es, dasjenige Instrument auszuwählen, das den menschenfreundlichen Intentionen der Versammlung am nächsten kam. Schließlich einigte man sich auf jenes, das der Autor der Note vorgeschlagen hatte und von dem man seither behauptet, daß es seit alters her in China in Gebrauch gewesen sei.

Mir ist nicht deutlich, warum man die Chinesen in diese Angelegenheit verwickelt hat. Man hat oft einen italienischen Kupferstich Achille Bocchis aus dem Jahr 1555 wiedergegeben, der als Modell für die Maschine des Dr. Guillotin gedient habe; man hat erzählt, daß der berühmte Philanthrop[1] bei der Konstruktion seines Apparates gleichermaßen von alten deutschen Kupferstichen (von Penez, Aldegrever und Lukas Cranach) inspiriert gewesen sei. Es ist nicht nötig, das Modell so weit in der Ferne zu suchen. *Die begründete Meinung über die Art der Enthauptung,* redigiert von Dr. Louis[2], dem ständigen

---

[1] Dr. Guillotin, der zugleich gemäßigt, ein Philanthrop und ein ehrbarer Mann war, wurde 1738 in Saintes geboren. Nach glänzenden Studien war er als Novize den Jesuiten beigetreten und unterrichtete in dieser Funktion einige Zeit in einem Collège in Bordeaux. Jedoch bewegte ihn seine Freiheitsliebe, den religiösen Dienst nach einigen Jahren zu verlassen. Er kam nach Paris, um dort Medizin zu studieren, für die er sich berufen fühlte. Seine Talente hoben ihn in der öffentlichen Meinung auf den ersten Platz, den er durch sein Können und seine Bescheidenheit auch verdiente. Er schien nicht unter dem traurigen Ruf zu leiden, den ihm seinen Antrag für die Todesstrafe einbrachte. Er überlebte die Revolution, ohne sich in die Kämpfe der Parteien zu mischen, und starb 1814 nach der Rückkehr der Bourbonen, in einem Haus an der Ecke der *Rue de la Sourdière* und der *Rue Saint-Honoré*. Seine Totenrede wurde am 28. März 1814 von Dr. Bourru gehalten, der diskret über die traurige Berühmtheit hinwegging, die Dr. Guillotin seine unglückselige Erfindung eingebracht hatte. »Unglücklicherweise«, sagte er, »hat die philanthropische Neigung unseres Kollegen ein Instrument hervorgebracht, dem das gemeine Volk seinen Namen gab. Wieder einmal findet sich bestätigt, wie schwer es ist, den Menschen Gutes zu tun, ohne daß daraus für einen selbst Unannehmlichkeiten resultieren. Wer weiß, ob ein Mensch, dessen Leben so nützlich dem Wohl der Menschheit gewidmet war, nicht infolge dieses Motivs von der Regierung mit einem Orden oder einer hervorragenden Stelle ausgezeichnet wurde?«

Der wahre Grund für das Vergessen, mit dem die kaiserliche Regierung Guillotin strafte, waren seine alten Freiheitsideen, die der ehemalige Abgeordnete der Generalstände bewahrt hatte: er war alles andere als Bonapartist. In einer Befragung, die er über sich ergehen lassen mußte, fragte man ihn: »Herr Guillotin, Sie scheinen den Kaiser überhaupt nicht zu lieben. – Ja, das ist wahr. – Aber, warum lieben Sie ihn nicht? – Weil ich ihn überhaupt nicht liebenswert finde.« Diese Männer, die unter dem Ancien Régime aufgewachsen waren, besaßen mehr moralische Unabhängigkeit als die während der Revolution geborene Generation. Man kann diese Worte Guillotins dem bekannten Ausspruch Merciers zur Seite stellen. Der Polizeiminister sagte eines Tages zum Autor des *Tableau de Paris*: »Aber mein Herr, Sie zerstören die Fensterscheiben« – »Warum zum Teufel haben Sie Fensterscheiben?« antwortete Mercier.

[2] Doktor Louis stammte aus Metz, und sein Porträt ist noch immer im Rathaus dieser Stadt zu sehen. Man sagt, er starb 1792 aus Kummer darüber, seinen Namen, so glaubte er zumindest, dem Instrument der Todesstrafe gegeben zu haben.

Sekretär der Chirurgischen Akademie, dessen vollständigem Text wir uns später widmen werden, erwähnt klar und deutlich, daß eine ähnliche Maschine im 18. Jahrhundert in England geläufig und im Gebrauch war. Auch in gewissen Gegenden Frankreichs funktionierte die Guillotine vor 1790 ebensogut, nur daß sie noch nicht unter diesem schillernden Namen bekannt war.

In den Erinnerungen von Puységur liest man, daß der Marschall de Montmorency mit einer Enthauptungsmaschine hingerichtet worden sei:

> M. de Montmorency begab sich zu seinem Schafott, zu dem er durch ein Fenster gelangte, das man offengelassen hatte und das auf das besagte Schafott führte, welches im Hof des Stadthauses aufgerichtet war. Auf diesem befand sich ein Klotz, auf den man ihn den Kopf legen ließ. In dieser Gegend [in Toulouse] schneidet man mit einem Böttcherbeil, das sich zwischen zwei Holzstücken befindet. Wenn man den Kopf auf dem Block postiert hat, läßt man das Seil los, das Beil fällt und trennt den Kopf vom Körper ab. Als er nun seinen Kopf auf den Block gelegt hatte, tat die Wunde weh, die er am Hals empfangen hatte. Er rückte ein wenig zur Seite und sagte: »Ich rücke nicht aus Angst weg, sondern weil mir meine Wunde weh tut.« Der Pater Arnoul war bei ihm, der ihn nicht im Stich ließ. Man ließ das Seil des Böttcherbeils los, und der Kopf wurde vom Körper getrennt. Der Körper fiel zur einen, der Kopf zur anderen Seite.«

Ja, in Toulouse zeigt man sogar in einer mit Samt ausgeschlagenen Schachtel das Beil, das bei der Exekution von Montmorency gedient hat.

Es gibt Hinweise darauf, daß die Dekapitation mit Hilfe einer Maschine noch vor der römischen Besatzung eine gängige Hinrichtungsart in Frankreich gewesen ist. Tatsächlich hat man 1865 in Limé, im Kanton Sains (Aisne), in der Nähe der Straße von Guise nach Vervins, ein voluminöses Fallbeil aus Feuerstein gefunden, etwa hundert Kilogramm schwer, und die Altertumskundler haben darin ein gallisches Kopfschneidemesser entdeckt, *eine Guillotine aus der Steinzeit*.[3] Mit Hilfe die-

---

[3] Siehe *Notice raisonnée sur ... un tranche-tête et une lancette,* von M. Peignet-Delacourt, Paris, Claye, imprimeur, 1866, in-4°.

ser Feuersteinscheibe unternahm man Experimente, die beweiskräftig waren. Indem man sie nach Art eines freischwingenden Pendels an einem Stamm hin und herschwingen ließ, war es leicht möglich, den Kopf eines Hammels abzuschneiden.

Die Enthauptungsmaschine war im Jahr 1791 also kein Novum. Dennoch ist es gewiß, daß man sich nicht auf die Art verstand, wie diese Maschine konstruiert sein müsse. Guillotin, mit dieser Idee im Kopf, konsultierte dazu den Menschen in Frankreich, der der herausragende Spezialist in diesem Fach war. Er wandte sich an Sanson. Dieser, der nicht ohne Verärgerung sah, daß sich die Gelehrten in seine Angelegenheiten einmischten, antwortete mit einer Notiz, die kein sonderliches Licht auf die Angelegenheit wirft, die man aber dennoch wiedergeben muß, da sie gewisse interessante Einzelheiten enthält.

Damit die Exekution nach der Absicht des Gesetzes abläuft, muß der Scharfrichter, ohne von Seiten des Verurteilten behindert zu werden, sehr geschickt sein und der Verurteilte fest fixiert, denn ohne dies wird es einem niemals gelingen, eine solche Exekution mit einem Schwert zu Ende zu bringen.

Nach jeder Exekution ist das Schwert nicht mehr in einem solchen Zustand, daß man damit eine andere vornehmen kann, da es einem Schartigwerden ausgesetzt ist. Es ist absolut notwendig, daß, wenn es mehrere Verurteilte nacheinander hinzurichten gilt, es geschärft und aufs Neue angebracht wird. Folglich muß man eine ausreichende und gebrauchsfähige Anzahl von Schwertern haben. Dies wird große, fast unüberwindliche Schwierigkeiten bereiten.

Man muß zudem bemerken, daß bei derartigen Exekutionen die Schwerter oft zerbrochen sind.

Der Scharfrichter von Paris besitzt lediglich zwei, welche ihm von dem vormaligen Parlament von Paris ausgehändigt worden sind. Sie haben 600 Livres pro Stück gekostet.

Es ist zudem zu bedenken, daß, wenn mehrere Verurteilte zum gleichen Termin exekutiert werden sollen, das Entsetzen, das die unermeßlichen Blutströme hervorrufen, die bei dieser Hinrichtungsweise bewirkt werden, selbst die Unerschrockensten derjenigen, denen diese Prozedur noch bevorsteht, mit Schrecken und Schwäche schlagen wird. Diese Schwächezustände bewirken in Blick auf eine ordnungsgemäße Exekution ein unbezwingliches Hindernis. Diese Personen vermögen sich nicht mehr auf den Beinen zu halten, und wenn man sich darüber hinwegsetzen will, wird die Exekution ein Kampf und ein Massaker.

Um über die Exekutionen eines anderes Genres zu urteilen, die bei weitem nicht die Präzision mit sich bringen, wie sie hier verlangt wird, so hat man gesehen, daß die Verurteilten beim Anblick ihrer hingerichteten Komplizen ohnmächtig wurden oder zumindest Schwachheit und Angst zeigten; all dies widerspricht einer Exekution, bei der der Kopf mit einem Schwert abgetrennt wird. Und wirklich, wie soll man auch den Anblick der blutigsten Hinrichtungsweise ohne Schwäche aushalten?

Bei den anderen Hinrichtungsweisen wäre es sehr einfach, dem Publikum die Schwäche zu nehmen, denn es ist nicht nötig, daß der Verurteilte, wenn man sie zu Ende bringen will, stillhält und nicht vor Angst zappelt. Aber bei dieser hier wird die Exekution nicht gelingen, wenn der Verurteilte sich bewegt.

Wie kann man der Meister eines Menschen sein, der sich nicht halten kann oder will?

Bei all diesen Beobachtungen zielte Charles-Henry-Sanson auf die Unerläßlichkeit ab, sich einer Maschine zu bedienen, die den Todeskandidaten in einer horizontalen Position fixierte, so daß er nicht das Gewicht seines Körpers zu tragen hatte, und die es ermöglichte, mit einer größeren Präzision und Sicherheit zu Werke zu gehen, als es die Hand eines Menschen ansonsten vermag.

An dieser Stelle kommen die Chronisten im allgemeinen auf einen guten Deutschen namens Schmidt zu sprechen, der, leidenschaftlich musizierfreudig, die Gewohnheit hatte, jeden Tag ein Duett mit Sanson zu spielen, der sich um dieser Geschichte willen zu einem Musikfreund verwandelt hat. Zwischen zwei Airs eines Balletts ergreift Schmidt nun das Wort und sagt mit seinem deutschen Akzent: »Ich will mich nicht einmischen, denn es handelt sich um den Tod des Nächsten, aber Sie schauen mir doch zu ärgerlich drein ... « – und dann habe er auf einem Blatt Papier die Skizze einer Maschine entworfen, die all die erforderlichen Bedingungen erfüllte. So sei die Guillotine geboren worden. Gewiß gibt es in dieser romanhaften Episode ein Körnchen Wahrheit, denn es war ein Zimmermann namens Schmidt, der der Erbauer der ersten Guillotine war. Wir werden sogleich sehen, wie man veranlaßt war, sich an ihn zu wenden. Die Geschichte dieses Duetts mit dem Henker, *des kleinen Airs von Armide*, das unterbrochen wird, um das Modell dieses sinistren Instruments zu zeichnen, ist eine Arabeske, die über einem Körnchen Wahrheit zurechtgesponnen worden ist. Die Sache vollzog sich auf eine vielleicht etwas weniger pittoreske, dafür aber gewöhnlichere und offiziösere Art und Weise. Um sich davon zu überzeugen, reicht es, den Gesetzestext vom 25. März 1792 und die begleitenden Betrachtungen zu lesen:

Gesetz bezüglich der Todesstrafe und der Art und Weise, wie diese in Zukunft zu vollziehen ist
Gegeben in Paris am 25. März 1792
Dekret vom 20. März 1792

Die Nationalversammlung geht davon aus, daß die Unsicherheit über den Modus der Ausführung des Artikels 3 Titel 1 des Strafgesetzbuches die Bestrafung mehrerer Krimineller aussetzt, die zum Tode verurteilt sind; daß es sehr dringlich ist, diese Mißstände, die unangenehme Folgen haben könnten, abzustellen; daß es die Humanität erfordert, daß die Todesstrafe auf die am wenigsten schmerzhafte Art und Weise vollzogen wird; ein Dekret, welches Dringlichkeit hat.

Nachdem sie die Dringlichkeit beschlossen hat, dekretiert die Versammlung, daß der Artikel 3 Titel 1 des Strafgesetzbuches auf die angegebene Weise ausgeführt wird, nach der Methode, die wir uns nach dem vom ständigen Sekretär der Chirurgischen Akademie gezeichneten Gutachten, welches dem vorliegenden Dekret beigeheftet ist, zu eigen gemacht haben. Infolgedessen wird die Exekutive autorisiert, die notwendigen Auslagen bereitzustellen, um zu einer solchen Exekutionsmethode zu kommen, und zwar so, daß sie im ganzen Königreich uniform ist.

Begründete Stellungnahme über die Weise der Exekution

Das Gesetzgebungskomitee hat mir die Ehre zuteil werden lassen, mich zu zwei Briefen zu konsultieren, die von der Nationalversammlung verfaßt worden sind und die Ausführung des Artikels 3 Titel 1 des Strafgesetzbuches betreffen, der vorsieht, daß jedem zum Tode Verurteilten der Kopf abgeschnitten werde.

In diesem Schreiben urteilt der Herr Minister der Justiz und das Direktorium des Departements von Paris, daß es nach den Darstellungen, die ihm gemacht worden sind, von unmittelbarer Notwendigkeit ist, mit Präzision die Methode festzulegen, wie bei einer Exekution zu verfahren ist. Es wird befürchtet, daß durch einen Defekt des Instruments, Mangel an Erfahrung oder durch Fehlbedienung die Hinrichtung für den Patienten wie fürs Publikum gleichermaßen schrecklich und das Volk aus Menschlichkeit gegenüber dem Scharfrichter ungerecht und grausam werden könne.

Ich schätze, daß die Darstellungen richtig und die Befürchtungen wohlbegründet sind. Die Erfahrung und die Vernunft zeigen gleichermaßen, daß die in der Vergangenheit bevorzugte Weise, einem Verbrecher den Kopf abzuschneiden, ihn einer schrecklicheren Marter aussetzt als der Verlust des Lebens an sich, welcher der Wunsch des Gesetzes ist. Um ihn zu erfüllen, ist es vonnöten, daß die Exekution in einem Augenblick und mit einem einzigen Schlag ausgeführt wird. Nur zu viele Beispiele bezeugen, wie schwierig das zu erreichen ist.

Man muß sich hier ins Gedächtnis rufen, was bei der Enthauptung des M. de Lally beobachtet worden ist: er war auf den Knien, die Augen verbunden. Der Scharfrichter schlug ihn auf den Nacken; der Schlag jedoch hat den Kopf nicht abtrennen können, ja er konnte es nicht. Der Körper, im Fall befindlich, wo er durch nichts aufgehalten wurde, drehte sich nach vorn, und drei oder vier Säbelhiebe waren nötig, um den Kopf schließlich vom Rumpf abzutrennen. Man hat mit Schrecken diese Hackerei gesehen, wenn es erlaubt ist, dieses Wort zu benutzen.

In Deutschland sind die Scharfrichter – bedingt durch die Häufigkeit dieser Unternehmungen – erfahrener. In erster Linie jedoch, weil die Personen weiblichen Geschlechtes, von welchem Stande auch immer, keiner anderen Todesart unterzogen werden. Dennoch kommt es oft nicht zu einer perfekten Exekution, ungeachtet der Vorkehrung, wie es an gewissen Orten geschieht, den Patienten sitzend in einem Lehnstuhl zu fixieren.[4]

In Dänemark kennt man zwei Haltungen und zwei Geräte, um die Enthauptung zu bewerkstelligen. Die Exekution, die man die ehrenhafte nennen könnte, geschieht mit einem Säbel. Der Kriminelle befindet sich dabei kniend und mit verbundenen Augen, seine Hände sind frei. Wenn die Hinrichtung ehrenrührig sein soll, wird der gebundene Patient auf den Bauch gelegt, und man schlägt ihm den Kopf mit einem Beil ab.

Jeder weiß, daß die Schneideinstrumente nur einen geringen oder gar keinen Effekt haben, wenn sie lotrecht schlagen. Wenn man sie unter dem Mikroskop untersucht, sieht man, daß sie mehr oder weniger feinen Sägen ähneln und über den zu zerteilenden Körper hinweggleiten. Man wird nicht mit dem Schlag einer Axt oder eines Beils eine Enthauptung bewerkstelligen können, wenn die Schneide eine gerade Linie darstellt. Aber mit einer konvexen Schneide, wie bei den alten

---

[4] Im Schreckenmuseum der alten Burg in Nürnberg findet sich einer der Sessel, die bei Exekutionen benutzt wurden.

Streitäxten, wirkt der versetzte Schlag lotrecht nur in der Mitte des Kreises, während das Instrument, indem es ins Kontinuum der Partien vordringt, die es zerteilt, im Vorwärtsgleiten auf den Seiten eine schräge Wirkung hervorruft und sicher ans Ziel gelangt.

Wenn man die Struktur eines Halses bedenkt, dessen Zentrum die Wirbelsäule ist und der aus mehreren Knochen zusammengesetzt ist, deren Verbindung Geflechte formen, ohne daß sich ein Gelenk finden ließe, so ist es nicht möglich, von einer unverzüglichen und perfekten Trennung überzeugt zu sein, indem man sich einem Agenten anvertraut, der, sei es aus körperlichen oder moralischen Gründen, in seiner Geschicklichkeit schwankt. Es ist um der Sicherheit der Prozedur willen vielmehr nötig, daß sie auf unveränderlichen mechanischen Mitteln beruht, deren Kraft und Wirkung man genau einstellen kann. Das ist der Weg, den man in England genommen hat. Der Körper des Kriminellen ist auf dem Bauch plaziert, zwischen zwei Pfosten, die oben durch einen Querbalken begrenzt sind, von wo man das konvexe Beil durch Auslösung einer Klinke auf den Hals fallen läßt. Die Rückseite des Instruments muß stark und schwer genug sein, um wie eine Ramme wirken zu können, die den Pfahlbau stützt. Man weiß, daß die Wucht des Falls mit der Höhe steigt, aus der das Fallbeil herunterfällt.

Die Konstruktion eines solchen Instruments ist sehr einfach und seine Wirkung einwandfrei. Die Dekapitation wird sich dem Geist und dem Wunsch des neuen Gesetzes gemäß in einem Augenblick vollziehen. Es wird einfach sein, sich mit Hilfe von Leichen oder auch eines lebenden Hammels davon zu überzeugen. Man wird dann sehen, ob es nötig ist, den Kopf des Patienten mit einer Krause zu befestigen, die den Hals an der Schädelbasis umfaßt. Die Hörner oder die Verlängerungen dieser Krause könnten mit Keilen unter dem Schafott befestigt werden. Diese Apparatur, wenn sie denn nötig erscheint, machte keinerlei Aufsehen und wäre kaum zu sehen.

Um Rat befragt in Paris, am 7. März 1792
gezeichnet: LOUIS
Ständiger Sekretär der Chirurgischen Akademie

2. *Die Versuche*

Dieser sehr ausführliche Bericht verlieh dem Doktor Louis die traurige Berühmtheit, die letztendlich seinem Kollegen zufiel. Für einige Zeit lang hieß die Enthauptungsapparatur tatsächlich *Louisette*. *Guillotine* jedoch setzte sich durch.

Immerhin existierte das Instrument in der Theorie. Jetzt handelte es sich nur noch darum, die neue Erfindung in die Praxis umzusetzen. Hier traf man auf einige Schwierigkeiten. Sobald das Dekret vom 20. März abgesegnet worden war, hatte Rœderer, der Generalstaatsanwalt des Departements von Paris, dem Finanzminister mit der Bitte geschrieben, die erforderlichen Maßnahmen zu ergreifen, um eine solche Maschine, wie Louis sie beschrieben hatte, konstruieren zu lassen. Clavières antwortete, es sei vernünftiger, daß das Direktorium des Departements diese Aufgabe auf Kosten der allgemeinen Schatzkammer auf sich nehmen solle; vor allem aber verlangte er, daß man einen Kostenvoranschlag und eine ungefähre Schätzung der Ausgaben, welche diese Konstruktion erforderte, einholen solle. Wobei es angebracht ist, hier zu erwähnen, daß ein unglücklicher Verurteilter namens Pelletier mehrere Monate auf sein Los wartete, indes die Behörden sich die Haushaltsmittel für seinen bevorstehenden Tod hin- und herschoben.

Man wandte sich wegen des Kostenvoranschlags an den Zimmermann Guédon, der für gewöhnlich mit der Anfertigung des Mobiliars für den Justizpalast beauftragt wurde. Seine Schätzung lief auf einen wahrhaft luxuriösen Apparat hinaus: »zwei Pfosten bester Qualität aus frischem Eichenholz mit Kupfernuten ... etc«. – Die Summe, zu der er kam, war exorbitant: sie überstieg 5600 Livres. Im Schreiben Rœderers an den Minister, in dem er ihm diese schreckliche Neuigkeit ankündigte, bemerkte er, »daß ein Motiv, auf welches der Herr Guédon seine Forderung stützt, die Schwierigkeit ist, die darin besteht, Arbeitskräfte für diese Arbeit zu finden, deren Nimbus sie abschreckt; aber wenn sich Arbeiter einverstanden und dazu bereit erklärt haben, die Maschine zu einem deutlich niedrigeren Preis zu konstruieren, verlangen sie, daß man sie von der Aufgabe enthebt, einen Kostenvoranschlag zu unterzeichnen, und bezeugen den Wunsch, nicht in der Öffentlichkeit bekannt zu werden.«

Und Pelletier wartete immer noch. Der Unglückliche wartete sogar so ungeduldig, daß einer der Richter des provisorischen Kriminaltribunals sich die Freiheit herausnahm, der Behörde gegenüber zu bemerken, wie grausam die Langsamkeit des administrativen Vorgehens unter derartigen Umständen sei.

11. April 1792

An den Herrn Prokuralsyndicus

Ich habe die Ehre gehabt, Sie zu sehen, Monsieur, um Sie im Namen der Humanität und des öffentlichen Wohl zu verpflichten, die Versammlung zu veranlassen, den Exekutionsmodus festzulegen, welche vom Gesetz bei der Todesstrafe vorgeschrieben ist.

Die Bemühungen, die Sie diesem Gegenstand gewidmet haben, haben das Dekret erst am Ende des Monats durchgesetzt. Es hat ungefähr die gleiche Zeit gedauert, bis es ausgesprochen wurde, und die nötige Exekutionsmaschine, eine überaus einfache Apparatur, ist noch nicht in Auftrag gegeben worden. Vor vier Monaten hat das Tribunal gegen zwei des Mordes für schuldig Befundene ermittelt, geurteilt und sie innerhalb von 15 Tagen exekutieren lassen. Seit drei Monaten führt sie nun gegen einen Unglücklichen, der sich des gleichen Vergehens schuldig gemacht hat, einen Prozeß, dessen endgültiges Urteil vor zwei Monaten gesprochen worden ist. Dieser Angeschuldigte kennt das Los, dem er überantwortet ist. Jeder Augenblick, der seine unglückliche Existenz verlängert, muß für ihn einen Tod bedeuten.

Sein Verbrechen ist öffentlich gemacht worden, die Bestrafung hätte augenblicklich erfolgen müssen, und eine solche Langsamkeit, zumal in der Mitte dieser riesigen Stadt, untergräbt die Sicherheit des Bürgers, ebenso wie sie dem Gesetz die Macht nimmt, die es benötigt.

Im Namen der Justiz und des Gesetzes, im Namen der Humanität, im Namen der Dienste, die unsere Gerichte sich überall dort auszuführen beeilen, wo das öffentliche Vertrauen sie hinstellt, haben Sie die Güte, Order zu geben, damit die Ursachen dieser Verzögerung abgestellt werden, welche dem Gesetz, der öffentlichen Sicherheit, den Richtern, ja selbst den Verurteilten Schaden zufügen.

Entschuldigen Sie, mein Herr: meine Offenherzigkeit beruht ebensowohl auf meiner Lage wie auf meinen Prinzipien und insbesondere auf jener großen Idee, der auch Sie sich als Bürger und Administrator verpflichtet haben.

MOREAU,
Richter am zweiten provisorischen Strafgericht

Rœderer antwortete:

11. April 1792

Der für diese Arbeit zuständige Privatmann arbeitet an der Maschine, zusammen mit M. Louis. Er hat für Samstag versprochen, daß man am selben Tag oder am Sonntag einen Versuch mit einigen Leichen ausführen kann, Montag oder Dienstag werden die Urteile exekutiert werden können.

Man hatte tatsächlich einen Zimmermann gefunden, der weniger von Vorurteilen durchdrungen war als Guédon und der sich hatte verpflichten lassen, eine »*gut beschaffene*« Maschine zum Preis von 305 Francs zu errichten, nicht inbegriffen den »Ledersack, der den Kopf auffangen sollte«, der mit 24 Francs extra berechnet war.[5] Es war übrigens jener Schmidt, von dem weiter oben die Rede war, welcher das Angebot machte. Im übrigen war dies eine ziemlich wichtige Angelegenheit, handelte es sich doch darum, einen Apparat zu konstruieren, der für jedes Departement des Königreichs einheitlich sein sollte. Schmidt bildete sich auf diese Ehre etwas ein und setzte die Arbeit schnell in Gang. Am 15. April wurde Sanson zu einem Versuch mit der Dekapitationsapparatur gerufen. Das Experiment glückte vollständig, und man entschied, daß die Exekution von Pelletier am 25. April am *Place de Grève* stattfinden solle. Weil man fürchtete, daß die Neuheit dieses Spektakels unter den Anwesenden eine möglicherweise allzu taktlose Neugierde verursachen könne, unternahm man einige Vorsichtsmaßnahmen:

Rœderer an M. Lafayette,
den Hauptkommandanten der Nationalgarde
Die neue Exekutionsweise, Monsieur, die in der Abtrennung des Kopfes besteht, wird gewiß eine große Menschenmenge zum Grève ziehen, und es ist vorteilhaft, Maßnahmen zu ergreifen, damit nicht irgend ein Schaden an der Maschine entsteht. Ich halte es infolgedessen für notwendig, daß Sie die Gendarmen, die während der Exekution anwesend sind, anweisen, auch noch zu bleiben, nachdem sie stattgefunden hat, in ausreichender Zahl und an den Ausgängen postiert, um den Abtransport der Maschine und des Schafotts zu erleichtern.
Der Prokuralsyndicus
RŒDERER

---

[5] Eine volkstümliche Überlieferung versichert, daß in der *Cour du Commerce*, in der *Rue Saint-André-des-Arts*, die erste Guillotine hergestellt wurde. Das trifft zu. Vor einigen Jahren fand man bei Reperaturarbeiten im Geschäft des Buchhändlers M. Durel den Sockel des Gerüstes, auf dem man das Schafott aufgestellt hatte, um es an lebenden Schafen auszuprobieren.

Man konnte auf seiten der Menge tatsächlich einen Exzeß der Neugierde befürchten, denn es war unmöglich, die Vorbereitungen einer Exekution geheimzuhalten (so wie man es heute macht), und eine Zeitung kündigte am Morgen des 22. April das Experiment an, das zum ersten Mal ausgeführt werden sollte, *in anima vili*, auf dem *Place de Grève:*

> Heute soll die Maschine eingeweiht werden, die erfunden worden ist, um dem zum Tode verurteilten Kriminellen den Kopf abzuschneiden. Diese Maschine hätte gegenüber den Hinrichtungsweisen, die man bis heute benutzt, mehrere Vorteile: sie wäre von der Form her weniger empörend; die Hand eines Menschen würde nicht beschmutzt durch den Mord an seinesgleichen, und der Verurteilte hätte keine anderen Martern zu erdulden als die Befürchtung des Todes, die für den Todeskandidaten schmerzhafter sein wird als der Schlag, der ihn aus dem Leben reißt.
>
> Der Verbrecher, der heute als erster die Wirkung dieser neuen Maschine erleiden soll, ist Nicolas-Jacques Pelletier. Bereits vorbestraft, ist Pelletier am 24. Januar dieses Jahres durch das dritte provisorische Strafgericht in der letzten Instanz verdächtigt, überführt und für schuldig befunden worden, in Komplizenschaft mit einem Unbekannten am 14. Oktober 1791 gegen Mitternacht in der *Rue de Bourbon-Villeneuve* einen Menschen angegriffen und ihm mehrere Schläge mit einem Stock verabreicht zu haben, ihm eine Brieftasche gestohlen zu haben, in der sich eine Summe von 800 Livres Papiergeld befand, etc.
>
> Zur Vergeltung hat ihn das Tribunal dazu verurteilt, in einem roten Hemd zum *Place de Grève* geführt zu werden, wo ihm gemäß der Anordnung des Strafgesetzes der Kopf abgeschlagen werden soll.

Und in der Ausgabe des folgenden Tages erzählte dasselbe Blatt von der Einweihung der neuen Maschine:

> Gestern, um halb vier am Nachmittag, hat man zum ersten Mal die Maschine in Gebrauch genommen, die dazu bestimmt ist, die zum Tode Verurteilten zu enthaupten.
>
> Die Neuheit dieser Hinrichtungsweise hatte die Menge jener anwachsen lassen, die ein barbarisches Mitleid zu derlei traurigen Schauspielen führt.
>
> Diese Maschine war anderen Hinrichtungsgeräten mit Grund vorgezogen worden: sie befleckt nicht die Hand eines Menschen durch die

Tötung seinesgleichen, und die Promptheit, mit der sie den Schuldigen schlägt, befindet sich mehr im Einklang mit dem Geist des Gesetzes, welches oft streng, aber niemals grausam sein darf.

Das Volk von Paris war, wie man sieht, in Massen zu jener tragischen Veranstaltung geströmt, die so viele Folgetage haben sollte. Die *Chronique de Paris* trägt mit den folgenden Worten dem Eindruck Rechnung, den die Exekution hinterlassen hat:

Das Volk war übrigens nicht befriedigt: es hatte nichts gesehen. Die Sache ging zu schnell, man lief enttäuscht auseinander, ein Couplet singend, um sich über den Betrug hinwegzutrösten:

Gebt mir meinen Galgen wieder,
Gebt mir meinen Galgen.

Die *ultima ratio* der Revolution war gefunden: eine wahrhaft bemerkenswerte Sache, die auf den Lauf der Ereignisse beachtliche Auswirkungen haben sollte. Diese Maschine, zu einem philanthropischen Zweck ersonnen, erschien just in dem Augenblick, in dem der revolutionäre Sturm zu einem Orkan anschwoll. Dieses taktvolle, schnelle und so sauber ausschauende Instrument kam im psychologisch richtigen Augenblick. Was wäre passiert, wenn der Doktor Guillotin dieses schreckliche Instrument, das zum Erben seines Namens werden sollte, nicht ersonnen hätte? Gewiß hätte diese Lücke die Volksaufstände und die Massaker des Septembers nicht verhindern können. Aber ebenso gewiß ist, daß ohne die Guillotine das Revolutionstribunal niemals auf die Art und Weise hätte arbeiten können, wie sie uns jetzt überliefert ist. Das Volk von Paris hätte bei einer solchen Anzahl von Exekutionen das Hinrichtungsschauspiel nach der alten Methode niemals geduldet, einmal unterstellt, daß diese Exekutionen überhaupt möglich gewesen wären – und wir haben nach Meinung von Sanson höchstpersönlich erfahren, daß dies nicht durchführbar gewesen wäre.

Ich weiß sehr wohl, daß die Prokonsuln in Nantes und in Lyon über schnelle Mittel verfügten, um sich der Verdächtigen zu entledigen. Aber das Beispiel der *Schübe* von Paris berauschte sie. Im übrigen ist es wahrscheinlich, daß weder der Geschützdonner von der Rhône noch das Ertränken in der Loire in der Hauptstadt hätte stattfinden können. Was hier den Erfolg der Guillotine bewirkte, war präzis die Abwesenheit einer aufwendigen Maschinerie, ihre Einfachheit und ihre Geräuschlosigkeit. Das Instrument schien die Leute nicht zu schlachten, sondern sie zu beseitigen.

3. Die Guillotine auf dem Land

Am Tag, nachdem die Guillotine das erste Mal in Paris in Gebrauch genommen worden war, lud Challon, der Prokuralsyndicus des Departements Seine-et-Oise, seinen Pariser Kollegen dazu ein, den Vollstrecker der Kriminalurteile der Seine dazu zu ermächtigen, jenem von Versailles die Dekapitationsmaschine auszuleihen. Tatsächlich hatte das Gesetz beschlossen, daß die Art und Weise der Enthauptung im ganzen Königreich einheitlich sein solle, und es existierte nur eine einzige Guillotine, die man notfalls auch nach Versailles transportieren konnte, ungeachtet der Kompliziertheit des Apparates und des extremen Gewichts des Gebälks, das ihm als Piedestal diente – jedoch konnte man nicht im Traum daran denken, sie durch ganz Frankreich reisen zu lassen. Also machte sich der Konstrukteur Schmidt in den ersten Tagen des Mais 1792 an die Arbeit und begann, zu einem Preis von 329 Francs pro Maschine – Accessoires inbegriffen –, die Departements mit Guillotinen zu beliefern. Diese Instrumente, in Eile gefertigt, waren zum Großteil jedoch schadhaft und schlecht verarbeitet.

Mit dem Empfang seiner *Lieferung* beklagte sich der Scharfrichter von Versailles (ein Sanson) darüber, »daß das Hackbrett aus Seine-et-Oise von einem schlechten Schlag gewesen und daß es schartig geworden sei.« Die Gerätschaft für die Exekutionen war überdies ziemlich kompliziert; man mußte immer parat haben:

1. die mit Leder gefüllten Weidenkörbe
2. die Riemen und Gurte
3. die Bürsten
4. die Holzplatten für die Schilder[6]

---

[6] Bestimmt für die Wegweiser.

5. die Eisen, Kocher, Schaufeln, Feuerzangen und Blasebälge[7]
6. eine Axt oder ein Fallbeil
7. die Stricke.

Bestimmte Materialien konnten lediglich einmal benutzt werden:

1. Die Stricke, mit denen die Köpfe der Verurteilten am Pfahl festgebunden und ausgestellt wurden.
2. das rote Hemd
3. der schwarze Flor
4. Kleie, Sand und Sägespäne
5. das Stroh
6. die Schmiere oder die Seife
7. die Kohle
8. Salbe und Puder
9. die Nägel
10. die Fesseln, um die Beine zu binden
11. Westen, Schürzen, Hosen für die Gehilfen
12. Wasser, um die Körbe auszuwaschen und den Platz zu reinigen, an dem die Exekution stattgefunden hatte.[8]

Man muß hier anmerken, daß dieses Zubehör auf Kosten des Scharfrichters ging. Erst lange Zeit nach der Revolution, im Jahr 1813,

---

[7] Für die Brandmarken. Hier einige ziemlich in Vergessenheit geratene Details über die Todesstrafe. Man brandmarkte auf der Schulter: F. für die Fälscher, die entweder zur Haft oder zum Zuchthaus verurteilt waren, T.F.: Zwangsarbeit für Fälschung, T.P.F.: lebenslängliche Strafarbeit für Fälschung, T.: verurteilt auf Zeit, T. P.: zu lebenslänglich verurteilt. Vor diesen Buchstaben stand die Nummer des Departements, alphabetisch geordnet. Paris 87.
Diese Nummern waren von der Höhe eines Daumens und wurden so angebracht: 87$^{T.}$ Sofort nach Anbringung der Brandmarke trug man auf der Schulter des Individuums mit einem fellbespannten Holztampon eine aus Schweineschmalz und pulverisiertem Schießpulver hergestellte Salbe auf. Man glaubte, daß diese Salbe die Tätowierung ersetzen könne und unauslöschlich sein würde. Aber man täuschte sich. Die Brandwunde heilte nicht ohne Schorf, und wenn der Schorf abfiel, war die nachwachsende Haut weiß. Diese Praxis der Brandmarkung war bis zum 21. Juni 1811 in Gebrauch. Zu dieser Zeit war der kaiserliche Hof in Paris nach alphabetischer Reihenfolge auf Nummer 27, so daß man gezwungen war, andere Markierungen nachzumachen, die am 25. März 1820 wiederum geändert wurden, als man auf die Nummern gänzlich verzichtete.

[8] Archives nationales, BB³ 216.

übernahm das Justizministerium die Bezahlung dieser Posten, die auf unveränderliche Festpreise fixiert wurden:

Preisverzeichnis der Kosten einer Exekution verhafteter Krimineller, festgelegt am 11. März 1813 durch den Minister der Justiz [9]

Transport des Schafotts, des Verurteilten und des Scharfrichters:
1. des großen Schafotts in der Stadt, wo sich das Schwurgericht befindet ... (Darin ist der Abbau enthalten). ..... 32 F
2. des kleinen Schafotts, dito 8
3. des großen und des kleinen Schafotts an einen Ort außerhalb der Stadt, wo das Schwurgericht sich befindet 8

Für ein Fuhrwerk mit 1 Geschirr und pro Tag 8
mit 2 Geschirren und pro Tag 14
mit 3 Geschirren und pro Tag 20
mit 4 Geschirren und pro Tag 25
für ein Lasttier pro Tag 5

4. Für den Verurteilten, sowohl für die Hinrichtung als auch für die Grablegung 6
Für alle die Male, wo es mehr als einen Verurteilten gibt, für jeden zusätzlich 3

5. Für den Scharfrichter: 12 Francs pro Tag, gemäß dem Artikel 3 des Gesetzes vom 3. Frimaire des Jahres II 12

Aufbau und Abbau des Schafotts
Zubehör für den Scharfrichter
1. für die Durchführung eines Arrestes, der gegen einen Nichterschienenen ergangen ist 0,75
2. Für die Exekution eines Verurteilten ohne Brandmarkung .. 1,75
3. Für die Ausstellung eines Verurteilten mit Brandmarkung .. 2,55
4. Für die Exekution eines Verurteilten 3,55
Jedesmal, wenn es mehr als einen Verurteilten gibt, gibt es pro Person eine Summe zuzüglich von 2
5. Für die Exekution eines Vater- oder Muttermörders 15,30

---

[9] Archives nationales, BB³ 216.

Die Guillotine auf dem Land

Aber kommen wir zum Zimmermann Schmidt und seinen unheilvollen Sendungen zurück, die er im Verlauf des Jahres 1792 in die Departements schickte.

Die Arbeit ging langsam voran. Mehr als ein Jahr später, zum Höhepunkt der Schreckensherrschaft, waren noch lange nicht alle Departements versorgt. Der Bürger Barjavel, öffentlicher Ankläger von Avignon, schrieb:

Avignon, 3. Oktober 1793 Jahr II

Das Departement Gard leiht auf meine Bitte hin diesem Departement für 15 Tage die *Guillotine* aus, in der Erwartung, daß jene, die uns vom Finanzminister angekündigt worden ist, zu uns gelangt. Ich bitte Sie, ein Gefährt mit drei Geschirren bereitzustellen, damit ich dieses heilsame Instrument mit nach Nîmes nehmen kann.
Gezeichnet: BARJAVEL[10]

Der Ankläger von Nîmes beeilte sich, die Bitte seines Kollegen aus dem Vaucluse zu erfüllen. Jener erhielt mit Freude seine Guillotine und schickte sie genau an dem Tag zurück, als jene, um die er gebeten hatte, aus Paris angekommen war. Er ließ seinem Kollegen die frohe Botschaft mit einem Wort des Dankes übermitteln:

Avignon, 15. Oktober 1793

Lieber Kollege,
Ich schicke Ihnen die Guillotine zurück, die das Departement von Gard mir freundlicherweise ausgeliehen hat. Sie hat die Republik von einem Emigranten und drei Konterrevolutionären befreit.
Das Komitee hat das Departement von Vaucluse nun mit der benötigten Guillotine ausgestattet. Ich bedanke mich für die Hilfe, die Sie mir haben zukommen lassen.
Es lebe die Republik!
BARJAVEL

Dieser Barjavel war dennoch nicht am Ende mit seinen Anleihen. Zwar hatte er eine Guillotine, aber er hatte keinen Scharfrichter. Wir

---

[10] Manuskript aus der Sammlung Requiem, zitiert von M. de BEAUMEFORT, im *Tribunal criminel d'Orange*.

haben gesehen", wie er in dieser Hinsicht aufs Neue genötigt war, seinen Kollegen von Gard in Anspruch zu nehmen, der sich allerdings in der glücklichen Lage befand, gleich zwei Henker in seinem Zuständigkeitsbereich zu haben.

Diese Dinge ereigneten sich in der Revolutionszeit sehr häufig. Es ist möglich, ja sogar wahrscheinlich, daß viele Departements im Jahr 1794 die Maschine von Schmidt noch nicht erhalten hatten. Die Städte, wo das Schafott dauerhaft aufgestellt war, waren glücklicherweise dünn gesät, und mir gefällt der Gedanke, daß, wenn sich auch unter den Prokonsuln, die der Konvent zur Mission in die Provinz geschickt hatte, eine große Zahl blutdürstiger Fanatiker fand, es doch viele gab, die dort mehr Getöse als Arbeit veranstalten konnten und die sich, als die Gefahr vorüber war, nur rühmen konnten, »ganze Sturzbäche Tinte verspritzt zu haben, aber nicht einen einzigen Tropfen Blut«. Die Langsamkeit, die Schmidt bei der Fabrikation seiner Apparate an den Tag legte, hatte an einigen Orten gewiß dieses glückliche Resultat: daß nämlich dort, wo es keine Guillotine gab, nun einmal nicht guillotiniert werden konnte.

Nur unter dem Konsulat befanden sich alle Departements im Besitz eines Schafotts. Wenn man von den Eroberungen Frankreichs hörte, schaffte man zusammen mit dem Administrationspersonal einen Scharfrichter und seine Maschine in die eroberten Gebiete. Wenn wir uns diese Fakten ins Gedächtnis rufen, ist dies noch heute von Interesse. Ein Jahrhundert nach der Revolution, befindet sich die Guillotine nur mehr in jenen Ländern in Gebrauch, die zwischen 1792 und 1815 annektiert worden sind.

In Deutschland zum Beispiel, wo die Todesstrafe noch gültig ist, werden die Exekutionen mit dem Beil vollzogen; jedoch ist, mit einer Ausnahme, die ihren Ursprung nur in der Tradition der vormaligen französischen Administration haben kann, der Gebrauch der Guillotine nur in den linksrheinischen Provinzen verbreitet. Man gebraucht sie in Köln, Mainz, in der Rheinpfalz, im rheinischen Preußen. Ebenso verhält es sich in Italien, wo sie noch immer ihre Dienste tut – theoretisch, denn in Wahrheit finden dort nur ganz selten Exekutionen statt. – Überall sonst in Europa ist diese Art von Hinrichtungs-

---

" Vgl. S. 31.

gerät niemals benutzt worden. In Belgien, wo die Todesstrafe nicht mehr gilt, ist der Henker deswegen nicht abgeschafft. Ihr letzter *platonischer* Funktionär starb vor kurzem.

Es war ein kleiner alter Mann namens Boutequin, mit weißem Backenbart und bürgerlichen Allüren im Sonntagsstaat, den man von Zeit zu Zeit auf dem *Grand Place* erscheinen sah, wenn die Bildnisse der Verurteilten öffentlich ausgestellt wurden.

Ein Gehilfe hatte einen Pfahl zwischen zwei Pflastersteinen eingepflanzt, vier Gendarmen zu Pferde postierten sich hinter dem Galgen, und ihr Brigadier kommandierte: »Säbel hoch!«, und in dem Augenblick, wo die Klingen aus der Scheide gezogen werden, sah man den *Meister von Brüssel* aus dem Hauptquartier der Polizei heraustreten, ein Papier in der Hand. Dieses Papier war das Urteil, das den Nichterschienenen verurteilte.

Boutequin ging dieses Papier an den Pfahl aufhängen, dann ging er in die Hauptwache zurück. Eine Stunde danach sah man ihn wiederkommen. Mit dem gleichen ruhigen Schritt hängte er seinen Zettel wieder ab, adressierte ein schüchternes »Dankeschön« an die Gendarmen, die ihren Säbel wieder in die Schneide steckten und in einer Reihe zu ihrer Kaserne trabten; dann kehrte er nach Hause zurück, zu Fuß, Regenschirm oder Spazierstock unter dem Arm, verloren in der Menschenmenge.

Er hat niemals mehr einen Kopf abgeschlagen.

Aber wir haben uns schrecklich weit vom revolutionären Schafott entfernt. Kehren wir ohne Überleitung dorthin zurück.

4. Die Standorte der Guillotine

Auf dem *Place de Grève* wurde die Guillotine also das erste Mal in Frankreich aufgestellt. Dieser Ort war seit unvordenklichen Zeiten der übliche Schauplatz der Hinrichtungen. Wie kam man dazu, diese düstere Apparatur anderswohin zu bringen? Warum mutete die Revolution ihren Opfern eine so lange Strecke zu, eine echte Agonie, vom Palais bis zur Hinrichtungsstätte? Dieser Aspekt ist bis heute noch nicht hinreichend geklärt worden. Die Maler und Zeichner, die den Szenen der Epoche der Schreckensherrschaft ihre Aufmerksamkeit schenkten, irrten sich am häufigsten in der Rekonstruktion der Umgebung des Schafotts. Das ist nicht weiter verwunderlich, denn sogar die Historiker hatten in ihrer Mehrzahl Zweifel hinsichtlich der verschiedenen Standorte der Guillotine. Der Namenswechsel des *Place du Carrousel* in den *Place de la Réunion*,[12] des *Place Louis XV.* in *Place de la Révolution,* hatte nicht wenig zu der Verwirrung über die verschiedenen Schauplätze der Exekutionen beigetragen.

Vom 10. August an begriff die siegreiche Partei, daß ihre einzige Chance, an der Macht zu bleiben, darin bestand, mit Mitteln des Terrors zu regieren. Auf der Stelle rief man ein Straf-Tribunal ins Leben, das ohne Berufungsmöglichkeit die vom Tage des 10. August an begangenen Verbrechen gegen das Volk aburteilte. Das erste Opfer war Louis-David Collenot, genannt d'Angremont, dieses unbestimmten Hauptanklagepunktes überführt, der später so häufig gegen andere Angeklagte wiederholt werden sollte: nämlich *Verschwörer zu sein* und *Anführer der vom Hof gedungenen Briganten.* Zweifellos wollte man ihm eine besonders grausame Todesstrafe angedeihen lassen und seiner Hinrichtung einen größeren Pomp geben, indem man ihn direkt gegenüber dem verwaisten Königsschlosse sterben ließ. Jedenfalls wurde die Guillotine an diesem Tag, dem 22. August 1792, am *Place de Carrousel* aufgestellt, vor der großen Pforte des Königshofes der Tuilerien. Dieser ungewöhnliche Aufbau nahm Zeit in Anspruch. Die Exekution fand erst um 10 Uhr abends bei Fackelschein statt.[13] Der Journalist Durosoy, der einstigen Veröffentlichung einer Liste von Königstreuen für schuldig befunden, die sich als Geiseln für Louis XVI. angeboten hatten, fand am selben Ort und unter den gleichen Umständen am 25. August um neun Uhr abends sein Ende.[14]

Am 27. wurde das Schafott für eine Hinrichtung dreier Fälscher zum *Grève* zurückgebracht. Am selben Tag ereignete sich ein sonderbarer Vorfall, den die *Chronique de Paris*[15] folgendermaßen wiedergab:

---

[12] Die Vereinigung der föderierten Patrioten der Departements und die Patrioten der Sektionen hatten sich auf dem *Carrousel* aufgehalten, als das Urteil über Louis XVI. ausgesprochen wurde. Sie hatten geschworen, daß sie ihn aufs Schafott bringen würden.

[13] *Thermomètre du Jour*, August 1792.

[14] *Thermomètre du Jour*, August 1792.

[15] 29. August 1792.

Die Hinrichtung dreier Fälscher von Assignaten[16] war von außergewöhnlichen Umständen begleitet. Zur selben Zeit befanden sich auf dem *Grève* elf Männer und eine Frau wegen anderer Delikte im Halseisen und wurden dadurch Zeugen dieser Exekution. Guillot wurde ohnmächtig; der Abt Sauvade war in die Stadt gegangen, wo er in Stille sein Testament diktierte, aber beim Anblick des Schafotts verließen ihn die Kräfte. Einer der Söhne des Scharfrichters, der dem Volk einen der Köpfe zeigte und dabei nicht auf seine Füße achtete, fiel vom Schafott und hat sich auf dem Boden den Schädel zertrümmert. Man konstatierte seinen Tod. Sein Vater hat darüber den lebhaftesten Schmerz gezeigt.[17]

Am selben Tag (27. August) beschloß die Ratsversammlung nach einer langen Diskussion, daß »die durch das Volkstribunal Verurteilten nur am hellichten Tage exekutiert werden sollen«.

Im übrigen erschien diese neue Todesart, den Zuschauern wohlverstanden, sehr sanft und menschenfreundlich. Die Philanthropen, und nahezu jeder war ein solcher, seit Jean-Jacques (sc. Rousseau) die *Empfindsamkeit* in Mode gebracht hatte, waren voller Enthusiasmus für sie. Sie träumten davon, dem Vorlauf der Hinrichtung einen poetischen Charakterzug zu verleihen, und der folgende Brief veranschaulicht sehr gut die Gefühle dieser Epoche:

Man befragt nicht mehr die Angeklagten auf der Anklagebank. Man müßte nur noch die Wagen abschaffen, auf denen man die Verurteilten zur Hinrichtung fährt. Wenn wir schon gezwungen sind, diese mit dem Schwert des Gesetzes zu schlagen, müssen wir wenigstens all das zum Verschwinden bringen, was etwas zu dem Schrecken ihrer Situation, in der sie sich befinden, hinzufügen könnte. Zeugte es nicht von einer größeren Humanität, wenn man sie auf einem offenen Wagen zum Schafott brächte, begleitet allein von einem Gesandten der Religion, mit dem sie sprechen könnten, vielleicht auch von einem Freund, wenn es ihn gibt, der standhaft und mutig genug wäre, ihnen dieses letzte und schmerzliche Zeichen seiner Anteilnahme zu geben? Den Verurteilten sollten lediglich die Hände auf dem Rücken gebunden werden im Augenblick des Strafvollzugs. Der Wache, die sie begleitet, genügte es, für sie zu bürgen, und der Scharfrichter, der auf einem ihnen folgenden Wagen sitzt, sollte ihner

---

[16] Vimal, Guillot und Sauvade.
[17] Vgl. S.47.

erst angesichtig werden, wenn er seinen grausamen Dienst zu erfüllen hat. Dieses Erfordernis der Humanität gäbe der Todesstrafe einen noch erhabeneren Zug. Das Volk würde von der Notwendigkeit der Todesstrafe zum Wohle des Vaterlands überzeugt werden, weil dieses, indem es einen Menschen aufs Schafott schickt, ihm eine wahrhaft humane Behandlung zukommen läßt. (*Chronique de Paris*, 30. August)

Vom 22. August 1792 bis zum Ende des Jahres gab es für die Guillotine in Paris zwei Standorte. Der *Carrousel* war für die Exekutionen vorgesehen, die für die politischen Verbrechen befehligt wurden, der *Place de Grève* blieb den Exekutionen der Verbrecher gewöhnlicher Straftaten (im Gegensatz zu den politischen) vorbehalten. Am 21. Januar 1793 wurde das Schafott zum ersten Mal auf dem *Place de la Révolution* errichtet.[18] Der Grund für diese Abweichung von dem bislang etablierten Gebrauch ist sehr einfach. Der König war im *Temple* gefangengehalten, und um ihn aus dem Gefängnis zum *Place de Grève* oder zum *Carrousel* zu bringen, ergab es sich zwangsläufig, daß der Zug sich in dem Wirrwarr der engen und verschlungenen Straßen, die in dieser Zeit das Herzstück der Stadt bildeten, verwickelte, dort also, wo eine Entführung im Bereich des Möglichen gewesen wäre. Angeblich, so munkelte man, seien mehr als 6000 Individuen bezahlt worden, sich zu versammeln, um nach Gnade zu rufen und zu versuchen, den König vor der Hinrichtung zu bewahren. Die Regierung wußte sehr wohl darum und unternahm infolgedessen ihre Maßnahmen. Die *Rue du Temple*, die *Boulevards* und die *Rue Royale* bildeten vom Gefängnis bis zum *Place Louis XV.* einen langen, geraden und leicht zu überwachenden Parcours. Der Wagen des Königs wurde im übrigen von zwölf- bis fünfzehntausend schwer bewaffneten Männern eskortiert, und mehr als 10 000 weitere waren an undurchdringlichen Hecken vom *Boule-*

---

[18] Proklamation des provisorischen Exekutionsrates :
»Der vorläufige Exekutionsrat, der über die Maßnahmen zur Ausführung des Konventsdekrets vom 15., 17., 19. und 20. Januar 1793 berät, erläßt folgende Verfügung: 1. Die Ausführung des Urteils über Louis Capet wird auf morgen, Montag den 21. festgesetzt; 2. Der Ort der Exekution wird *Place de la Révolution* sein, vor dem Denkmal Louis XV., zwischen dem Sockel und den Champs-Élysées. 3. Louis Capet wird vom Temple um acht Uhr morgens abfahren, so daß die Exekution am Mittag stattfinden kann, etc. ... «

vard du Temple bis zum *Pont de la Liberté* (*Place de la Concorde*) postiert. Kanonen waren in einiger Entfernung voneinander aufgestellt, und es wurde befohlen, alle Kreuzungen, die auf den Boulevard führten, zu schließen.

Die Einzelheiten der Hinrichtung des Königs gehören nicht zu unserem Thema. Man hat von ihr übrigens so zahlreiche Erzählungen gegeben, daß es überflüssig wäre, noch einmal einen Bericht zu geben, der in allen Memoiren zu finden ist. Ein einziger Punkt hingegen ist noch nicht erhellt worden, und weil er in unmittelbarer Berührung mit dem speziellen Interesse dieser Studie steht, möchten wir einige Anmerkungen dazu machen: Was wurde aus der Guillotine, von der man am 21. Januar 1793 Gebrauch machte? Man nimmt an – denn weil kein offizielles Dokument sich zu diesem Thema äußert, sind wir lediglich aufs Hören-Sagen angewiesen –, daß es sie noch immer gibt. Es ist noch nicht lange her, daß, als die Transporte der zur Zwangsarbeit Verurteilten sich Guyana näherten, der erste Punkt, den sie von der langen, bis zu vierzig Kilometer sich dahinziehenden Küste erkannten, eine Gruppe von Steinen war, der *Archipel du Salut*. Auf dem höchsten Gipfel dieser kleinen Insel war die Guillotine dauerhaft unter freiem Himmel aufgestellt. Das war das Schreckgespenst, dazu bestimmt, den ›Gästen‹ der Strafkolonie den nötigen Respekt einzuflößen. Weil es in Cayenne keinen offiziell bestallten Scharfrichter gab, war es ein Zwangsarbeiter, also ein Amateur, der die Arbeit des Henkers verrichtete und der – als kleines Glück – diese in ihre Bestandteile zerlegte Maschine wieder instand setzte.[19] Er nannte sie wenig respektvoll die *Kurbel*. Nun aber ist diese Kurbel, dieses Holz der Justiz, das so weit entfernt gestrandet ist, die echte Guillotine Sansons, das Fallbeil, das die Girondisten und Louis XVI. enthauptet hat.[20] Der Chronist, der auf diese sonderbare Tatsache hinwies, äußerte den Wunsch, man möge dieses Werkzeug der Revolution ins *Musée Carnavalet* bringen, an jenen Platz, der ihm eigentlich gebührt. Wenn

---

[19] Vor einigen Monaten wurde der gegenwärtige Scharfrichter vom Departement der Kolonien beauftragt, für den Gebrauch der französischen Besitzungen in Übersee neue Geräte herstellen zu lassen.

[20] Dies behauptet wenigstens M. Hugues Le Roux in einem Artikel des *Figaro* (20. Juli 1891).

die Stadt Paris sie nicht zurückfordert, wird sie in einem Schuppen der Strafanstalt verfaulen, oder sie wird in die Hände irgendeines Zirkus fallen, der sie auf den Jahrmärkten zur Schau stellen wird.

Das ist eine Version, aber es gibt auch andere. Man versichert, daß in der Familie Roch – einer Familie, in der die Funktionen des Henkers ebenso wie das Priesteramt betrachtet wurden – das Fallbeil, unter dem der Kopf Louis XVI. fiel,[21] wie ein Schatz aufbewahrt wird. Und weil diese Legende mit der vorangehenden Behauptung im Widerspruch steht, muß man zugeben, daß sie in völliger Übereinstimmung zu einer Überlieferung steht, die von dem Verfasser der *Memoiren von Sanson* aufgenommen – oder erfunden – wurde. Dieser berichtete, daß – anläßlich der Hinrichtung eines Auswanderers mit Namen Guyot-Desmaulans im April 1793 – der Verurteilte, auf der Plattform des Schafotts angekommen, die Guillotine mit einem eigenartigen Blick musterte und augenblicklich eine lebhafte Gefühlsregung sich auf seinem Antlitz zeigte. Sanson befand sich in der Nähe seines Opfers. Guyot-Desmaulans sagte zu ihm: »Ist es die gleiche?« Und als der Scharfrichter anscheinend nicht verstand, fragte jener ihn, ob dies das Instrument gewesen sei, das bei der Hinrichtung des Königs gedient habe. Sanson antwortete ihm, daß *lediglich das Messer ausgewechselt wurde*, und so starb er, nachdem er niederkniete und fromm den Ort küßte, auf dem Louis XVI. sein Blut vergossen hatte. Mir ist bewußt, daß man den *Memoiren von Sanson* generell keinen Glauben schenken kann. Sicher haben die Romanciers, die darin die Vaterschaft übernahmen, es hier und da verstanden, die Wahrheit der Tatsachen zu respektieren. In diesem Fall war das Werk ein reines Zugeständnis an den Auftraggeber. Dennoch haben wir gesehen, daß der Verleger dieser Publikation in Verbindung mit dem letzten der Sanson stand, und es ist möglich, daß er eine vertrauliche Mitteilung einer solchen Überlieferung empfing.

Wir berichten hier im übrigen lediglich aus purer Neugierde, denn eine dritte Version – so wenig bezeugt wie die ersten beiden – weist der Guillotine vom 21. Januar ein anderes Schicksal zu. Monsieur Compte de Reiset hat in seinem *Livre Journal de Mme Eloff*, in dem er mit so penibler Sorgfalt die nebensächlichen Details des Lebens und des

---

[21] Vgl. die Ausgabe der *Paix* vom 13. Januar 1892.

Todes von Louis XVI. und Marie-Antoinette gesammelt hat, folgendes Zeugnis wiedergegeben:

> M. Compte O'Mahony hat mir von einem Vorfall berichtet. Als er vor einigen Jahren in Auch gewesen war, wurde er auf dem Weg in die Stadt von einem Gewitter überrascht. Er tritt unter den Portalvorbau eines vereinsamt stehenden Hauses. Das Gewitter entlädt sich; er setzt sich auf einige Teile eines Baugerüstes, die unterhalb einer Außentreppe aufgestapelt waren, die sich auf dem Hof befand.
> Zu seiner Familie heimgekehrt, erzählt er mir, was sich zugetragen hatte und wo er einen Unterschlupf vor dem Regen gefunden hatte. Mme de Marignan, bei der er war und die ihm aufmerksam zugehört hatte, sagte zu ihm: ›Aber, mein lieber Cousin, Sie waren bei dem Henker zu Gast, und die Holzstücke, von denen Sie sprachen, sind solche vom Schafott Louis XVI.‹ Nach der Hinrichtung des Königs hatte man eine Stadt ausgelost, in die das Schafott gebracht werden sollte, und die Wahl fiel auf die Stadt Auch.[22]

Was auch immer das Schicksal des Schafotts sein mag, auf dem Louis XVI. sein Blut vergoß, es ist sicher, daß dieses Instrument nach dem 21. Januar von neuem auf dem *Carrousel* aufgebaut worden ist und dort einige Male in Betrieb gesetzt wurde. Wenn diese Maschine durch eine andere ausgetauscht worden wäre, hätte dieser Tausch nur im April 1793 vollzogen werden können. Jedoch ist es wahrscheinlich, daß man sich bemüßigt fühlte, einige Verbesserungen anzubringen, beispielsweise derart, daß man die Kupfernute durch solche aus Eisen ersetzte, um Rostbildung zu vermeiden. Das wenigstens läßt sich aus einem Artikel der *Révolutions de Paris* vom 27. April 1793 folgern:

> Man hat, so sagt Prud'homme, der Guillotine den letzten Schliff gegeben. Man kann sich kein Instrument des Todes vorstellen, das besser in Übereinstimmung mit dem steht, was man der Humanität schuldet und was das Gesetz erfordert, wenigstens solange die Todesstrafe nicht aufgehoben wird. Man sollte darüber hinaus auch die Zeremonie der Hinrichtung verbessern und all das verschwinden lassen, was seine Wurzel noch im Ancien Régime hat: Diesen Wagen, auf den man die

---

[22] In den Archiven von Gers findet sich kein Dokument, um diese Behauptung zu stützen.

Verurteilten stellt, und den man Capet erließ; diese auf dem Rücken zusammengebundenen Hände, die den Patienten in eine erniedrigende und unterwürfige Stellung zwingen; dieses schwarze Gewand, das man dem Beichtvater überzuziehen erlaubt, entgegen dem Dekret, das kirchliche Gewänder verbietet. All dieser Prunk gibt nicht Zeugnis von den Sitten einer aufgeklärten, humanitären und freien Gesellschaft. Vielleicht ist es politisch auch unklug, daß ein Konterrevolutionär, ein Verräter oder ein Emigrant in den letzten Minuten seines Lebens den Beistand eines Priesters erfährt. Denn der Einfluß der Religion könnte den Verbrecher dazu verleiten, wichtige Dinge einem solchen Mann anzuvertrauen, der instruiert sein könnte, sie zu mißbrauchen.[23] Ein anderer Vorwurf, der dieser Hinrichtung zu machen ist, besteht darin, daß sie, auch wenn man dem Verurteilten den Schmerz erspart, doch den Zuschauern nicht genügend vom Anblick des Blutes entzieht. Man sieht es von der Schneide herabfließen und dort, wo sich die Guillotine befindet, im Übermaß das Pflaster besprengen. Dieses abstoßende Spektakel dürfte den Augen der Menschen nicht dargeboten werden, und es wäre sehr leicht, diesem Mißstand vorzubeugen, der ernster ist als man denkt, denn er macht einem die Idee des Mordes vertraut, der, das ist wahr, im Namen des Gesetzes begangen wird, aber mit einer Kaltblütigkeit, die zu einer überlegten Blutgier führt. Hören wir nicht schon die Menge sagen, daß dieser Tod viel zu süß ist für diese Schurken, die man bis jetzt hingerichtet hat, und von denen tatsächlich viele den Anschein erweckten, dem Tode zu trotzen. Das Volk verroht in seinem Rachebedürfnis, anstatt sich damit zu begnügen, der Gerechtigkeit Tribut zu zollen.

Dieser Gleichmut der Opfer, diese Ruhe und Kaltblütigkeit vor dem Tod, war dazu angetan, nicht wenige der Herren von Frankreich in Wut zu versetzen; sie wollten Angst und Schrecken verbreiten und machten sich doch nur selber Angst.

---

[23] Das Revolutionstribunal sorgte sich mehrere Male darum, daß die Verurteilten ihrem Beichtvater auf dem Weg vom Gefängnis zum Schafott beichten konnten. Der Abt Lothringer ertrug am 3. September 1793 ein Verhör über die Enthüllungen, die ihm, so sagte man, der General Miaczinski gemacht hatte, der am 17. Mai hingerichtet wurde. Man muß hinzufügen, daß man den Priester gebeten hatte, nur das zu enthüllen, was der Verurteilte ihm *außerhalb der Beichte in Form einer Unterhaltung* gesagt hatte.

Die Unerschrockenheit, mit der die Konterrevolutionäre, die das Gesetz verurteilt, zum Tode schreiten, ist wahrhaft unglaublich, sagt ein Journal[24], und beweist, daß das Verbrechen seine Helden hat wie die Tugend. Der Colonel Vaujour verlangte, im Angesicht seiner Verurteilung, von jenen, die umstanden, fröhlich zu wissen, um welche Zeit die Zeremonie beendet sein würde. »Um zwei Uhr«, sagte man ihm. – »Um so schlimmer, das ist für gewöhnlich meine Essenszeit; aber was soll's, werde ich halt ein bißchen früher essen«. Er verlangt mehrere Gänge, ißt und trinkt entsprechend. Die fatale Stunde läutet; er hat noch nicht zuendegegessen: »Ich würde gern noch ein bißchen essen«, sagt er dem, der gekommen ist, ihn zu holen. – An der Ecke der *Rue de l'Échelle* angekommen, wird er von einigen Frauen angeschrien. »Das war mein Schicksal«, sagt der Patient, »daß ich von der Kanaille bis zum letzten Augenblick beleidigt werde.«

Der Zahnarzt[25] sagte mit hoher Stimme nach der Urteilsverkündung: »Nun gut, ja, es f ... die Republik, es lebe der König!« Am Theater angekommen, wiederholte er dieselben Worte, und, an den Henker gewandt: »Na mach schon, guillotinier mich endlich!«

Der alte Blanchelande, Gouverneur von Martinique, sprang gleich von der Karre aufs Schafott und starb mit Freude. – Jursau sagte nach seiner Verurteilung, als er sich zurückzog: »die Ä ..., die kommen, mich zu verurteilen, werden's teuer bezahlen.«

Der Unglückliche schrie dreimal, bevor er den Todesschnitt empfing: »Es lebe der König!« Welch ein Irrsinn! All die, die man in den Departements guillotiniert, bezeugen die gleiche Gewißheit und trotzen dem Tod, wie scheußlich er auch ist.

Die Perfektion der Maschine und die Anziehungskraft des Spektakels verärgerten den Architekten Gisors, der beauftragt worden war, die Räumlichkeiten des Schlosses der Tuilerien einzurichten, so daß der Konvent sich dort niederlassen konnte, und er beklagte sich, daß seine Arbeiter nicht unbeträchtliche Zeit damit verlören und ihre Arbeit liegen ließen, um dem *Carrousel* zur Stunde der Hinrichtungen beizuwohnen[26].

Die Versammlung hielt ihre erste Sitzung in den Tuilerien am Freitag, dem 10. Mai 1793 ab, und sogleich stellte ein Mitglied den Antrag,

---

[24] Der *Thermomètre du Jour*, 7. Mai 1793.
[25] Ein anderer Verurteilter am gleichen Tag.
[26] Archives nationales: F 13.

»die Maschine, die dazu dient, die Urteile des revolutionären Tribunals auszuführen, vom *Place de la Réunion* abzuziehen.« Dieser Vorschlag wurde nicht akzeptiert; der Konvent beschloß lediglich, daß die Gemeinde von Paris dazu aufgefordert werden sollte, einen anderen Platz für die Exekutionen der Urteile auszuwählen. Die Deputierten stimmten wohl darin überein, die Arbeit zu befehlen, aber sie wollten nicht Zeugen dieser Ereignisse werden. Bereits am nächsten Tag wurde das Schafott wieder zum *Place de la Révolution* gebracht; dort sollte es für dreizehn Monate bleiben[27].

Dieses Mal errichtete man es jedoch nicht, wie am 21. Januar, zwischen den Überbleibseln der Statue Louis XV. und dem Eingang der Champs-Élysées: man plazierte es im Gegenteil zwischen diesem Piedestal und dem Garten der Tuilerien. Die so überaus zahlreichen Stiche dieser Epoche, die entweder den Tod der Königin oder eine andere Hinrichtung darstellen, sind mit wenigen Noten versehen und stimmen nicht mit der exakten Plazierung der Guillotine überein. Die Historiker verstehen sich auf dieses Detail freilich auch nicht viel besser. Lamartine, der gewöhnlich nicht zögert, die Wahrheit einer schönen Floskel zu opfern, versetzt das Hinrichtungsinstrument an einen Ort, »wo der hervorsprudelnde Springbrunnen, der der Seine am nächsten ist, heute auf ewig das Pflaster zu waschen scheint«. Andere wieder plazieren sie ins Zentrum des Platzes, an jene Stelle, wo man das Reiterstandbild Louis XV. errichtet hatte. Das ist ein Irrtum. Diese Statue war am 12. August 1792 umgestürzt worden, nur der Sockel blieb aufrecht, und man errichtete dort, um das Bild des

---

[27] Es gibt eine unter dem Gesichtspunkt des moralischen Blickwinkels dieser Epoche höchst interessante Korrespondenz zwischen Hanriot und Fouquier-Tinville.
Hanriot hatte das Vergnügen haben wollen, von den Fenstern seines Stabes im Hôtel de Ville aus, so wie Lebon in Arras, den Exekutionen der Unglücklichen beizuwohnen, die das Revolutionstribunal guillotinieren ließ. Er verlangte, daß man das Schafott auf dem *Place de Grève* aufstellte, wo man lediglich die Fälscher und die gemeinen Kriminellen hinrichtete, was seiner persönlichen Ablenkung nicht genügte. Fouquier antwortete ihm, daß das Tribunal den *Place de la Révolution* ausgewählt habe, weil es in erster Linie darum gehe, die Verräter auf das Sichtbarste kenntlich zu machen, und erst an zweiter Stelle darum, daß sie ein wenig abseits vom Konvent hingerichtet würden. Es waren also, wie man sieht, vor allem diejenigen, die sich der sogenannten »politischen Verbrechen« schuldig gemacht hatten, denen man die Ehre zuteil werden ließ, zum *Place de la Révolution* geschickt zu werden.
Archives nationales: A F[II] 38.*Étude sur Fouché*, von M. le comte de MARTEL.

vielgeliebten Königs zu ersetzen, eine sitzende Freiheitsstatue[28], an welche Mme Roland ihren letzten Gruß und ihr letztes Wort adressierte. Die Neugierigen drängten sich mit Vorliebe auf den beiden Terrassen des *Jardin des Tuileries*, bei den Marmorberühmtheiten, die noch immer den Eingang des Gartens schmücken; von dort überblickten sie den Ort der Hinrichtung. Es gab dort sogar ein Restaurant, das man in der alten Unterkunft der Schweizer vom Pont-Tournant eingerichtet hatte, und man nannte es das Cabaret der Guillotine. Man hat gesagt, aber das ist wohl ein Detail, das, wie ich glaube, kein Zeitgenosse hat erfinden können, daß die Speisekarte, welche diese Gartenschenke ihren Kunden offerierte, auf der Rückseite die Liste des täglichen Wurfes gedruckt habe.

5. *Der Wagen von Sanson*

Um das Schafott herum hatte sich gewöhnlich eine große Menschenmenge versammelt. Es waren hier alle Schichten zugegen: Bürger, Soldaten, Stutzer, Frauen, viele Polizeispitzel, wenig Arbeiter. Die Deputierten gingen kaum dorthin, und mit Grund. Dulaure jedoch sagt uns, daß er es versucht habe, sich mit dem Anblick der Hinrichtung vertraut zu machen[29]:

> Robespierre seinerseits scheint nicht den geringsten Widerwillen gegen dieses schreckliche Instrument empfunden zu haben, dieses Objekt des Abscheus und des Schreckens für jedermann. Weit entfernt davon, seinen Anblick zu fliehen, ging er dorthin, um regelmäßig seine Betrachtungen anzustellen; man hätte fast gesagt, daß er dort eine Art von Vergnügen fand, denn er hielt dort an, sagte man, wenn sein Spazierweg ihn an die untere Champs-Élysées führte. Dies steht kaum im Einklang mit seinem zur Schau getragenen *Sentiment von Humanität* und *Sensibilität*, von dem er bei jeder Gelegenheit redete.[30]

---

[28] »Dem Bürger Girardin, Maler, zur Bezahlung eines Gedächtniswerks, ausgeführt in den Monaten des Floréal und Prairial an der Freiheitsstatue am *Place de la Révolution*, 3625 L., 78 Sous. (Archives nationales: F^13 280).

[29] Unveröffentlichte Erinnerungsfragmente, veröffentlicht in der *Revue rétrospective* (1840).

[30] *Études sur Fouché*, vom Comte de MARTEL.

Wenn jedoch die Opfer unbekannt und von geringer Zahl waren, waren auch die Zuschauer dünngesät: darüber hinaus variierten die Exekutionsstunden je nach Sitzungsdauer des Tribunals, und die Leute begnügten sich damit, die Wagen in der *Rue Saint-Honoré* anschauen zu gehen. Hier war der Ort, wo sich das wahre Drama abspielte. Hier konnte man aus der Nähe der langsamen Agonie derer beiwohnen, die man zur Hinrichtung schleppte. Zum großen Teil stehen die alten und großen Häuser dieses qualvollen Wegs noch immer, die so viele Unglückliche haben vorübergehen sehen, an die Wagenleiter gebunden, dem *Meister Sanson gegenüber.* Der schreckliche Zug begann in der *Rue de Roule* und bog nach links in die *Rue Saint-Honoré.* Gegenüber der schmalen Kurve, wo das Gedränge der Neugierigen wegen der Nähe der Markthallen stets enorm war, lag ein Haus Ludwig XIV., mit einem der schönsten Balkons von Paris. Etwas weiter ist der Brunnen des *Arbre sec.* Die Blicke Charlotte Cordays, die Paris noch nicht kannte und auf der langen Wegstrecke der Sehenswürdigkeiten von Paris ansichtig wurde, fielen gewiß auch auf dieses Monument des lebenslustigen Rokoko. Dann war da das *Oratoire:* und die Köpfe der Verurteilten mußten sich wohl heben, wenn sie an dieser Kirche vorüber kamen, und wohl viele letzte Gebete müssen sich gegen dieses schwarze Portal gehoben haben. Es war hier, so erzählt man, in jenem Augenblick, als man die Königin zum Schafott führte, daß im Gedränge eine Mutter ihr Kind über die Köpfe hob, einen kleinen blonden Knaben im Alter des Dauphins, der der armen Frau, die dem Tode entgegenschritt, einen Kuß zuwarf. Vor dem *Palais-Égalité* war die Menge stets stürmisch und gedrängt: man war da, um zu schauen. Auf den Stufen von *Saint-Roch* stand man noch besser; folglich fanden sich die Schaulustigen dort ein, lange bevor die Wagen vorüberkamen. Am 16. Oktober war die Freitreppe der Kirche schwarz von Menschen. Eine Frau, die am äußersten Rand des Mauerwerks postiert war, spuckte in die Hände und versuchte, ihren Speichel gegen die Königin zu schleudern. Was hätte glauben machen können, daß Marie-Antoinette diese kraftlose Beleidigung wahrnahm, war, daß sie in diesem Augenblick, obschon gebunden, dem Gesindel den Rücken zuwandte. Dem Wagen voraus, der die Königin zum Schafott führte, ritt ein Offizier der Nationalgarde, den Degen in der Hand. Er hob und senkte diese Waffe abwechselnd, als Aufforderung an das Publikum, das Schweigen zu wahren. »Der festliche Anschein der Mission, die Schwere dieses Wegs, der Schmerz konzentrierte sich im Herold des Todes, in seinen gravitätischen Gesten – und all dies verlieh diesem Spektakel einen unsäglichen und herzergreifenden Schrecken.«[31]

Jener, der als Kind Zeuge dieses Ereignisses war, hatte beim Vorüberrollen der Wagen noch eine andere, nicht minder herzergreifende Erinnerung behalten:

> »Wie konnte ich mich, in meinem Alter[32], an diesem Ort befinden? ... Das ist eine jener Sachen, die ich in die Rätsel meines Lebens einzuordnen nicht umhin kann. Wie dem auch sei, ich habe dieses Grab auf Rädern gesehen; es war gefüllt mit Unglücklichen, die in den Tod gingen ... allesamt Männer.
>
> Einer von ihnen (ich werde sein Aussehen mit der Angst wiedergeben, bevor er sprach, und mit der Resignation, als er es herausgeschrieen hatte): »Gibt es hier jemanden, der zur Rue de la Vieille-Draperie, Nummer 16 laufen kann?« »Ja, ich«, sagte ich in einer Regung des Mitleids, die ich noch immer wiederempfinde, und unter den Augen der Menge, die mein Verhalten nicht gutzuheißen wagte. – »Danke, mein Junge«, sagte er, »geh und sag meiner Frau und meinen Kindern, daß ich in Liebe sterbe und daß sie sich trösten mögen.« – »Ich renne«, sagte ich ihm, in die Richtung losspringend, die er mir angezeigt hatte; und ich lief, mich meines Versprechens zu entledigen, wie ein armes, gerührtes Kind, aber ohne die Motive dieses Dramas zu verstehen, noch die schwierige Größe meiner Rolle, die ich so willig mir übergestreift hatte.«

Da man vermutlich nicht die Zeit haben wird, die einzelnen Anekdoten über die Revolution im Journal des Charles Maurice zu suchen, wählen wir hier einige heraus, deren Authentizität verschiedene Historiker behauptet haben:

> Man hat gesagt, daß die Girondisten auf dem Weg zum Tode die berühmte Hymne *Mourir pour la patrie* (= Sterben für das Vaterland) gesungen hätten. Das ist ein Irrtum. Zunächst einmal konnten die Unglücklichen, deren Haltung und deren Mut bewundernswürdig war,

---

[31] Charles MAURICE, *Histoire anecdotique du théâtre et de la littérature*, 1856.
[32] Charles Maurice wurde im Jahr 1782 geboren.

sich nicht durch die Leiche von Vazalé inspiriert fühlen, die sich auf einem besonderen Wagen befand. Lediglich zwei von ihnen, Durat und Mainvielle, hatten sich während der Vorbeifahrt von der *Rue Saint-Roch* empört und ließen das erste Couplet der *Marseillaise* vernehmen. Sie fuhren darin fort, als ein Junge von elf Jahren, der möglicherweise gleichfalls allein war, ihnen mit jener Art von Vorausbestimmung zuhörte, von der es heißt: »Schau, um dich daran zu erinnern«, bis er sie aus den Augen verlor und heillos erschreckt auf seinem Platz zurückblieb. Dieses Kind war ich. Ich war elf Jahre und sieben Monate alt. In diesem Alter ist die Erinnerung schon kräftig. Der Kollege des Monsieur Hix, zu dem ich gehörte, hatte seine Schüler für einige Tage zu ihren Eltern geschickt, und der Zufall wollte es, daß das entsetzliche Spektakel meine Einbildungskraft entzündete, um niemals wieder zu verlöschen. Was das Lied *Mourir pour la patrie!* anbelangt, so ist es, wie man weiß, das Werk eines jungen Mannes von vierundzwanzig Jahren namens Girey-Dupré, Redakteur des Blattes *Le Patriote français*, aber auch er hat seine feurige Inspiration sühnen müssen. Das beschränkt sich auf ein einziges Couplet, das der mutige Autor schrieb, bevor er vors Tribunal geladen wurde und das er auf dem Weg vom Gefängnis bis zum Schafott sang. Und hier die wörtliche Wiedergabe.

> Welch leuchtender Triumph für uns
> Märtyrer der heiligen Freiheit,
> Unsterblichkeit erwartet uns.
> Eines solch glänzenden Schicksals würdig,
> Marschieren wir ohne Furcht zum Schafott,
> Unsterblichkeit erwartet uns.
> Sterben fürs Vaterland! (zweimal)
> Das ist die schönste und würdigste Lust.

Nach dieser Reaktion hat man weitere Couplets dieser Art hinzugefügt, um daraus eine Nationalhymne zu machen, und die Straßensänger haben über lange Zeit die Erinnerung daran verbreitet.

Nach und nach jedoch wurde das Viertel Saint-Honoré des täglichen Spektakels überdrüssig, das man ihm bot. Die Passage der Karren lähmte das Geschäft zu bestimmten Stunden des Tages vollständig. Sobald der finstere Zug sich näherte, schlossen die Läden, und die Straße harrte des allerniederträchtigsten Pöbels. Zunächst erschienen die Ausrufer, welche die frischgedruckte Liste der Verurteilten verkündeten. Menschenmassen ballten sich längs der Häuser zusammen,

Obszönitäten brüllend oder revolutionäre Refrains skandierend; die höhergelegenen Fenster wurden von Neugierigen besetzt; und plötzlich schrie da jemand: Sie kommen! Und nun, eskortiert von einer Gruppe Gendarmen, erschien die Karosse der *sechsunddreißig Wagentüren*. Die Patienten, die Hände hinter dem Rücken gebunden, mit bloßen Füßen oder mit großen Schuhen oder Pantoffeln an den Füßen, saßen dort, an die Wagenleiter gefesselt, einander gegenüber. Jede Karre faßte fünf oder sechs Verurteilte. Wenn es nur ein oder zwei Opfer gab, wurden sie mit dem Rücken zu den Pferden gesetzt. Man weiß, daß die Königin, als sie den Justizpalast verlassen hatte und zum Wagen kam, sehr langsam die Holzbohle überstieg, die, quer verlegt, als Sitzbank diente, und sich in Fahrtrichtung setzte; Sanson hieß sie aufstehen und sich mit dem Rücken zur Fahrtrichtung setzen. Die Dauer der Fahrt variierte von einer dreiviertel bis zu anderthalb Stunden.

Der *Place de la Révolution* bot keinen erfreulichen Anblick. Im August des Jahres 1793 setzte der Stadtrat fest, daß die Guillotine bis zu einer anderweitigen Verfügung dauerhaft dort installiert werden solle, »mit Ausnahme nur der Schneidemesser, die der Scharfrichter nach jeder Exekution abzunehmen autorisiert war«. Der Blick auf die große *Avenue des Tuileries* wurde nun von diesem Schreckgespenst überschattet. Um die Guillotine herum war die Erde derartig von Blut getränkt, daß die Fußspuren der Passanten, die den Platz überquert hatten, es noch weit entfernt erkennen ließen, bis zum Pflaster der *Rue de Bourgogne*. Die Einwohnerschaft des Viertels war darüber nicht begeistert. Nach der Feier des Höchsten Wesens[33], am 25. Prairial des

---

[33] Die Guillotine wurde zunächst auf dem *Place de la Bastille* errichtet; aber dort blieb sie nur einen Tag. »Am 25. *Germinal* hatte die Schatzkammer dem Bürger Prud'homme die Summe von 52 Livres gezahlt für die Herbeibringung von Wasser und Sand, das dazu diente, das Blut der Opfer fortzuwaschen und zu überdecken, die am *Place de la Révolution* umgekommen waren, am Vorabend des Feierlichkeiten zu Ehren des Höchsten Wesens.«
»Das muß in den Vorbereitungen für die Feier notiert werden ... Der Bürger Prud'homme fand ganz frisches Blut. Es war das Blut eines der zwölf Verwalter aus dem Departement der Ardennen, der am selben Tag vom Tribunal verurteilt worden war; es war das Blut eines gewissen Thézut, eines ehemaligen Adligen; es war das Blut eines Achtzehnjährigen, eines Freiwilligen des 9. Regiments der Leichten Artillerie; es war das Blut, schlußendlich, eines gewissen Lecoq, des Dieners von Roland, der

Jahres II, befand man es daher für dienlich, das Schafott ans andere Ende von Paris zu versetzen, an die *Barrière du Trône-Renversé*.

6. Die Guillotine am Place du Trône

Dort errichtete man die Guillotine unter günstigeren Bedingungen und so, daß man sich nicht gezwungen sah, jene Mißlichkeiten zu wiederholen, die am vorausgegangenen Platz zu ihrem Abbau geführt hatten. Man bohrte unter der Plattform ein Loch, »ein Klafter groß«, wo das Blut hineinfließen konnte und welches das Wasser auffing, mit dem man das Hinrichtungsgerät reinigte. Aber diese Grube war sehr bald schon gefüllt und verbreitete einen solch ekelhaften Geruch, daß der Kommissar der Sektion die Idee aufbrachte, die Abflußrinne zuzuschütten und ein tieferes Loch zu graben, wo man auf eine Erdschicht stieße, welche das Blut aufsaugen würde.

Es war der *Place du Trône*, wo die großen Schübe anlangten. Dort fanden die zahlreichen Opfer der sogenannten Gefängnisverschwörung ihr Ende. In diesem Punkt ist M. Thiers in seiner *Histoire de la Révolution* ein sonderbarer Irrtum unterlaufen, nämlich was den Platz der Guillotine betrifft:

>»In der Nacht des 6. Juni lud man die einhundertsechzig vor, die man als *Luxemburger* bezeichnet. Sie zitterten, als sie die Vorladung erhielten; sie wußten nicht, was man ihnen zur Last legte. Was sie für das Wahrscheinlichste hielten, war, daß man ihnen den Tod reserviert hatte. Der schreckliche Fouquier hatte, seitdem er durch das Gesetz des 22. reich geworden war, große Veränderungen im Saal des Tribunals bewirkt. Anstelle der Sitze für die Advokaten und der Bank, die vormals den Angeklagten zugedacht war und etwa achtzehn bis zwanzig Plätze bot, hatte er ein Amphitheater errichtet, das etwa hundert bis hundertfünfzig Angeklagte faßte. Er nannte dies ›seine kleinen Stufen‹. Seinen Eifer in

---

schuldig gesprochen worden war, Madame Roland ein Musikheft ins Gefängnis gebracht zu haben. Der Wegemeister und seine Arbeiter fanden unter der noch frischen Pfütze hartnäckigen Rost, verursacht vom Blut Tausender Royalisten, Föderalisten, Dantonisten und Hebertisten, die alle während eines Jahres an diesem Platz geopfert worden waren.«

Artikel von Anatole France, *Temps*, Juli 1892.

eine Sphäre der Extravaganz vorantreibend, *hatte er das Schafott im Saal des Tribunals aufstellen lassen* und schlug vor, die einhundertsechzig Angeklagten von *Luxembourg* in ein und derselben Sitzung abzuurteilen.

Der Wohlfahrtsausschuß, solchermaßen über die Art des Delirs seines öffentlichen Anklägers unterrichtet, ließ ihn suchen und befahl ihm, das Schafott im Saal aufzustellen, wo es dann errichtet wurde und ihm die Gelegenheit bot, mehr als fünfzig Angeklagte auf einmal vorzuladen. »*Sie wollen also*«, sagte ihm Collot d'Herbois in einem Wutanfall, »*die Hinrichtung zersetzen?*« Man muß jedoch anmerken, daß Fouquier das Gegenteil beabsichtigte und behauptete, daß er es war, der die Aburteilung der einhundertsechzig in drei Malen verlangt habe. Dennoch, alles beweist, daß der Ausschuß weniger überspannt war als sein Minister und daß er sein Delir unterdrückte. Man mußte nun die Order an Fouquier-Tinville, die Guillotine im Saal des Tribunals aufzustellen, ein zweites Mal erneuern. Die einhundertsechzig wurden in drei Gruppen aufgeteilt, in drei Tagen abgeurteilt und exekutiert.«

Ist es nötig zu sagen, daß der Gedanke, die Enthauptungsmaschine im Saal des Tribunals aufzurichten, niemals den Geist des öffentlichen Anklägers heimgesucht hat? Das Wort *Schafott* [*échafaud*], das sich tatsächlich in den Originaldokumenten findet, bedeutet lediglich *Baugerüst* [*échafaudage*] und bezeichnet die riesigen Stufen, die man im Gerichtssaal dringlich benötigte, um die einhundertsechzig Angeklagten dort unterzubringen. M. Thiers hat das Wort im modernen Sinn verstanden und daraus die Guillotine gemacht. Ein entschuldbarer Irrtum, um so mehr, als er klar macht, daß auf Seiten Fouquier-Tinvilles keinerlei Grausamkeit, wie extravagant auch immer sie sein mag, den Historiker (und noch dazu einen solch unparteiischen) in Erstaunen zu setzen vermag.

Die Guillotine verblieb nun dauerhaft auf dem *Place du Trône* – bis zum 9. Thermidor. In sechs Wochen zerfleischte sie dort dreizehnhundert Opfer! ... Ein anderes Schafott, dieses allerdings nicht dauerhaft, wurde am *Place de Grève* aufgebaut, wann immer das Tribunal gegen irgendeinen gewöhnlichen Verbrecher das Todesurteil gefällt hatte[34]. Am Morgen des 10. Thermidor war die Todesmaschine zum

---

[34] Am vierten Germinal des Jahres II war die Guillotine am *Place de Grève* noch nicht aufgebaut, obwohl sie es hätte sein müssen, und ein Angeklagter mußte gut zwanzig Minuten auf seine Exekution warten. Das Volk war darüber sehr entrüstet.

Place de la Révolution verbracht worden. Um vier Uhr nachmittags stiegen Robespierre und einundzwanzig seiner Hauptkomplizen unter den Beifallsrufen einer riesigen Menge dort hinauf. Dieses Spektakel setzte sich am 11. und 12. fort. In diesen drei Tagen exekutierte Sanson dreihundert als gesetzlos bezeichnete Terroristen; dann verließ die Guillotine endgültig den *Place de la Révolution*. Der *große Schrecken* war vorüber. Paris atmete auf.

Vom Thermidor des Jahres II bis zum Prairial des Jahres III wurde das Schafott am *Place de Grève* installiert: dort starben Fouquier-Tinville und Carrier. In dem Augenblick, wo jener auf der schicksalhaften Plattform erschien, erhob sich aus dem Schoße der Menge, die den schrecklichen *Ertränker* von Nantes auspfiff, der spitze Klang einer Klarinette, und Carrier konnte die Melodie des *Ça ira* wieder einatmen.

Ende Mai 1795 (Prairial des Jahres III) kehrte die Guillotine wieder an den *Place de la République* zurück: nach den Aufständen vom 1.,2. und 3. Prairial hatte der Konvent ein Dekret herausgeben, das eine Militärkommission aus fünf Mitgliedern[35] bildete, die gegen die Aufwiegler ermitteln sollten. In den ersten Sitzungstagen saß die Kommission in den Tuileries, im Raum des Wohlfahrtsausschusses, und die Gefangenen befanden sich in den Kellern des Schlosses. Nach einigen Sitzungen verlegte die Militärkommission ihren Sitz, *Place Vendôme*, in das alte Büro der Stadtvilla des Generalleutnants der Polizei, in der Nähe des Kapuzinerkonvents. Die Nachbarschaft des *Place de la Révolution* war wohl der Grund, daß man hier das neue Schafott errichtete. Paris, aufgerüttelt durch drei blutige Jahre, von der Revolution zermürbt, entmutigt, buchstäblich an Hunger und Elend sterbend, hätte die lange Fahrt der Karossen durch die Stadt möglicherweise nicht ertragen.

Vom 6. April 1793 bis zum 11. Thermidor des Jahres III (29. Juli 1795) hatte das Instrument des Doktor Guillotin, sowohl am *Carrousel* wie am *Place de la Révolution*, am *Trône* wie am *Grève*, zweitausend-

---

[35] J. Capitain, Colonel, Präsident; Verger, Generaladjutant, Chef der Brigade; Talmet, Anführer der Schwadronen; P. Beaugrand, Hauptmann; Gauda, Feldherr der Artillerie. Zwei Freiwillige, Romanet und Deville, und Rouhière, Kommissar für Kriegsführung, waren als Sekretäre beauftragt. Die Kommission stellte ihre Arbeit am 11. Thermidor ein und wurde am 19. aufgelöst.

achthunderteinunddreißig Köpfe rollen lassen. Wenn man dieses Resultat zu würdigen hätte, ist man versucht, an einen Ausspruch von Danton zu erinnern: »... Das Revolutionstribunal! Ich bitte Gott und die Menschen um Verzeihung!« Und an das Wort von Saint-Just: »Die Ausübung des Schreckens hat das Verbrechen abstumpfen lassen, so wie die starken Liköre den Gaumen stumpf machen.«

7. Die Friedhöfe der Hingerichteten
La Madelaine – Les Errancis – Picpus

In Folge der sukzessiven Umsetzungen der Guillotine hatten die Grablegungen der Hingerichteten an verschiedenen Plätzen stattfinden müssen, deren Orte, die heute vergessen sind, anzugeben angebracht ist.

Indem sie die Kirche enteignete, nahm die Revolution ihr die Friedhöfe, die in Gemeindebesitz übergingen. Man bot sie unter der Bedingung zum Verkauf, daß »sie erst nach zehn Jahren dem Handel ausgeliefert werden dürften, zu zählen nach dem Zeitpunkt der letzten Pfändungen.« Nach der Abschaffung der Kirchenfriedhöfe befriedigten nur zwei Nekropolen den Bedarf des Paris von 1792. Die eine war der Westfriedhof (oder *Vaugirard*), die andere hieß *L'enclos de Clamart* und lag an der *Rue du Fer-à-Moulin*.

Nach der ersten Exekution unternahm die Kommune von Paris, ohne Zweifel in Voraussicht der Blutbäder, die folgen sollten, den Kauf eines großen Grundstückes, das zur alten Pfarrgemeinde der *Madeleine*[36] gehörte und als Gemüsegarten der Benediktinernonnen der Ville-l'Évêque gedient hatte. Dieser Garten, der die Außenseite der *Rue de la Ville-l'Évêque* einnahm, erstreckte sich die ganze *Rue de l'Arcade* entlang und wurde durch eine zusammenhängende Häuserzeile der *Rue d'Anjou* unterbrochen. An dieser Stelle ließ die Exekutivmacht, vom 20. Januar 1793 an, eine Grube von zehn Fuß Tiefe ausheben und eine Ladung ungelöschten Kalks herbeikarren. Am folgenden Tag, um neun Uhr in der Frühe, im selben Augenblick, als Louis XVI. den Turm des *Temple* verließ, kamen die Bürger Leblane, Verwalter des Departements, und

---

[36] Die *Église de la Madeleine* wurde als Nationalgut am 4. Pluviôse im Jahre V verkauft.

Dubois, um sich beim Bürger Picavez, dem Pfarrer der *Madeleine*, zu erkundigen, ob die Vorbereitungen für die Grablegung beendet seien. Auf seine bejahende Antwort hin begaben sie sich in die Kirche, wo im Zeichen des Kreuzes die beiden Vikare der Pfarrgemeinde, MM. Damoreau und Renard, in ihre Meßgewänder gekleidet, auf sie warteten.

Der Körper des Königs gelangte nicht in die Kirche. Nach einem sehr kurzen Schlußgebet geleiten ihn die beiden Priester zum Friedhof; eine Menge von Leuten folgte ihnen, zusammengehalten von Dragonern und Gendarmen zu Fuß, deren Musik die Luft mit republikanischen Weisen füllte. Der Pöbel verlief sich auf dem Friedhof, und in dieser allerreligiösesten Stille hörte man den Abt Renard die Todesgebete rezitieren. Der Körper des Königs war in eine weiße Spitzenweste, eine graue Seidenhose und graue Seidenstrümpfe gekleidet. Hut[37] und Schuhe fehlten. Der Kopf war zwischen die Beine gebettet; das Gesicht war nicht entfärbt und die Augen waren offen.[38] Die sterbliche Hülle des Königs, in einen offenen Sarg gebettet, wurde ins Grab gelassen und mit einer Schicht Kalk bedeckt.[39] Der Friedhof der *Madeleine* nahm gleichermaßen die Körper der Opfer des revolutionären Schafotts während des Laufes des Jahrs 1793 und der ersten drei Monate des Jahrs 1794 auf.[40] Aber dieser düstere Ort befand sich allzu nah am *Place de la Révolution*; außerdem hielt ein Bericht des

---

[37] Louis XVI. hatte auf seinem Weg zum Schafott den Kopf mit einem »kleinen Dreispitz bedeckt, an dem eine Nationalkokarde befestigt war, ganz neu«.
Siehe den Bericht des *Magicien républicain*, zitiert von M. Dauban.

[38] Aussage des Abt Renard und offizielles Protokoll der Grablegung.

[39] Als man 1814 eine Exhumierung vornahm, um die sterblichen Reste des Königs wiederzufinden, schien es, daß die Erde schon einmal aufgerührt worden sei.

[40] Diese Behauptungen stehen nicht im Einklang mit den Schlußfolgerungen einer interessanten Arbeit von M. Louis LAZARE in der *Bibliothèque municipale*. Er datiert die Schließung des Friedhofes der *Madeleine* auf den Juli des Jahres 1793. M. Maxime DU CAMP hat sich dieser Deutung angeschlossen. Trotz dieser Autoritäten scheint es sich hier um einen Irrtum zu handeln. Die beiden Autoren zitieren im übrigen kein Dokument, das ihre Behauptung stützen könnte, während sich einiges für die gegenteilige Meinung finden ließe. Eine Broschüre aus dem Jahr 1814 ist betitelt mit ›Liste der Personen, die umgekommen sind durch das Urteil des revolutionären Tribunals seit dem 26. August 1792 bis zum 13. Juni 1793 und deren Leichname auf dem Grundstück des ehemaligen Friedhofs der Madeleine begraben sind‹. M. Desclozeaux, der ehemalige Eigentümer dieses Grundstückes, gab in dem frommen Bestreben, für die dort ruhenden berühmten Opfer zu sorgen, eine Liste heraus, die 343 Namen

Kommissars der Sektion Mont-Blanc fest, daß das Pflaster der *Rue Ville-l'Évêque* beständig rot sei von Blut. Die wahren Motive für die Aufgabe des Friedhofs waren die Beschwerden der Anwohner des Viertels, denen die Nachbarschaft des Friedhofs mißfiel und die dieses Leichenfeld von Enthaupteten als eine Brutstätte von Epidemien betrachteten. Man muß jedoch bemerken, daß die kleine Nekropole weit davon entfernt war, überfüllt zu sein; mehr noch, sobald ein Graben mit Leichen gefüllt war, beeilte man sich, diesen mit ungelöstem Kalk zu bedecken. Die Pestilenz war also nicht zu fürchten; aber dies ist wohl ein Charakteristikum der allgemeinen Einbildungskraft. Die Pariser, die auf ehemaligen Friedhöfen wohnten, auf die dichtbevölkertsten und ungesündesten Viertel verteilt, konnten die Nähe eines Friedhofes von Hingerichteten nicht ertragen: dies bewegte sie, beunruhigte sie und ließ sie stets Epidemien befürchten, »selbst zu der Zeit, wo ihre relativ begrenzte Zahl den allgemeinen Bestattungszahlen nur eine kaum wahrnehmbare Anzahl hinzufügte«. Das Viertel der *Madeleine* war luftig, und der Friedhof war nur zu einem Viertel gefüllt. Aber der König und die Girondisten waren dort; die Phantasie

---

enthält und bis zum 13. Juni 1794 geht. Das erscheint allerdings sehr lange, denn wenn dieses Datum richtig wäre, würde der Friedhof von Errancis zur Gänze wegfallen. M. Desclozeaux ist vermutlich ein verständlicher Irrtum unterlaufen: Die Hingerichteten wurden betont auffällig zur Madeleine gebracht und nur wenige Tage später des Nachts heimlich auf den Friedhof von Monceau transportiert. M. Desclozeaux hat also alle offiziellen *Neueingänge* aufgeschrieben, ohne die wieder abtransportierten Leichname zu zählen. Außerdem, wenn die Hingerichteten nach dem 15. Juli 1793 nach Monceau gebracht worden sind, wie M. Louis Lazare versichert und nach ihm alle, die sich diesem heiklen Thema gewidmet haben, warum hätte man bei der Königin eine Ausnahme machen sollen, die am 16. Oktober 1793 guillotiniert wurde? Es ist sicher, daß sie in der Madeleine beerdigt worden ist, die die gewöhnliche Totenstelle für die Opfer der Guillotine war. Denn die Kommune fürchtete, »daß die Überreste der Tyrannen eines Tages vergöttert würden«, und man machte schon – im Sinne der *Egalité* – gar keine Ausnahme für Marie-Antoinette, nur um ihren Leichnam mit dem von Louis XVI. zu vereinigen. Schließlich, denke ich, kann man in diesem Punkt Michelet Recht geben, der gewöhnlich, was die Wahl seiner Quellen anbetrifft, weniger Hemmungen hat und seine Quellen übrigens nur sehr selten zitiert. Aber er hat sein Kapitel über die *Friedhöfe während der Schreckensherrschaft* nach einer sehr beachtenswerten Arbeit geschrieben, die aus der Feder von M. Hardy, Angestellter im Archiv der Polizeipräfektur, stammt und gut zu Michelets Absicht paßt. Dieses Kapitel ist quellenmäßig gut belegt, und da es darüber hinaus einen guten Stil aufweist, scheint es auf einem soliden Bericht zu basieren.

war davon beunruhigt. Die Anwohner glaubten sich krank. Die Kommune entschied sich also für einen neuen Standort, am äußersten Ende der Vorstadt von *Petite-Pologne*. Das war eine Art Wüstenei, die sich an die selben Mauern der *Folie de Chartres*, das heißt des *Parc Monceau* stützte; sie war begrenzt durch die Einfriedungsmauer der *Rue de Valois* und der *Rue du Rocher*, die an dieser Stelle *Rue des Errancis* hieß. Dies war, wie es im Behördenjargon hieß, der Friedhof von Mousseaux; der Volksmund jedoch behielt die alte Bezeichnung bei und nannte ihn den Friedhof von *Errancis*. Vom 5. bis zum 25. März des Jahres 1795 wurden hier die gewöhnlichen Bestattungen vorgenommen; während dieses Zeitraums wurden die Dekapitierten noch immer zur *Villa l'Évêque* gebracht. Hébert und Clotz waren die letzten, die man dort begrub, am 24. März. Am 25. wurde die Order gegeben, den Friedhof der *Madeleine* endgültig zu schließen und die Hingerichteten auf dem Friedhof von *Errancis* zu beerdigen. »Danton, Desmoulins, Lucile, Chaumette haben diesen Friedhof eingeweiht.«[41] Die Machthaber ignorierten nicht die Liebe und den Fanatismus, der sich mit diesen Namen verband. Sie machten während einiger Zeit ein Geheimnis um die Beerdigungen von Monceau. Die Hingerichteten wurden zunächst an der *Madeleine* abgesetzt, und einige Tage später brachte man sie nach Monceau, zweifellos des Nachts. Die Nachbarn wußten nichts davon. Sie glaubten, daß man sie auf der Höhe der *Rue Pigalle* (damals der Friedhof *Roch*) begrabe; sie beschwerten sich gar und behaupteten, daß die Leichname der Hingerichteten eine Epidemie auslösen würden.

> »Als man definitiv um ihre Bestattung in Monceau wußte, gab es andere Beschwerden. Die in Entstehung begriffene Kommune von Batignolles, so luftig, so dünnbesiedelt, im Nordwind und der Ebene von Clichy gelegen, konnte, so sagten ihre Bewohner, den Leichengestank nicht verkraften. Und wirklich wurde dieser kleine Fleck, der abgetrennt war vom *Parc Monceau* (49 Klafter im ganzen auf 29), immer voller. Vier riesige Abschnitte von ganz Paris kamen dorthin, um ihre Toten zu bestatten (siebentausend in weniger als drei Jahren). Die Guillotinierten unter ihnen machten indes nur einen geringfügigen Anteil aus. Sie

---

[41] MICHELET, *Histoire de la Révolution*.

kamen für einen Zeitraum von zehn Wochen hierhin (vom 25. März bis zum 10. Juni), und von dem Tag an, da sie ausblieben, blieben auch die Klagen aus. Die Nachbarn bemerkten die Gegenwart des Todes nicht mehr.«

Als am 16. Prairial (14. Juni) 1794 das Schafott für einen Tag auf dem *Place de la Bastille* errichtet wurde und darauf an der *Barrière du Trône-Renversé*, wurde es dringlich, im Viertel selbst einen Bestattungsort für die Opfer zu finden. Man wählte den der Kirche *Sainte-Marguerite* [42] zugehörigen Friedhof: ein Leichenfeld, das bereits von den gewöhnlichen Bestattungen angefüllt war. Die Bewohner dieses Teils beschwerten sich übrigens nicht. Sobald man jedoch die Hingerichteten antransportierte, protestierten sie und erklärten, daß die ganze Vorstadt vergiftet werde. Man mußte sich etwas anderes einfallen lassen.

Am äußersten Rand der Vorstadt, in *Picpus*, nahe der Mauer der Einfriedung der Schranke, gab es einen Garten, der zum alten Konvent der Chorherrinnen von *Saint-Augustin* gehörte. Dieser Garten war als Nationalgut verpachtet worden. Die Kommune nahm ihn wieder als Grund zur allgemeinen Nutzung, und man begann dort Gräber auszuheben; der Kommissar der Polizei des Reviers *der Unteilbarkeit*, Almain, und jener des Reviers *Quinze-Vingts*, Renet, die zur Überwachung dieser Anlage beauftragt waren, unternahmen einige geeignete Maßnahmen, um das reibungslose Funktionieren dieses neuen und wichtigen Dienstes zu sichern. Sie verlangten, neben anderen Verbesserungen, daß man die Straße pflasterte, welche vom Hinrichtungsplatz bis zum neuen Friedhof führte. Der Weg, der an der Einfriedungsmauer entlangführte, sei unbefahrbar, sagten sie, »vor allem für die neuen Karren, welche die Leichname der Hingerichteten transportierten: diese Wagen, die mit allzu niedrigen Rädern versehen waren, gerieten in Sand und Morast und blieben darin stecken, ungeachtet der Zahl der Pferde, die man anschirrte«.

---

[42] Dieser Friedhof existiert auch heute noch, ungefähr in dem Zustand, in dem man ihn während der Revolution gelassen hat. Als ich ihn vor einigen Jahren aufsuchte, konnte man auf der Mauer, an deren Fuß das Massengrab ausgehoben worden war, noch lesen: Betreten des Grabes verboten.

Man schlug auch vor, »um jeglichen mephitischen Gestank zu verhindern, auf dem Grab einen Bretterboden zu installieren, auf welchem man, der Einfachheit der Bedienung wegen, Falltüren anbrachte ... . – Selbst am Ort der Hinrichtung, an der *Place de la Barrière-Renversée* [sic], war ein Loch angebracht, das dazu diente, das Blut der Hingerichteten aufzufangen. Wenn die Exekution vorüber war, beschränkte man sich darauf, das Loch mit Planken abzudecken, was freilich den Gestank des sich zersetzenden Blutes, das sich in großer Menge dort fand, nicht minderte ... « Man dachte, daß es

>»um jegliche Art von tödlicher Ausdünstung zu vermeiden, in der gegenwärtigen Jahreszeit[43] zweckmäßig sei, auf einem kleinen zweirädrigen Schubkarren einen mit einer Bleifolie gefütterten Kasten aufzusetzen, in welchen das Blut der Hingerichteten fließt, das daraufhin in die Grube von Picpus gegossen werden könnte. Die für die sanitären Anlagen zuständige Behörde beeilt sich zweifellos, sich diese letzte Maßnahme zu eigen zu machen, und ich ermahne sie hier um so mehr dazu, als der Ort der Hinrichtung und jener des Grabes nicht weit voneinander entfernt sind. Es wäre möglich, daß diese Ausdünstungen sich gegenseitig anzögen und eine mephitische Brutstätte erzeugten, die um so gefährlicher wäre, als sie vermutlich einen großen Teil der Luft erfassen würde.«

Man sieht, die Behörde suchte die neuen Vorwürfe von seiten der Bewohner der Vorstadt zu vermeiden; sie fürchtete sie so sehr, daß man alles, soweit dies möglich war, daran setzte, den Ort geheimzuhalten, wo die Bestattungen stattfanden. Ganz Paris wußte, wo man die Opfer köpfen ließ, aber was man mit ihren sterblichen Resten anstellte, haben die Zeitungen dieser Tage nicht gesagt. Die Familien

---

[43] Der Sommer des Jahres 1794 war besonders heiß. Im Thermidor war die Hitze geradezu *extrem*: am frischestem Punkt der Nacht fiel das Thermometer nicht unter 16 bis 18 Grad; Menschen und Tiere, ermattet von diesen Temperaturen, kamen um; das Gemüse in den Gärten und auf den Feldern verbrannte oder wurde von den Raupen verschlungen, die diese Hitze hatte aus dem Ei kriechen lassen. Die Möbel und die Täfelungen gingen in die Brüche. Die Türen und Fenster verzogen sich, die herrschenden Winde kamen aus Nord und Ost. Der Himmel war fast immer wolkenlos. Am 17. Thermidor brach ein Gewitter herein, welches die Luft so auffrischte, daß drei Tage später, fünf Uhr morgens, das Thermometer auf zwei, drei Grad gesunken war.

der Enthaupteten befanden sich in vollkommener Unkenntnis über das weitere Schicksal ihrer Nächsten, die auf dem Schafott gestorben waren.

Als im Jahr 1802 Mme de Montagu-Nouailles nach Frankreich zurückkehrte, war eine ihrer ersten Sorgen gewesen, sich darüber in Kenntnis zu setzen, wo die Herzogin d'Ayen, ihre Mutter, die am 22. Juli 1792 guillotiniert worden war, begraben lag. Niemand konnte es ihr sagen. Sie erfuhr schließlich, daß irgendwo in einer Mansarde der Vorstädte ein armes Mädchen lebte, welches ihr darüber Aufschluß geben konnte; sie hieß Mlle Pâris und verdiente ihren Lebensunterhalt friedlich damit, Spitzen auszubessern. Mme de Montagu setzte sich aufgrund dieser vagen Hinweise in Bewegung und gelangte schließlich, nachdem sie an viele Türen geklopft hatte, in die vierte Etage der Mlle Pâris, die bei ihrem Anblick glaubte, daß sie einer neuen Auftraggeberin gegenüberstehe, die der Himmel ihr schickte. Als Mme de Montagu ihr den Grund ihres Kommens erklärte, zerfloß die arme Arbeiterin in Tränen:

> Mein Vater [sagte sie] war ein alter gebrechlicher Mann, der dreißig Jahre im Haus der Brissac gedient hatte; mein Bruder, ein wenig jünger als ich, war beim Regimentsstab der Nationalgarde angestellt; er war sehr ordentlich, sehr sparsam, und er unterhielt uns alle durch seine Arbeit, denn das Unglück des Hauses Brissac hatte meinen Vater um sein Kostgeld gebracht, und ich meinerseits war auch arbeitslos, in Anbetracht der Tatsache, daß man zur Zeit der Schreckensherrschaft keine Spitzen mehr trug. Eines Tages kam mein Bruder nicht zur gewohnten Zeit heim; ich war ausgegangen, um Neuigkeiten in Erfahrung zu bringen, und bei der Rückkehr fand ich das Haus verlassen. Mein Vater, der kaum laufen konnte, war während meiner Abwesenheit ins Gefängnis geschleppt worden; mein Bruder befand sich schon seit dem Morgen dort. Ich habe niemals erfahren, weswegen man sie angeklagt hat[44]. Weder wollte man

---

[44] *La liste générale de toutes les personnes traduites au Tribunal révolutionnaire* [=Die allgemeine Liste aller Personen, die vor das Revolutions-Tribunal gebracht wurden], erstellt von M. CAMPARDON, beinhaltet zwei Eintragungen:
Pâris (André), Stallknecht des Duc de Brissac und Postkutschenfahrer, zum Tode verurteilt am 22. Messidor Jahr II;
Pâris (François), Diener von M. de Mandat, angestellt beim Regimentsstab, zum Tode verurteilt am 22. Messidor Jahr II.

mich mit ihnen zusammen einsperren, noch gestattete man mir, sie zu umarmen. Ich sah sie erst auf dem Wagen wieder, der sie zur Hinrichtungsstätte brachte. Jemand, der mich in dem Trauerzug bemerkte und mich erkannte, wollte mich aus Mitgefühl wegführen, aber auf meine Weigerung entfernte er sich selbst unter Tränen. Ich sah, wie mein Vater und mein Bruder guillotiniert wurden, und daß ich nicht augenblicklich tot umfiel, geschah nur deshalb, weil Gott mich aufrecht hielt. Ich fiel also nicht, ich blieb aufrecht auf dem Platz, wo ich war, einige Gebete murmelnd, aber wie mechanisch, ohne etwas zu sehen oder zu hören. Als ich meine Sinne wiedererlangte, war der *Place du Trône* beinahe menschenleer, die Schaulustigen waren in alle Winde verstreut. Die blutbefleckten Kippkarren, wo man die Leichname der armen Opfer hineinwarf, nahmen den Weg auf das Land auf, von einigen Gendarmen begleitet. Ich wußte nicht, wohin sie fahren würden. Jedoch, obwohl mir das Gehen große Mühe bereitete, folgte ich ihnen. Sie hielten am Picpus; es war beinahe Nacht, aber ich konnte noch genau das ehemalige Haus der Augustiner erkennen und den Ort, wo sie all die Unglücklichen, die man zuvor guillotiniert hatte, zusammen begruben. Seit diesem Erlebnis gehe ich dort oft hin. Sommers wie winters ist das mein Sonntagsspaziergang.

Am folgenden Tag machte sich Mme de Montagu zusammen mit Mme de la Fayette ebenfalls auf diesen schmerzlichen Pilgergang. Sie fand einen von Mauern umgebenen Friedhof, der von einem Kreuz überragt wurde.

Einige Tage nach dem 9. Thermidor stand das Gelände von Picpus in der Tat zum Verkauf aus. Ein Bewohner des Faubourg hatte sich als dessen Käufer erwiesen und es von einem in Paris versteckten Priester segnen lassen.[45] Anschließend verkaufte er es der Prinzessin von Hohenzollern, deren Bruder, der Prinz von Salm-Killbourg, zusammen mit 25 anderen Opfern dort bestattet wurde, die am 22. Juli 1794 guillotiniert worden waren.

Die Damen Montagu und la Fayette beschlossen, den Augustinergarten zu kaufen und ihn, im Einverständnis mit der Prinzessin von Hohenzollern, mit dem Gelände zu verbinden, welches das ehemalige Massengrab enthielt. Sie ließen sich an der Spitze einer Unterschriftenliste führen, an der die Mitglieder aller Familien teilnahmen, die einen dem Thron geopferten Verwandten hatten. Mit der Zeit nahm das

---

[45] Abt Boudot, früherer Vikar von Sainte-Marguerite.

Werk von Picpus Kontur an. Man baute eine große Kapelle, wo die Namen der 1307 Opfer, die an diesem düsteren Ort ihre letzte Ruhe gefunden haben, auf Marmortafeln eingemeißelt sind. Diese ist unversehrt geblieben und auf einem Nachbargrundstück befinden sich die – meistens sehr schlichten – Grabgewölbe und Grabmäler der Familien der Hingerichteten, denen es gestattet wurde, zusammen mit denen ihrer Angehörigen zu ruhen, die unter der Revolution getötet wurden.

In einem Winkel befindet sich das Grab des Generals Lafayette. Durch eine kleine Gitterpforte erblickt man das alte Massengrab, ein kleines eingezäuntes, von Pappeln und Zypressen beschattetes Rasenstück, auf dem ein Eisenkreuz errichtet ist. Das Kloster wird heute von den *Damen der ewigen Anbetung* benutzt. Täglich wird in der Kapelle eine Totenmesse zum Andenken an die Opfer des Schafotts gefeiert, und jedes Jahr Ende April oder Anfang Mai wird eine feierliche Messe abgehalten, nach welcher der Klerus und die Angehörigen in Trauerkleidung in einer Prozession aus der Kirche gehen und sich zur heiligen Einfriedung begeben, die man das *Feld der Märtyrer* nennt.

Am 9. Thermidor erhielt das Massengrab seine letzte Ladung von Opfern. Am 10. wurde der Friedhof von Errancis wieder geöffnet, nachdem die Guillotine auf den *Place de la Révolution* zurückgekehrt war. Das Grab, das man dort aushob, um die sterblichen Reste von Robespierre, Saint-Just, Fleuriot-Lescot, Payan, Vivier und anderer aufzunehmen, wurde im nördlichen Teil der Einfriedung angelegt, entlang der Mauer des ehemaligen Rundweges von Clichy. Man brachte 22 Rümpfe in zwei Kippkarren dorthin – die Köpfe befanden sich separat in einer großen Truhe – und den Leichnam von Lebas, der als einziger noch unversehrt war. Die Transport- und Bestattungskosten beliefen sich auf 193 Pfund, plus 7 Pfund Trinkgelder für die Totengräber, einschließlich des ungelöschten Kalks, von dem eine Lage *auf die sterblichen Überreste der Tyrannen verteilt wurde, um zu verhindern, daß sie eines Tages vergöttert würden.*[46]

Der Boden von Errancis nahm am 11. und 12. Thermidor weitere Ladungen auf; die hartherzigen Männer der Montagne wurden später

---

[46] *Bibliothèque municipale*, Louis LAZARE.

mit Boubotte, Romme, Goujon, Duquesnoy, Duroy und Soubrany vereinigt.

Anschließend wurde der Friedhof geschlossen und nicht mehr benutzt. Man hatte auf seine stets verschlossene Pforte das Wort *Schlafen* geschrieben. Vor dem 18. Brumaire bestattete man dort nicht mehr, und seine Existenz schien nicht mehr bekannt. Später eröffnete auf diesem Platz ein Lokal, in dem getrunken, getanzt und gesungen wurde. Die Annexion der Vorortgebiete brachte dieses *petit tivoli* zum Verschwinden. Der *Boulevard Malesherbes* und die Verlängerung der *Rue Miromesnil* haben das Gelände aufgeteilt. Was davon vor 1870 noch blieb, war von Mauern umgeben, und einige Boule-Spieler trafen sich sonntags, um ihre Kugel zu schieben.[47] Auf diesem schaurigen Ort erheben sich nun die schönen Stadthäuser des *Parc Monceau*.

8. Das Schafott in den Vaudevilles

Man weiß sich nicht genug auszumalen, mit welcher Leichtigkeit die ständige Betrachtung des Hinrichtungsinstruments die Pariser mit der Guillotine vertraut machte. Sie war zur täglichen Gewohnheit geworden; und gewiß widmeten ihr die Passanten und Spaziergänger an den Champs-Élysées nicht viel mehr Aufmerksamkeit, als wir sie dem Obelisken der Pharaonen widmen, der heute ihren Platz eingenommen hat.

Sicher ist, daß die Exekution des Königs in der Stadt eine Bestürzung verursachte. Aber das Pariser Volk ist nicht für dauerhafte Eindrücke geschaffen; und dieser Präzedenzfall hatte die Wirkung, die Betrachter für die Exekutionen abzustumpfen, die folgen sollten. Die Neugierde hielt einige Zeit an. Ein Schub im Mai des Jahres 1793 stellte noch einmal ein großes Ereignis dar. Als man die zwölf Verurteilten aus der Bretagne-Affäre zum Tode schickte, war der *Place de la Révolution* schwarz von Menschen; aber sehr bald wiederholte sich dieses Geschehen so häufig, daß man ihm keine Bedeutung mehr zumaß. Der Witz der Pariser schulte sich gleichermaßen auf Kosten

---

[47] Maxime DU CAMP, *Paris, ses organes, ses fonctions, sa vie.*

Sansons, seines Instruments und seiner Opfer. Man gab dem Henker den Spitznamen *Charlot* – zweifelsohne des Vornamen Charles wegen, den fast alle Familienmitglieder trugen; man nannte ihn auch »Ohne-Mehl«, in einer doppelten Anspielung auf seinen Namen wie auf den scheußlichen Sack, der den Kopf des Verurteilten empfing. Die Guillotine war »die Platte zum Papiergeld«, »das kleine Fenster«, die »Katzenfalle«. ... Wenn man übrigens den Witzen Rechnung tragen möchte, zu welchen die revolutionäre Justiz das gute Volk im Jahre II der Brüderlichkeit inspirierte, muß man die folgende, aus der Feder des Patrioten Hébert stammende Passage lesen. Es ist die Nacherzählung des Todes der Königin; wir geben sie wörtlich wieder, nur Sorge tragend, die zotigen Ausdrücke auszulassen, die im Original selbstverständlich ganz ausgeschrieben sind, und jene pittoresken Ausdrücke hervorzuheben, in denen man unzweifelhaft die Metaphern wiederfindet, die dem alltäglichen Hinrichtungspublikum vertraut waren:

> Ihr alle, die Ihr von unsern alten Tyrannen unterdrückt worden seid, ihr, die Ihr einen Vater beweint, einen Sohn oder einen Ehemann, der gestorben ist für die Republik, tröstet Euch, Ihr seid gerächt. Ich habe den Kopf des weiblichen *Vetos** in den Sack fallen sehen. Ich würde, f ..., euch die Befriedigung des Sansculotten ausdrücken können, als diese Erztigerin *in ihrem sechsunddreißigtürigen Wagen* durch Paris fuhr. Nicht ihre schönen weißen Pferde, so schön gefleckt, so schön geputzt, führten sie, sondern zwei Rossinanten, die *dem Meister Sanson gegenüber* angeschirrt waren, und sie schienen so befriedigt, zur Befreiung der Republik etwas beizusteuern, daß man den Eindruck hatte, als wollten sie freudig losgaloppieren, um früher am Schicksalsort anzugelangen. Die Hure war zudem dreist und frech bis zum Ende. Die Beine versagten ihr in dem Augenblick, als man sie auf das Schafott legte, um mit *heißer Hand zu spielen*, aus Furcht zweifellos, nach ihrem Tod eine noch gräßlichere Marter zu finden, als jene, die sie vor sich hatte. Ihr verdammter Kopf wurde schließlich von ihrem Hurenhals getrennt, und die Luft hallte wider vom Schrei: Es lebe die Republik[48].

---

* Anspielung auf ihren Gatten, der als König das Veto-Recht inne hatte.

[48] Weniger als sechs Monate nach diesem 16. Oktober war Hébert an der Reihe, *mit heißer Hand zu spielen*. Er war so feige vor dem Tod, daß er zum Objekt des Abscheus der anderen siebzehn Verurteilten wurde, die mit ihm zum Tode schritten. Vom Verlassen des Palais an war sein Gesicht leichenblaß. Er war, wie es seine Gewohnheit war, mit Geschmack gekleidet, aber seine Kleider waren in Unordnung. Er weinte

Man könnte zudem die vielen sprachlichen Anspielungen hier anführen, in denen man im allgemeinen Sprachgebrauch dieser Zeit die Guillotine als *nationales Rasiermesser* tituliert hat. Das ergäbe eine ziemlich eigenartige und auch einigermaßen komische Studie der revolutionären Eloquenz. Tatsächlich war die Todesmaschine längst zu einem Gemeinplatz geworden, der sich in jeglichem Gefasel wiederfand (das bekanntlich zahllos ist) – in der gleichen Reihe wie Brutus, Cassius, Scaevola, Germanicus und die ganze Ahnengalerie der Antike. Aber eine solche Kompilation würde uns zu weit führen, und wir müssen davon absehen. Begnügen wir uns also damit, eine Kostprobe eines Redefragmentes von Chaumette an den Generalrat von Paris zu geben:

> Bürger, ruft Euch jene Krisenmomente ins Gedächtnis, wo die Mitglieder des Bergs und jene der Kommune von Paris, in der Verteidigung derselben Sache, zur gleichen Zeit einen Fuß auf dem Schafott gehabt haben und den andern auf dem Schlachtfeld für die bedrohte Freiheit.[49]

Das Schafott war also in die Mentalität eingedrungen, und die Pariser – gewisse Pariser zumindest – amüsierten sich köstlich über dieses neue Spielzeug. Man hatte die lustige Idee, die Köpfe all der steinernen Heiligen abzuschneiden, welche die Fassaden der Kirchen zierten. An Notre-Dame hatte man die Statuen des Portals der alten Basilika bereits einen Kopf kürzer gemacht. Die weiße Bruchstelle des Steins bildete zu den Körpern der Statuen, die von der Zeit geschwärzt waren, einen starken Kontrast und erzeugte den Eindruck frisch ge-

---

Krokodilstränen, und der Schweiß rann ihm die Stirn hinunter. Die Bevölkerung, dichtgedrängt an der Strecke der Wagen, überhäufte ihn mit Hohngelächter und Beschimpfungen: »He! Vater Duchesne«, so schrie man, »du wirst dein Dachfenster sehen, du wirst uns morgen in der Zeitung erzählen, was es da so zu sehen gibt ...!« Auf dem Platz mußte man ihn von der Karre heben und ihn aufs Pflaster setzen, weil seine Beine ihn nicht mehr trugen. Er war schon fast tot vor Angst, als man ihn, ohnmächtig, auf den Balken band.

Man hat uns wohl die Männer der Revolution rehabilitieren wollen, aber ich glaube nicht, daß es in der Macht irgendeines Menschen steht, diese schändliche Gestalt eines Hébert wegzuwaschen und sie anderswohin als an den Pranger der Geschichte zu stellen.

[49] *Moniteur* vom 14. Frimaire des Jahres II.

schnittenen Fleisches, was sehr drollig schien. Und überall sang man Gelegenheitscouplets, die voller Anspielungen auf die Guillotine waren. Welche Sammlung könnte man von diesen revolutionären Chansons erstellen, die gewiß ebensowohl von der Angst beeinflußt waren, wie von der Gewohnheit und dem Bedürfnis der Pariser, sich zu mokieren. Der finstere Refrain:

> Tanzen wir die Carmagnole! [d.i. die Jakobinerjacke]
> Es lebe der Klang! Es lebe der Klang!
> Tanzen wir die Carmagnole!
> Es lebe der Klang ... der Kanone!

ist nichts anderes als eine brutale Anspielung auf den Kleiesack [son: Klang, Kleie], der die Alpträume ganz Frankreichs von 1793 heimsuchte.

Im übrigen hat man im Jahr II eine *Sammlung patriotischer Hymnen, gesungen zu den Sitzungen des allgemeinen Rates der Kommune von den Bürgern der revolutionären Armee* gedruckt[50], die keinen Zweifel über den Platz läßt, welche die Guillotine in den poetischen Räumen der Tyrtäus dieser Zeit innehat. Stellen Sie sich also den allgemeinen Rat der Kommune von Paris vor, der zur Sitzung schreitet und singt:

> Weil wir vereinigt sind,
> Alle Räuber [Briganten] des Landes,
> Machen wir keine Gefangnen,
> Wir töten sie bis zum Letzten,
> Wir tanzen die Carmagnole! etc.
>
> Zittert, Ihr verschwornen Verräter,
> Ihr föderalen Betrüger,
> Eure Pläne sind uns bekannt
> Ihr sei alle f ...
> Wir tanzen ... etc.
>
> Flüchtet, flüchtet, solange noch Zeit ist,
> Die Guillotine erwartet euch,
> Wir werden euch verkürzen,

---

[50] Siehe den Katalog der Bücher, die die poetische Bibliothek des M. Viollet-Leduc bilden, Paris, bei Floc, libraire, 1847.

Und Eure Köpfe werden fallen ...
Wir tanzen die Carmagnole ...

Die Lektüre dieser wilden Lieder, die mit Recht in Vergessenheit geraten sind, offenbart die Gedanken, die ihre Autoren beseelten. Im *Liederbuch des Berges*[51] *(Chansonnier de la Montagne)* finden sich so charmante Couplets wie dieses hier:

Man wird auf allen Wegen
Die revolutionären Truppen sehen;
Die Guillotine im Gefolge,
Wird man die Speicher durchsuchen.
Jener, der meutert,
Macht sein Fest.
Man schneidet ihm den Kopf ab.

In diesem Zusammenhang ist es angebracht, auch den Chanson über den Tod der Königin wiederzugeben:

Gegen die Witwe Antoinette
Machte Frankreich nur einen Schrei;
Sie unterzog sich derselben Prüfung
Wie ihr Herr Gemahl.
Um diese Ex-Königin aufzutakeln
Hätte das Schwert nicht gereicht:
Die souveräne Majestät
Zeigte sich hier in der Verkürzung[52].

Unter den Verurteilten machte es Mode, einige scherzhafte Verse zu schreiben, bevor man zum Tode schritt; man nannte dies *seinen Chanson der Guillotine machen*. Jedermann kannte die berühmte *Reise nach Provins*, die der Girondist Ducos nach seiner Verurteilung schrieb. Es gibt einen anderen, unbekannteren Chanson, der dem ungestümen

---

[51] Sammlung der *Chansons, vaudevilles, pots pourris et hymnes patriotiques, par différents auteurs. Paris, Favre, l'an deuxième de la République française une et indivisible,* in-18.

[52] *La Révolution en vaudevilles,* 2 Bücher in einem Band. Paris, Jahr III, in-18, mit einer Gravur, die Einnahme der Bastille darstellend.

Montagnard Louis-Bernard Magnier zu verdanken ist. Zumindest sind dies die Vornamen, die ihm von Geburt an mitgegeben waren; aber er hatte durch ein besonderes Gesetz vom 11. Juni 1791 durchgesetzt, den banalen Louis-Bernard in *Lepelletier-Brutus-Beaurepaire* umwandeln zu können.[53] Dieser Magnier, gebürtig aus Guise, war ein höchst unbesonnener Mensch, der sich in der Bretagne als einer der grausamsten Agenten des Wohlfahrtsausschusses entpuppte.[54] Im Prairial des Jahres III vor die Militärkommission geladen, wurde er zu Fuß nach Paris gebracht und beschäftigte sich unverzüglich damit, seinen *Chanson der Guillotine* zu verfassen. Hier nun einige Couplets:

Ich kam von Rennes zu Fuße
Laßt's euch gefallen, die Sache ist hart.
Der Senat hatte nicht die Muse
Ein Pferd zu geben für die Fahrt.
Seht ihr jetzt,
Daß dies vorsorglich war!
Im Wagen zum Henker gekarrt!

Melodie von *Ports à la Mode*

Sanson wird mir morgen, mit der Miene des Dummkopfs
Sagen: »Ich muß scheren;
Du könntest, mein Freund, wenn's dir gefällt,
In einer anderen Welt Schrecken verbreiten.«

Melodie von *Bonsoir la Compagnie!*

Ich bin um so mehr getröstet,
Als ich mich geopfert sehe
Dem lieben Vaterland.
Deine Balken sind's, die mich erwarten,
Also stelle ich mich fröhlich,
Je größer die Plage, desto größer das Vergnügen;
Guten Abend, die Gesellschaft!

---

[53] Diese Marotte ist keineswegs ein isoliertes Phänomen zur Zeit der Revolution. Die Tochter des Ministers Lebrun wurde bürgerlich getauft: *Victoire-Constitution-Jemmapes-Doumouriez* Lebrun.
[54] Siehe, zu Brutus Magnier, *Les derniers Montagnards*, von M.J. CLARETIE.

Im übrigen dichtete Brutus Magnier ganz umsonst. Er wurde nur zur Deportation nach *Sinnamary* verurteilt, von wo er, in Folge eines Amnestiedekrets, nach Ablauf zweier Jahre wieder zurückkehrte, beschwichtigt zweifellos und zur Vernunft gebracht, denn er spielte in den kommenden Ereignissen keine Rolle mehr.

Man darf zudem jene *komische Szene* nicht vergessen, aus Gesang und Rede gemischt, die den Tod des *Père Duchesne* behandelt.

> Das Cabriolet von *Pont-aux-choux* [von der Brücke zum Kohl]
> Zieht euch mit 18 Knausern zusammen.
> Hébert, dieser Gelegenheitspatriot,
> Den sie fanden wie einen Stift,
> Sprach nicht mehr, um einen Antrag zu stellen.
>
> Gesprochen: Das ist durchaus nicht erstaunlich,
> Er hätte schon gerne schwatzen gewollt, aber ...
>
> Die Tochter bei Guillotin
> Sie fiel unter die Haube
> Kündigte an, daß er nicht das Wort habe[55]

Ein anderes wird als Loblied gesungen:

> Er erreichte seine Heilung,
> Mein *guingueraingon*,
> Er erreichte seine Heilung,
> Indem er devote Gebete sprach
> An die heilige Guillotinette,
> Meine *guingueraingette*.

Dies ist nur widerlichsüß; aber stellen Sie sich vor, wer der *Poet* war, der Verse wie diese entwerfen konnte:

> Ich kaufte Köpfe,
> Wenn ich die Mittel hätte,
> Ich nähme sie mit auf ein Fest,
> Einen in jeder Hand.

---

[55] *La Révolution en vaudevilles.*

Es lebe die Guillotine,
Die macht so gute Miene
Und schneidet auch so schön,
Den Hals für all diese Hunde!
[...]
Meine schönen Aristokraten
Im Sack von Sanson
Wir spucken, wir spucken![56]

9. Der Kult der Guillotine

Zweifelsohne glaubte man, daß der makabre Streich nicht weiter getrieben werden könnte; dennoch erlebte man noch Schrecklicheres. Der Wind des Wahns, der durch Frankreich strich, hatte die Geister in einem solchen Ausmaß vernebelt, daß die Guillotine ihre Liebhaber und ihre Getreuen hatte. Es gab eine *Religion des Schafotts*. Wir sind bereits ausführlich auf die Amateurhenker eingegangen, die den Boden der Republik von den Royalisten säubern sollten, die ihn beschmutzten. Ein sehr ähnlicher Vorfall ereignete sich gar im Schoße des Konvents. Am 17. Germinal des Jahres II (7. April 1794) baute sich ein Bürger an der Schranke der Versammlung auf und offerierte eine Summe, die, wie er sagte, *für die Unterhalts- und Reparaturkosten der Guillotine* bestimmt sei. Der *Moniteur*[57], der diesen Vorschlag erwähnt, fügt hinzu, daß überaus gewalttätige Reden den Petitionär unterbrachen. Man wies ihn an, den Platz zu räumen, und beauftragte das Komitee der öffentlichen Sicherheit damit, sein Benehmen einer Prüfung zu unterziehen.

Indem man sich derart entrüstete, bewies die Versammlung ein großes Zartgefühl; sie war gewöhnlich weniger empfindlich. Wenn die Revolution solche widerlichen Enthusiasmen hervorgerufen hatte, mußte der Konvent nur sich selbst die Schuld zuschreiben. Die Volksvertreter und die Mitglieder des Komitees hatten selbst alles dazu

---

[56] Wir verweisen hier schließlich zur Erinnerung auf einen anderen Chanson dieser Zeit, *Guillotine von Kithera* betitelt. Das ist eine so unanständige Komposition, daß wir hier nicht einmal ein Couplet zitieren wollen.

[57] Vom 18. Germinal.

getan, das Schafott auf die Höhe einer verehrungswürdigen Institution zu hieven.

In einem Brief des 27. Brumaire des Jahres II sagte Gateau, Verwalter der militärischen Verpflegung, über Saint-Just:

> Er hat alles belebt, wiederbelebt und regeneriert, und damit dieses Werk vollbracht werden kann, erscheint uns von allen Ecken eine Kolonne revolutionärer Apostel, von soliden Sansculotten; *die Heilige Guillotine ist in strahlendster Aktivität*, und der *wohltätige Schrecken [terreur]* produziert hier, auf eine wunderbare Weise, das, was man vor einem Jahrhundert nur von der Vernunft und der Philosophie erhoffte. Der Augenblick der schrecklichen Gerechtigkeit ist gekommen, und alle schuldigen Köpfe müssen unter das nationale Niveau fallen.

Gateau, der Autor dieses Briefes, hatte eine Guillotine als Siegel, deren Abdruck sich noch auf dem Siegelwachs finden, mit dem er seine Briefe versiegelte. Dieser Fanatiker war aus Blérancourt; er war seit langem der intime Freund von Saint-Just. Auf die Autorität des letzteren gestützt, kraft ihrer Beziehung und zudem unterstützt von Tuillier, dem Freund und wohlbekannten Sekretär von Saint-Just, der auch aus Blérancourt stammte, hatte er die Bewohner des Departements von Aisne terrorisiert. Sie wurden beide am 11. Thermidor des Jahres II als Komplizen von Robespierre und Saint-Just in Paris verhaftet.

Aber sobald der Schrecken nicht mehr auf der Tagesordnung stand, verleugnete Gateau die *Heilige Guillotine*. »Es ist wahr«, schrieb er, »daß die widerliche Sprache, deren bloße Reminiszenz mich bis zu meinem letzten Atemzug belästigen wird, einer Situation, Umständen, Sachen und Menschen aus dieser schändlichen Zeit mit ihren vielen Unannehmlichkeiten angehörte, die meine Prinzipen, meine Gefühle, mein Verhalten und mein Herz in scheußlicher Weise verleumdeten; denn mein Herz wirft mir keinen Tropfen Blutes noch eine Träne vor, und mein Gewissen keine Ungerechtigkeit noch eine Bereicherung. Ich habe meinem Vaterland mit feurigem Eifer und Loyalität gedient.«

Auf diese beredte und energische Verteidigung hin und nach einer Inhaftierung von 14 Monaten wurde Gateau am 26. Vendémiare des Jahres IV freigelassen, in Ausführung eines Beschlusses des Sicherheits-

Komitees des Nationalkonvents. Er starb 1815, als Bürochef des Finanzministeriums. Sein Freund Tuilier war in der Haft gestorben, im Brumaire des Jahres III.

Die Worte von der *Heiligen Guillotine* waren übrigens weiter im Gebrauch; in einigen Städten, Brest zum Beispiel, hatte man, wie man uns gesagt hat, vor dem Schafott eine Art Holzpyramide errichtet, von vorgetäuschten Felsen bedeckt; das war das Emblem des *Bergs**, und auch die Hinrichtungen schienen Zeremonien eines neuen Kultes zu sein. In Orange hatte der Staatsanwalt dieselbe Idee und war stolz darauf.

> Du kennst [schrieb er] die Lage von Orange. Die Guillotine ist vor dem Berg aufgebaut. Man könnte meinen, daß alle Köpfe ihm im Fall die ihm gebührende Huldigung erweisen: köstliche Allegorie für die wahren Freunde der Freiheit. Die beiden Chiere, Priester, sind unter den bestraften Verrätern. So geht's und so wird es sein!

Selbst in Paris, während des Fests des Höchsten Wesens, wurde das Hinrichtungsinstrument einfach unter Tapeten aus blauem Samt verborgen, die mit Rosenbuketten bestreut waren, und der ganze Konvent und all die Zentralgewalten defilierten langsam an ihm entlang, womit sie die Guillotine mit einer sozusagen religiösen Feierlichkeit verbanden. Diese Leute huldigten einem Kult des Blutes. Man kannte das Wort Amars während der Massenexekutionen, welche der Affäre Cécile Renaud folgte: »Gehen wir zu Fuß zum großen Altar, die *rote Messe* feiern!« Warum also simulierten sie Entrüstung, wenn sie Schule machten? Das Beispiel kam von ihnen; sie gaben den Ton, und die Apostel, die sie in die Provinzen riefen, begnügten sich damit sie nachzuahmen, etwas bläßlicher. Prud'homme zitiert zu diesem Sujet einen Brief von Giraud an ein Mitglied des Wohlfahrtsausschusses; dieses Hirngespinst kann als das Wunder dieser Gattung durchgehen.

> Ich zitiere immer Paris, denn Paris kann als ein Modell für alles dienen. In Paris hat doch die Kunst des Guillotinierens die höchste Perfektion erreicht. Sanson und seine Eleven guillotinieren mit einer solchen Flinkheit, daß man glauben könnte, sie hätten, so wie sie Menschen ver-

---

* Der Berg war das Symbol der Bergpartei.

schwinden lassen, Lektionen bei Comus [einem Zauberer] genommen. Sie haben ganze zwölf in dreizehn Minuten davon geschickt. Schickt also den Henker von Marseille nach Paris, damit er bei seinem Kollegen Sanson einen Kursus in Sachen Guillotine belegt, denn wir werden das nicht beenden. Du mußt wissen, daß wir es dir nicht am Wildbret für die Guillotine fehlen lassen und daß wir eine große Zahl losschicken müssen. Gut wäre auch, wenn du diese Kerle nicht von einer Trommel begleitest, sondern eine Trompete nimmst, die sehr viel besser die Justiz des Volkes ankündigt. Man muß die Promptheit der Guillotine dadurch kompensieren, daß man das Volk dadurch elektrisiert, daß sie ihre Feinde zum Schafott hinführen[58]. Es ist nötig, daß dies eine Art Volksspektakel wird. Die Gesänge, der Tanz müssen den Aristokraten beweisen, daß das Volk ihr Glück nur in ihrer Hinrichtung sieht. Man muß dies außerdem so einrichten, daß es immer einen großen Menschenauflauf gibt, der sie zum Schafott begleitet.

In Paris gehörte zu jedem Fest auch eine Guillotine. Am 21. Januar 1794 umringte man das Schafott auf dem *Place de la Révolution* mit soviel Pfählen, wie die Republik Departements zählte. Jeder dieser Pfähle war von einem Wappenschild überragt, in dessen Mitte man den Namen des Departements las. Man tanzte und das Volk nannte dieses Fest den *Tingeltangel der Departements*. Die Stimmung, die für diese Gelegenheit absichtlich erzeugt wurde, hielt sich bis lange nach dem 9. Thermidor, und weil es so lustig war, ahmte man sie auf allen Bällen nach, selbst bei jenen großen Stils – und selbst *bei den Opfern*. Der erste Kontertanz bei jeder Quadrille war immer der *Contredanse des Tingeltangel*[59].

Nach alledem sehe ich wahrlich nicht, was das Erstaunen und die »*unmöglich!*«-Rufe hat aufkommen lassen, als ein Chronist gewisse Passagen dieser Guillotine-Litaneien wiedergegeben hat:

Heilige Guillotine, Beschützerin der Patrioten, bete für uns.
Heilige Guillotine, Entsetzen der Aristokraten, beschütze uns.
Geliebte Maschine, hab' Erbarmen mit uns.
Verehrte Maschine, hab Erbarmen mit uns.
Heilige Guillotine, befreie uns von unseren Feinden.

---

[58] In Orange ging den Wagen ein Trommler voran, der den *Pas de la Mort*, einen Totenmarsch, spielte, und das Schafott war mit Fahnen der Trikolore geschmückt.
[59] Vgl. DUVAL, *Souvenirs de la Terreur.*

Kapitel 5

Das Vorurteil

1. Der Schandfleck

Die große *Encyclopédie,* die im 18. Jahrhundert unter der Patronage von Diderot und der Philosophen herausgegeben worden ist und die den Ruf hat, alle Vorurteile zerstört zu haben, enthält zum Scharfrichter folgende Zeilen:

> Der gräßliche Name des »Henkers« ist heute wie damals ein Schandfleck für den, der ihn trägt, und er wird es solange sein, wie er einen Mann bezeichnet, der einen anderen erwürgt oder in aller Öffentlichkeit rädert. Dies ist nicht mehr auf einem Urteil begründet, sondern auf der gewaltigen Kraft des Instinkts, der alle Mörder verabscheut, die den Mord nicht aus Selbsterhaltung begehen; was zugleich beweist, daß die Todesstrafe gegen die Natur ist und die Mächte der Gesellschaft übersteigt.

Lassen wir diese Schlußfolgerung beiseite, die über den bescheidenen Anspruch dieses Buches, die Fakten vorzubringen und auf unvoreingenommene Weise die Dokumente zu präsentieren, hinausgehen würde. Belassen wir es bei diesem Bekenntnis, das zu einer Zeit geschrieben wurde, als es zum guten Ton gehörte, keine alten Vorurteile zuzugestehen, nämlich, daß der Schrecken, den der Henker erzeugt, ein natürliches, instinktives und irrationales Gefühl ist.

Nun verhält es sich nicht so, daß sich diese Behauptung ihrerseits nicht diskutieren ließe. Ohne zu den Anfängen der Welt zurückzugehen, ist es gewiß, daß der Scharfrichter bei den Griechen und bei den Juden ein Amtsträger ist, den man den Richtern gleichstellt. Freilich, im republikanischen Griechenland, zu jener Zeit also, da Aristoteles den Henker in den Rang der Hohen Beamten stellte, leistete dieser nur eine indirekte Mithilfe bei den Exekutionen; er begnügte sich damit, den Schierlingsbecher zuzubereiten und ihm den Verurteilten darzubieten, der sich selbst opferte. Wie dem auch sei, es wäre außerhalb unserer Themenstellung, dieser Frage durch alle Zeitalter hindurch nachzugehen und nachzuforschen, welchen Platz die verschiedenen Zivilisationen dem Mann zugesprochen haben, der beauftragt war, jene zu Tode zu bringen, welche die Gerichte für schuldig erkannt hatten. Es genügt uns in Erfahrung zu bringen, was die Scharfrichter in Frankreich vor der Revolution waren und welche Veränderung diese große philosophische und politische Bewegung für ihre Situation mit sich gebracht hatte.

Es sind nicht bloß Märchen, die man über die Parias verbreitet hat. Eine Tradition, so tief im Geist der Menschen verwurzelt, daß sie noch bis heute fortwirkt, will, daß der Henker, der sein Handwerk ungeschickt betreibt und den Verurteilten *verfehlt*, den Platz des Todeskandidaten einnehmen soll. Ich weiß nicht, woher dieser Glaube stammt. Soviel ist sicher, daß er bisweilen schreckliche Konsequenzen für den Scharfrichter hatte.

Im Band XIII des Registers der Entscheidungen der Gemeindeverwaltung von Tours ist folgendes zu lesen:

Am Montag, dem 11. Februar 1488, wurde ein Falschmünzer namens Loys Secretain, der Fabrikation von falschem Geld überführt, vom Vogt von Touraine dazu verurteilt, auf dem *Place de la Fère-le-Roy* gesiedet, gestreckt und gehängt zu werden. [Der Scharfrichter, ein gewisser Denis, führte] den besagten Loys auf ein Schafott in der Nähe des Kessels, ließ ihn sein *in manus* aufsagen, drückte ihn und warf ihn kopfüber in den Kessel, um ihn dort zu sieden; in seiner Todesangst lockerten sich die Seile derart, daß er zweimal an die Wasseroberfläche kam und um Barmherzigkeit schrie. Da sie dies sahen, begannen der Vogt und einige Bewohner, Rochard, Périgault, etc. auf den Henker einzuschlagen, indem sie sagten: »Ha, Verräter, du läßt diesen armen Sünder schmachten und machst der Stadt eine große Schande!« Der Scharfrichter, welcher der Wut des Volkes angesichtig wurde, schickte sich an, zwei oder dreimal mit einem Eisenhaken auf den besagten Übeltäter einschlagen; aber vergeblich. Sie aber, im Glauben, daß die Seile durch ein Wunder auseinandergerissen seien, erregten sich mit hoher Stimme, und als sie sahen, daß der besagte Falschmünzer kein Übel litt, näherten sie sich dem Henker, drückten ihm das Gesicht in den Staub und versetzten ihm so viele Hiebe, daß er auf der Stelle starb. Charles VIII. gewährte den Bewohnern Gnade, die angeschuldigt waren, den Henker getötet zu haben. Was den Falschmünzer anbelangte, so brachte man ihn in die Jakobinerkirche, wo er sich verbarg und nicht mehr wagte, sich zu zeigen.

Ein Vorfall derselben Art hätte sich beinahe vier Jahrhunderte später unter ähnlichen Umständen ereignet. Es geschah 1806 in Brügge, dem Hauptort des französischen Departements Lys. Der Scharfrichter hatte vier Verurteilte zum Tode zu befördern, darunter ein junges Mädchen; zweifelsohne war er mit der Handhabung der Guillotine nicht vertraut und zudem ziemlich alt. Es war ein gewisser Bongard, der alte *Rifleur* von Forbach, in Lothringen. Ich habe hier die Protokolle, die seine Ungeschicklichkeit festhalten; sie enthalten so schreckliche Details, daß es geschmacklos wäre, sie darzulegen. Das verurteilte Mädchen, eine gewisse Isabeau Hermann, zweiundzwanzig Jahre alt, hatte sich, als sie das Schafott betrat, auf die Knie geworfen und die Menge um Verzeihung gebeten für den Skandal, den sie mit ihrem liederlichen Leben verursacht hatte. Dies begann die Herzen der Zuschauer zu rühren. Im Augenblick der Hinrichtung legte der Henker eine solche Kaltblütigkeit an den Tag, daß sich eine Szene von unbeschreiblicher Schrecklichkeit ereignete. Die heulende Menge näherte sich dem Schafott und schrie von allen Seiten, daß man den Scharfrichter steinigen müsse. Er verdankte sein Leben nur dem Eingreifen der Soldaten, die ringsum der Guillotine standen und Bongard gegen die öffentliche Empörung zu schützen vermochten. Der Amtsdiener Van-der-Meulen fügt, indem er diese Sache meldet, hinzu: »Ich weiß nicht, wie es nicht noch zu einem größeren Unglück gekommen ist«.[1]

Wie man sieht, fehlte nur wenig, daß sich die Bevölkerung von Brügge im Jahr 1896 ebenso verhalten hätte wie die von Tours, 1488. Gewisse Vorurteile haben ein langes Leben.

Ein weiterer Glaube ist so tief eingewurzelt, daß er für die Menge zu einer Gewißheit geworden ist: daß der Posten des Henkers notwendig erblich ist. Wie viele anrührende Geschichten haben sich nicht auf diese Legende gegründet! Die Geschichte des Scharfrichters, der sich im Augenblick, da er seinen Dienst erfüllen muß, elend fühlt und eine

---

[1] Archives nationales: BB³ 212.

dauerhafte Inhaftierung dem unüberwindlichen Ekel vorzieht, den ihm der Anblick des Blutes verursacht, hat keinen anderen Ursprung. Dieses Vorurteil jedoch muß man bekämpfen. Denn niemals war eine so monströse Erblichkeit ins Gesetz geschrieben worden. In der Wirklichkeit jedoch war sie überaus häufig anzutreffen. Aber man muß wohl sagen, daß, wenn die Behörden immer – und mit Grund – sich veranlaßt sahen, die Söhne, Schwiegersöhne oder die Neffen der Scharfrichter auf die vakanten Posten zu berufen, sich diese beeilten, das geltend zu machen, was sie *ihre Rechte* nannten. Es hat niemals einen einzigen Scharfrichter wider Willen gegeben. Welchen Reiz eine solche Psychologie auch für die Romanciers haben mag, so muß man doch anerkennen, daß man es mit einem Phänomen zu tun hat, das bis heute noch nicht vorgekommen ist. Man könnte gar behaupten, daß sie nicht ohne eine gewisse Eitelkeit ihre Pflichten erfüllten; einige von ihnen wähnten sich als eine Art Priester und empfingen das menschenmordende Schwert ihrer Vorfahren ebenso stolz, wie ein Edelmann das *Schwert seiner Väter* empfängt.

Höchst aufmerksam habe ich die große Zahl der Dokumente, der Stellengesuche und Bewerbungen geprüft und durchgeblättert, welche die Scharfrichter von 1790 bis 1820 geschrieben haben und die sich in den Nationalarchiven befinden. Aber unter all den förmlichen Beschwerden, unter all den Lamentationen, die sie in Hinsicht auf ihr schreckliches Metier glauben machen zu müssen, habe ich nirgendwo ein aufrichtiges Wort des Ekels oder des Entsetzens gefunden.

Im Prairial des Jahres V schrieb der Kommissar des Exekutiv-Direktoriums bei den Zivil- und Kriminaltribunalen des Departements von Aisne an den alten Demoret, einen achtzigjährigen Henker, der fast sechzig Dienst hinter sich hatte:

Ist es wahr, Bürger, daß Sie das Amt des Vollstreckers der Kriminalurteile dieses Departements aufgeben? Ich bitte Sie, mir auf dem nebenstehenden Rand zu antworten.

Mit brüderlichem Gruß
Ch. Levoirieu

Und der Henker antworte:

> Es ist nicht wahr, daß ich jemals davon gesprochen hätte, meine Funktionen aufzugeben. Ich bin hier geboren und werde hier sterben.
> Gruß
> DEMORET[2]

So ist die Rechnung: weniger offen, gewöhnlich versteckter, aber allgemein. Die Scharfrichter hielten so sehr an ihren Ämtern fest, daß sie die Konkurrenten fürchteten, die auftauchen konnten, ebenso wie ein Funktionär, der einen Mitbewerber um sein Amt wittert.

Der folgende Brief der Frau Sanson ist unter diesem Gesichtspunkt ein zitierenswürdiges Dokument:

> Tours, den 26. Brumaire des Jahres IV
> der einen und unteilbaren Republik
>
> Bürger,
> Wäre es nicht angebracht, Ihnen die beiden konkurrierenden Individuen bekannt zu machen, die sich vorstellen, um den Platz des Scharfrichters des Departements Indre-et-Loire in Tours einzunehmen?
> Die beiden heißen Gille und Bergé, der eine ein leiblicher Cousin des vormaligen Scharfrichters von Amboisse und der andere aus Chinon gebürtig.
> Der erste Mann ist ohne Betragen und immer weintrunken. Wenigstens sollte er in ein Departement geschickt werden, wo es keinen Wein gibt, denn er ist ein Patriot und im größten Elend.
> Was Bergé aus Chinon betrifft, so wohnt er bei ihm und hat ein kleines Geschäft. Als eine Gruppe Briganten nach Chinon kam, beeilte er sich, dreißig von ihnen die Keller guter Patrioten zu zeigen, die sie ausraubten, um sich anschließend zusammen zu betrinken. Wenn es nur ein Dutzend seiner Sorte gäbe, würde die ganze Verwaltung des Distriktes außer Rand und Band sein. Er wurde aus diesen und andern Gründen für acht Monate in Haft genommen und am 9. Thermidor ohne Urteilsbescheid auf freien Fuß gesetzt.
> Da ich einen unerbittlichen Eid gegen die Feinde der Republik

---

[2] Archives nationales: BB³ 207. Demoret starb hochbetagt und wurde durch einen Vermeille aus Cambrai ersetzt, seinen Neffen.

geschworen habe, diene ich meinem Vaterland, indem ich sie davor warne.
Mit brüderlichem Gruß
Frau SANSON

Mein Ehemann, der abwesend ist, um seinen Pflichten nachzugehen, obwohl er krank ist, bittet Sie, ihn nicht zu vergessen, denn es ist ihm unmöglich, daß wir die Kosten der Reise tragen können, wo uns allein ein Pferd 100 Livres pro Tag kostet. Allein seine Nahrung, wie die des Reiters übersteigt 300 L, und das macht insgesamt, für drei Tage 1200 und der Finanzausschuß gewährt uns nur 72.

Nachdem wir schon unser Silberzeug verkauft haben, um unseren Lebensunterhalt zu bestreiten, sind wir beinahe mittellos. Die Reisen haben uns ruiniert und jetzt auch noch die beiden verurteilten Mörder in zwei verschiedenen Distrikten!

Weiterhin hat man behauptet, daß es den Henkern verboten gewesen sei, eine Frau zu ehelichen, die nicht zu einer Henkersfamilie gehörte; und daß sie, wenn sie eine Tochter im heiratsfähigen Alter hatten, diese an der Tür ihres Hauses wie eine Handelsware anzeigen mußten; ebenso daß ihre Zulassungsbriefe, die schriftlichen Befehle, die ihnen zugedacht waren, die Summen Geldes, ihre Gehaltsbezüge, nicht von einer Hand zur andern Hand gingen, sondern daß ein Gerichtsschreiber sie auf den Boden warf, wo sie genötigt waren, sie auf den Knien aufzusammeln; man hat behauptet, daß die Scharfrichter unter der alten Monarchie gezwungen waren, ein besonderes Kostüm zu tragen und daß sie fern von der Stadt ein alleinstehendes und rotbemaltes Haus bewohnten. All dies sind offensichtlich Übertreibungen einiger Vorkommnisse, von der allgemeinen Einbildungskraft entstellt. Im allgemeinen heirateten die Henker, wen sie wollten, verheirateten ihre Töchter sehr leicht, wenn sie ihnen eine Mitgift geben konnten, und wohnten, wo es ihnen recht schien. Dennoch hatte man sie in den Provinzen Elsaß und Lothringen, wo die Henker mehr noch als anderswo von der Bevölkerung geächtet wurden, abseits von Kirche und Friedhof untergebracht. Jacob Schild, Meister der hohen und niederen Werke in Bouquenon (Saar-Union), verließ sein Amt am 18. Januar 1762, »nachdem er vom König die Patentbriefe seiner *Rehabilitation* bekommen hatte«[3]. Als Richelet, in einer oft zitierten Laune,

---

[3] Archives communales, registre des délibérations.

gesagt hat, daß der Henker von Paris eine der sichtbarsten und meistgefeierten Gestalten der Pariser Gesellschaft sei, daß die Großen Herren an seinem Tisch Platz nähmen und die Schöngeister der Akademie ihm ihre Werke widmeten, hat er vorgegeben, eine lustige Satire zu produzieren, die man jedoch zu Unrecht ernst nahm; gewiß ist, daß alles, was den Henker berührte, im 17. Jahrhundert ebenso wie heute, einen lebhaften Widerwillen hervorrief. Man findet einen Beweis davon in der *Muse historique*, welche die Mißgeschicke eines Galans erzählt, dessen Maitresse keine andere als die Schwester des Meisters Guillaume ist. Dieser Galan, sagt Loret (27. September 1659), sei:

> Die vergangenen Tage, geschickt
> Mit den Freunden zu soupieren,
> Sein Glück zu versuchen,
> Das er für selten und ungewöhnlich hielt,
> Sein Diener, den dieser Liebeswahnsinnige
> Tag und Nacht herumstrolchen hieß,
> Sagt zu ihm:
> »Diese Mademoiselle Guillaume
> Ist die leibhaftige Schwester des Henkers«.
> Der Meister, diese Rede hörend,
> War übrigens ziemlich flatterhaft,
> Fühlte sein Feuer ermatten und
> Zog sich geschickt aus der Affäre
> Einer unsinnigen Passion,
> Von der sein Herz gequält wurde.
> Gott weiß, wie er verspottet wurde.

Die angeblichen Widmungen, »welche die Schöngeister der Akademie dem Henker machten«, stammen von Furetières, der aus Kritik an den pompösen und schmeichelnden Widmungen, welche die Autoren an den Anfang ihrer Werke setzen, eines seiner Werke *Niemand* widmete, ein anderes *all seinen Freunden* und ein drittes schließlich *dem ehrwürdigen und sehr gefürchteten Seigneur Jean Guillaume, dem Scharfrichter von Paris*, einem Vorgänger jenes Levasseur, den im Jahr 1685 wiederum der erste Sanson ersetzte.

Es ist nicht ausgeschlossen, daß einige junge Herren, als Mutprobe, ein oder zweimal mit dem Henker angestoßen haben; aber dies sind Einzelfälle, die gegen die Schlußfolgerungen gehen, die man daraus ziehen will. In allen Fällen gibt es keine Dokumente, die dies stützen, und wir haben zu diesem Thema nur ein paar Zeilen im *Courrier de l'Europe* gefunden, der in seinem Londoner Bulletin vom 30. September 1780 die folgende Anekdote berichtet, die man seither manches Mal und in mystifizierender Weise Henri Monnier zugeschrieben hat:

> Man hat in allen unseren Blättern ein Abenteuer abgedruckt, von dem man behauptet, daß es dem Sohn des Henkers in einer Taverne in Chelsea passiert ist. Der Sohn des Henkers von Paris war gezwungen, sich nach England zu flüchten, um der Verfolgung durch seine Gläubiger zu entgehen. Er wohnt jetzt in London, in der Nachbarschaft des *Golden-Square*. Vor einigen Tagen, als er sich in einer Taverne in Chelsea befand, wo es einen Gästetisch gibt, bittet eine der anwesenden Personen, die in bezug auf die Wahl der Tischgenossen heikler ist als die anderen, den Hausherrn zu Seite. Er sagt ihm ganz leise, wer dieser Fremde ist, den er dort bei sich hat und droht ihm, daß sich die ganze Gesellschaft zurückziehen werde, wenn er ihn nicht sofort zum Verlassen auffordere. Der Wirt, der seinen neuen Tischgenossen zu sich bittet, teilt ihm mit, was ihm zugetragen worden ist. Worauf der Sohn des Henkers, ohne dadurch außer Fassung gebracht worden zu sein, fragt, wer derjenige sei, der ihn so gut unterrichtet habe. Dann, als ihm sein Widersacher gezeigt wird, sagt er: »Ich habe ihn vorher schon erkannt und bin von seinem Widerwillen nicht überrascht. Er hat mich nur einmal gesehen und ich habe ihm bei dieser Begegnung ein glühendes Eisen auf die Schulter gedrückt und einige Rutenschläge verabreicht. Wenn Sie bezweifeln, was ich sage, bitten Sie ihn doch, sich auszuziehen.« Nachdem der Henker gegangen ist, gibt der Wirt diese Antwort, so wie sie ihm gemacht worden ist, der ganzen Tischgesellschaft wider, und der Gegeißelte, der nicht hatte mit seinem Peiniger essen wollen, macht neue Schwierigkeiten. Und da er es nicht für ratsam hielt, seine Schulter zu zeigen, nötigte man ihn, seinem alten Bekannten zu folgen. Die ganze Gesellschaft komplimentierte ihn aus dem Haus und pfiff ihn aus, bis er außer Sicht war.

2. Versuch der Rehabilitation (1789-1790)

Man kann mit Sicherheit behaupten, daß es in Hinsicht auf den Scharfrichter unter dem *Ancien Régime* das gleiche Vorurteil gab wie heute. Es mochte mehr oder weniger ausgeprägt sein, je nach der Gegend und den Menschen; aber es war allgemein, und man muß glauben, daß es schwer auf den Unseligen lastete, die davon betroffen waren, denn sie unternahmen große Anstrengungen, sich ihm zu entziehen. Die Umstände waren günstig: die Nationalversammlung war im Begriff, gegen die Mißstände zu Felde zu ziehen; ein Hauch von Gleichheit zog durchs Land; alle Franzosen hatten ein Recht auf den Titel des »*citoyen*«. Das Dekret vom 24. Dezember 1789 veranlaßte, »daß es keine Motive gäbe, irgendeinen Bürger von der Wählbarkeit auszuschließen, als jene, die sich aus den Verfassungsdekreten ergäben«. Es handelte sich nun darum, eine den Scharfrichtern wohlmeinende Interpretation dieses Gesetzestextes durchzusetzen, und es war Charles-Henri Sanson, der sowohl in seinem Namen als auch in dem seines Onkels Louis-Cyr-Charlemagne und dem seiner Mitbrüder im Königreich, die ihn dazu bevollmächtigt hatten, eine Abhandlung präsentierte, die von Maître Maton de la Varenne redigiert wurde, demselben Advokaten, der ihm in seinem Prozeß mit der Presse beigestanden hatte. Diese Denkschrift ist in mehr als einer Hinsicht befremdlich. Sie zeigt nicht nur, wie die Scharfrichter ehemals ihre Profession sahen, sie enthält darüber hinaus eine Anzahl sonderbarer Zitate, die in dieser flüchtigen Studie über das Vorurteil, das den Henker außerhalb der Gesellschaft stellt, nicht deplaziert sind. Wir halten es deshalb für nützlich, die Hauptpassagen dieser merkwürdigen Forderung zu zitieren:

> Es ist dies keine juristische Forderung, die man hier liest: es sind berechtigte Klagen einer Menschengruppe, die ein blindes Vorurteil mit dem Siegel der Infamie zeichnet, und die nur leben, um Demütigungen, Scham und Schande zu erdulden, die allein vom Verbrechen übertönt werden; es sind die Beschwerden der unglücklicherweise notwendigen Menschen, die vor den Augen der Väter des Vaterlandes die Ungerechtigkeit ihrer Mitbürger beweinen und die unantastbaren Rechte reklamieren, die sie aus der Natur und dem Gesetz ziehen; es sind endlich ihre respektvollen Ermahnungen an die erhabene Versammlung der Abgeordneten der Nation, von der sie eine notwendige Interpretation ihres Dekrets vom 24. des letzten Dezembers erbeten.
>
> Es handelt sich nicht darum, wie ein *obskurer Journalist* [4] behauptet, dessen Gewohnheit es ist, die Mitglieder der Nationalversammlung, ihre Dekrete und die Öffentlichkeit zu verleumden, zu wissen, ob die

---

[4] Anspielung auf einen der Journalisten, die im Prozeß angeklagt sind.

Vollstrecker der Kriminalurteile an der Seite der Bürgermeister sitzen oder die Posten von Generalkommandanten der Nationalgarde in den verschiedenen Städten des Königreichs einnehmen; die Ironie entehrt denjenigen, der sich ihrer bedient, wenn es gilt, den Stand eines Bürgers zu diskutieren und das Vorurteil zu bekämpfen, das ihn ungerechterweise brandmarkt; aber es handelt sich darum, zu wissen, ob die Scharfrichter für die Posten der Kommunen zur Wahl stehen können, ob sie eine beratende oder entscheidende Stimme in den Versammlungen haben – und schließlich, ob sie einen Personenstand im Sinne des Bürgerrechtes haben. Eine Bejahung dieser Frage kann nur in schwachen Geistern, deren Urteil dem tyrannischen Reich der Vorurteile unterjocht ist, einen Zweifel wecken.

Die Vollstrecker üben ihren Stand im Namen des Amtes aus; sie haben es direkt vom König erhalten; ihre Bezüge sind vom Siegel des Justizministers bekräftigt; man erhält sie nur, wie bei den Offizieren, durch einen *guten und lobenswerten Bericht* über die Person des Amtsinhabers.

Manche Personen, in deren Hirn ein bodenloses Gerücht sich in eine Gewißheit verwandelt, wie lächerlich diese auch sei, glauben kindischerweise – weil sie der Mühe, über seine Unwahrscheinlichkeit nachzudenken, entgehen wollen – daran, daß die Gehälter der Scharfrichter ihnen vor die Füße geworfen werden, daß man sie grundlos entläßt und daß sie ihren Eid auf den Knien leisten. Daher schließen sie darauf, daß ihr Stand schmutzig ist und daß sie, den Verbrechern ähnlich, die zu Leibesstrafen verurteilt wurden, für alle zivilen und militärischen Ämter ungeeignet sind.

Man wird zu der Überzeugung gelangen, daß diese entehrende Meinung den Vollstreckern gegenüber auf einem allgemeinen Irrtum beruht,[5] wenn man erfährt, daß ihnen die Gehälter mit der Hand übergeben werden, daß ihre Höhe beträchtlich ist (jenes des Scharfrichters der

---

[5] Einige Menschen sind auch der Ansicht, daß die den Scharfrichtern geschuldeten Summen, ihnen von dem, der sie bezahlt, gewissermaßen vor die Füße geworfen werden und daß sie an ihre Tür einen Anschlag machen, wenn sie ihre Töchter verheiraten wollten. Das sind noch immer verbreitete Vorurteile. Im zweiten Fall bekräftigen wir, daß die Behauptung falsch ist, und fordern jede Person auf, uns in dieser Hinsicht zu widerlegen. Im ersten Fall versichern wir, daß die Scharfrichter vom Staat die Viertel ihres fälligen Lohns erhalten (so nennt man die an die Ämter ausgeteilten Summen, auch im gehobenen Staatsdienst), ebenso wie den Unkostenbetrag für jede Exekution. Ihnen werden alle Höflichkeiten zuteil, die sie von gebildeten Männern, welche sich über die Vorurteile hinwegzusetzen wissen, erwarten dürfen.

Stadt und Vogtei Paris beläuft sich auf sechstausendundachtundvierzig Livres), daß sie, wie alle anderen mit Ämtern Ausgestatteten, ihren Eid in einer öffentlichen Sitzung vor dem Tribunal ihres Wohnortes in aufrechter Haltung schwören; daß sie auf Antrag der Staatsanwaltschaft in Dienst genommen werden, nachdem man zuvor Erkundigungen über ihren Lebenswandel und die Zugehörigkeit zum katholischen Glauben eingeholt hat.

Man entdeckt gewiß nichts, was sich in den finanziellen Belangen der Vollstrecker von anderen Ämtern unterscheidet, und in den Formalitäten, die ihrer Bestallung vorausgehen, gibt es nichts, was sie enthert und von ihrer Seite einen Mangel an Takt beweist. Das Vorurteil, dessen Opfer sie so oft werden, hat sich nur in Folge der Zeit eingestellt, und sie finden sich nur in dem Maße von der ungerechtfertigten Verachtung heimgesucht, als es ihnen nicht möglich war, einen anderen Beruf zu ergreifen.

Bei den Israeliten übt die Partei, die ihren Prozeß gewonnen hat, selbst das Urteil aus, das zu ihren Gunsten gesprochen wurde. Handelte es sich darum, einen Mörder zum Tode zu schicken, so meldete sich die Familie desjenigen, den er getötet hatte, Jünglinge, vom Prinzen beauftragt, das Volk selbst, und allesamt stritten sie um die Ehre, diesen Auftrag zu erfüllen zu dürfen, weil man denjenigen als Wohltäter der Gesellschaft ansah, der sie von ihren Geißeln befreite.

Auf diesen Brauch, den man nicht barbarisch nennen kann, ohne das menschliche und gerechte Volk zu verunglimpfen, bei dem er existierte, folgte ein anderer, der beweist, daß die Alten nichts Erniedrigendes darin sahen, einen Verbrecher zum Tode zu schicken. Die Richter selbst vollstreckten ihre Urteile.

Wollen wir die Meinung der Griechen über das Amt des Scharfrichters kennenlernen? Lesen wir Aristoteles und sehen wir, daß er in der Aufgabe, den Schuldigen zu bestrafen, das Amt eines Richters sieht, dem er einen ehrenhaften Rang in der Gesellschaft zuweist.

Es könnte wohl eintreffen, daß die Vollstecker nach der Interpretation, um die sie bitten, nicht unmittelbar zu den Ämtern zugelassen werden; aber es bleibt zumindest dekretiert, daß sie Bürger sind. Sie könnten sich also, wie die anderen, zu den Versammlungen einfinden; das Vorurteil, das sie der Infamie ausliefert, wird, einmal als ungerecht erklärt, im Laufe der Zeit verlöschen; sie nähmen in der Folge die Ämter ein, derer sie sich würdig erwiesen; und die Gesellschaft wäre nicht mehr ihrer Aufklärung, ihres Patriotismus' und des Beispiels ihrer Tugenden beraubt.

Wie viele in dieser Menschenklasse werden heutzutage so verleumdet durch die Feiglinge, die sie angreifen, weil sie sie ohne Stütze und

Verteidiger glauben[6]; wie viele dieser Menschen, welche die Journalisten ohne Scham und Zügel dem Volkszorn zum Fraß vorwerfen, haben gewissermaßen die Achtung und zuweilen den Respekt ihrer Mitbürger erzeugt! Manche Alten in der Stadt Rennes erinnern sich noch mit Rührung der Tugenden des Jacques Ganier, der seit dreißig Jahren tot ist, nachdem er dort jahrelang das Amt des Scharfrichters ausgeübt hat. Dieser humane Mensch schickte niemals einen Verbrecher zu Tode, ohne zuvor zum Abendmahl gegangen zu sein, um in irgendeiner Form die Tat zu sühnen, die zu begehen er sich anschickte. Die Beamten des Parlaments gingen, um Boule zu spielen, zu seinem Haus, das an einem Ende der Stadt gegenüber der *Mail* gelegen war, und wenn er auch nicht an ihrem Spiel teilnahm, bezeugten sie ihm nichtsdestoweniger die größte Achtung und machten ihn zum Richter aller Streitigkeiten, die sich im Spiel ereigneten. Er gab den Armen alles, was er nicht selber notwendig brauchte. Sein Tod war für sie ein öffentliches Unheil; sie brachen in Tränen aus und schrien mit dem Ausdruck des lebhaftesten Schmerz: »Wir haben keinen Vater mehr!« Während mehrerer Jahre besuchte das Volk sein Grab wie das eines Heiligen.

Niemand weiß um die zahllosen Dienste, die die Vollstrecker in den verschiedenen Städten leisteten, in denen sie lebten. Man weiß, mit welcher Generosität und mit welchem Diensteifer sie kostenlose Hilfe an die Bürger aller Stände verabreicht haben, und daß ihre Kenntnisse der Chirurgie, der Medizin und der Botanik längst für hoffnungslos gehaltene Heilungen bewirkt haben. Wäre es also gerecht, Männer aus der Gesellschaft auszuschließen, die sich so oft als ihre Wohltäter erweisen?

Es bleibt uns jetzt nur noch, gegen ihre Bezeichnung als ›Henker‹[7] Einspruch zu erheben, mit der man jene Männer bezeichnet, die allein die Notwendigkeit in einem Stand zurückhält, dessen Funktionen sie niemals ohne einen allgemeinen Schauder ausüben.

---

[6] Anspielung auf die Zeitungen.

[7] Man kann bis zu dem Ursprung des Namens des Henkers (bourreau) im Jahr 1260 zurückgehen, unter dem man heute den Vollstrecker der Strafjustiz bezeichnet. Dieser Name, der durch die von uns zitierten Urteile geächtet war, entspringt von seiner Etymologie her einem Kleriker namens Borel, und nicht Bourette, wie man angenommen hatte. Dieser Mann besaß das Lehen von Bellencombre, unter der Bedingung, die Diebe des Kantons zu hängen. Aber weil er ein Mann der Kirche war, und *die Kirche in all ihren Gebeten bewiesen hat, daß sie kein Gefallen am Blute hat,* ließ er auf seine eigenen Kosten die ihm befohlenen Hinrichtungen von einem Laien durchführen. Der König schuldete ihm Lebensmittel für das ganze Jahr, auf Grund dieses Amtes, von dem man annahm, daß er es ungeachtet seines Standes als Kleriker selbst ausführte. Kaum daß Richard Borel als Lehensherr von Bellencombre eingesetzt war, hatte man

Versuch der Rehabilitation (1789-1790)

Ein bedeutendes Urteil des Parlaments von Rouen, vom 16. November 1681, besagt in folgenden Worten:

»Untersagung und Verbot an alle, weder den Scharfrichter ›Henker‹ zu nennen noch jene, die in seinem Dienst stehen, bei einer Geldstrafe von 50 Livres, von denen 25 an den König und 25 zu Gunsten *des besagten Scharfrichters* gehen.«

Ein Urteil, das 1767 vom Parlament von Paris gefällt worden ist, zugunsten Joseph Doublots, des Scharfrichters von Blois, auf Schlußantrag des Herrn Generalstaatsanwaltes, spricht neben anderen Verfügungen das ausdrückliche Verbot aus, den besagten Doublot oder seine Bediensteten ›Henker‹ zu nennen, bei einer Geldstrafe von mindestens 100 Livres.

Ein anderer hoher Beschluß des Parlaments von Rouen, auf den 7. Juli 1781 datiert und in der Rechtsprechung des gleichen Gerichtshofes wiedergegeben, hat die Ausführung des Beschlusses vom 16. November 1681, den wir oben zitiert haben, angeordnet: »Infolgedessen hat man, *bei einer Geldstrafe von hundert Livres*, wiederholt das Verbot ausgesprochen, die genannten Ferey und Jouenne (Vollstrecker von Rouen) noch ihre Familien und ihre Bediensteten »Henker« zu nennen; man hat gleichermaßen untersagt, *unter Androhung der gleichen Strafen*, besagte Ferey und Jouenne an öffentlichen Plätzen, wie Kirchen, Promenaden, Schauspielen oder anderen öffentlichen Stellen in ihrer Bewegungsfreiheit einzuschränken.

Eine Reihe von Beschlüssen anderer Oberster Gerichtshöfe, sowohl der alten als auch der neuen Regierung, haben eine ungerechterweise entehrende Benennung für diese Männer untersagt, die der Arm des Gesetzes sind und nur ausführen, was man ihnen gebietet.

Schließlich hat der König selbst ihre gerechtfertigten Beschwerden in Erwägung gezogen und seinem Willen in dieser Hinsicht Ausdruck gegeben: »Nach Anhörung des Berichts hat Seine Majestät durch Ratsbeschluß vom 12. Januar 1787 ausdrücklich untersagt und das Verbot

---

sich daran gewöhnt, ihn den »Borel« zu nennen und alle diejenigen, die die Verbrecher henkten »die von Borel« (Boreaux). Im Laufe der Zeit hat sich durch eine falsche Lesart des Eigennames *Borel*, der ›Bourreau‹ und die ›Bourreaux‹ ausgebildet. Diese Bezeichnung war damals nicht beleidigend, aber sie wurde es seit dem 16. Jahrhundert, das heißt seit der Geburt der ungerechtfertigten Vorurteile, die wir bekämpfen. (Anmerkung der Abhandlung)

ausgesprochen, daß die Vollstrecker der Kriminalurteile als ›Henker‹ bezeichnet werden.«

Nach der Äußerung, die sie aus der Legitimität ihres Standes und der Illegitimität der Benennung, mit der man sie immer noch bezeichnet, gemacht haben, obwohl sie formell untersagt worden ist, glauben sie, die Abgeordneten der Nation darum ersuchen zu müssen, wenn es ihnen beliebt, 1. die folgende Überarbeitung des dritten Teils des Dekrets vom 24. Dezember 1789 zu ersetzen: »Es verordnet überdies, daß der *Wählbarkeit eines gebürtigen oder naturalisierten Franzosen* keine anderen Ausschlußmotive gegenüberstehen als jene, die sich aus den Verfassungsdekreten ergeben, wenn es der Nationalversammlung beliebt, zu erklären, *daß sie die Vollstrecker in der Menge der Bürger mit inbegriffen sieht,* und sie als solche an all den gesellschaftlichen Vorteilen teilhaben läßt, derer sie sich als würdig erweisen; 2. die Ausführung verschiedener Befehle anzuordnen, die es untersagen, die Vollstrecker ›Henker‹ zu nennen, *unter den hier festgesetzten* Strafen oder anderen, welche die Versammlung in ihrer Weisheit beschließen wird.«

Wenn die Denkschrift des M. Maton de la Varenne irgendeinen Erfolg in der Öffentlichkeit hatte, so verhielt es sich nicht so in der Nationalversammlung. Man ließ sie in den Bürostuben verstauben, was ja stets ein probates Mittel ist, peinlichen Fragen auszuweichen, und Charles-Henri Sanson mußte sich mit der Formulierung des Dekrets zufrieden geben. Die Zeitungen beschäftigten sich nur am Rande mit den Forderungen der Henker. Der *Ami du Peuple [Der Freund des Volkes]* von Marat widmete ihnen einige Zeilen, danach sprach man nicht weiter darüber:

Obwohl es nicht in das Konzept unserer Zeitung paßt, neue Arbeiten anzukündigen, können wir der Lust nicht widerstehen, unseren Lesern ein Musterwerk der *Empfindsamkeit* bekanntzumachen; das ist die Denkschrift des M. Maton de la Varenne, des ebenso geschätzten Rechtsgelehrten wie hervorragenden Literaten, der mit soviel Wärme, Energie und Erfolg gegen die Verleumder des Herrn Sanson plädiert hat. Das Vorurteil, das die Vollstrecker der Schande ausliefert, findet sich in dieser Denkschrift, die man nicht ohne *Rührung* lesen kann, ganz und gar zerstört; und die Nationalversammlung, an welche sie adressiert ist, kann nicht anders, als diese Beschwerden entgegenzunehmen, welche die unveränderlichen Rechte des Menschen, der Vernunft und der Philosophie zur Grundlage haben.

Die *Empfindsamkeit,* die *Rührung* des Marat! ... zugunsten des Henkers! ... Dies verdient es wahrhaftig, nicht verschwiegen zu werden.

In Hinsicht auf das praktische Resultat, das ihr Ersuchen um Rehabilitation für die Scharfrichter hatte, ist es wahrscheinlich, daß es gleich Null war. Dennoch, da alle Vorkämpfer neuer Ideen großen Wert darauf legen, sich der Vorurteile zu entledigen, die einem Zeitalter der Aufklärung und der Philosophie unwürdig sind, profitierten zumindest einige Henker oder die Söhne dieser Henkers davon: ein Ferey, der sich der Armee verpflichtet hatte, gelangte ziemlich schnell in den Grad eines *Capitaine*[8]. Die Sanson erhielten einen Posten in der Nationalgarde; mehrere ihrer Mitbrüder aus der Provinz nahmen an Wahlversammlungen teil; aber, so wie es die *Encyclopédie* gesagt hatte, das Vorurteil, das diese Unglücklichen abseits hielt, hatte viel zu tiefe Wurzeln, als daß die Revolution, die so viele alte Vorstellungen zerstört hatte, diesen Ruf auch nur im mindesten hätte erschüttern können. Manch eifernder Gleichheitsapostel bezeugte den Henkern eine aufgesetzte Brüderlichkeit; aber der unüberwindliche Widerwille blieb, und man kann bestätigen, daß die Revolution ihn nur mehr bekräftigte und die Person des Scharfrichters noch verhaßter machte.

3. Die Unberührbaren

Soweit es sich nur und vor allem in den kleinen Städten, wo ein jeder den anderen kennt, darum handelte, mit einem Mann in Tuchfühlung zu stehen, dessen Familie seit Jahrhunderten in der Gegend angestammt war und den man nur bei Übeltätern und überführten Räubern sein Amt ausüben sah, versteht man, daß das Vorurteil in einer abgeschwächten Form sich artikulierte. Zudem gab es im alten Frankreich einen Ort, wo alle Menschen Brüder waren, nämlich die Kirche. In manchen Städten hatte der Henker wohl eine abseits gelegene Kirchenbank, aber schließlich kam er regelmäßig dorthin; man sah ihn bei allen Festtagen, man begegnete ihm Sonntag für Sonntag, und

---

[8] Archives nationales: BB³ 212.

es ist wohl ziemlich schwer vorstellbar, daß der Widerstand sich durch diese Gewohnheit nicht abgeschwächt hätte.

Aber als infolge des Dekrets von 1793 der Henker nurmehr ein Fremder war, der im Gefolge irgendeines Prokonsuls aus einer entfernten Provinz gekommen war und mit seiner Guillotine hier strandete, um die Urteile eines politischen Tribunals zu vollstrecken, als man ihn bloß als ein gräßliches Instrument einer verabscheuten Macht begriff, fühlte die terrorisierte Bevölkerung, wie sich der instinktive Widerwille verdoppelte, den ein solcher Funktionär erweckte, wenn er nur das legale Instrument der Justiz verkörperte. Dieser Widerwille verwandelte sich in dem Moment in einen schier unüberwindlichen Schrecken, als der Scharfrichter zum passiven Komplizen des Todes so vieler Unschuldiger wurde und die Hauptrolle in dem Drama einnahm, das sich abspielte. Man kann sagen, daß es das revolutionäre Schafott war, welches das Metier des Henkers vollkommen verdarb.

Solange die Schreckensherrschaft andauerte, blieb man stumm. Sobald man aber wagen konnte, die Stimme zu erheben, erscholl von überallher ein Chor von Klagen und Beschwerden. Man mußte wohl bald zugeben, daß das Vorurteil, das für einige Monate verstummt war, lebhafter erwachte als je zuvor. Einer der Scharfrichter gestand es sich in zurückhaltenden Worten ein:

> [...] Verbergt es Euch nicht, Gesetzgeber, der Geist des Volkes ist nicht überall auf der Höhe der Prinzipien, und ich habe schon erfahren, daß ich zum Opfer des Überbleibsels eines Vorurteils werde, das die Philosophie nicht gänzlich entwurzelt hat. [...] Es kann nicht in Eurem Sinn sein, daß ich es erdulde, in einer gesellschaftlichen Einrichtung ein Amt ergriffen zu haben, das es mir nicht einmal gestattet, mich ohne Gefahr in der Öffentlichkeit blicken zu lassen.[9]

Ein anderer, der Bürger Desfourneaux aus dem Indre, beschreibt seine Situation folgendermaßen:

---

[9] Brief von Bourcier an den Nationalkonvent. Archives nationales: BB³.

6. Prairial des Jahres V

Gezwungen, sein Domizil nach Châteauroux zu verlegen, legt der Vollstecker Desfourneaux folgende Beobachtungen vor:

Seit langer Zeit in Issodun heimisch, wo er Familie und Haus hat und die einzige Stütze seiner Mutter und mehrerer Schwestern ist, die sich nicht entscheiden können, eine Gegend zu verlassen, wo eine lange Gewohnheit das Vorurteil, das sie ächtet, abgemildert hat, wäre es ebenso schmerzhaft wie ruinös für ihn, alles zu verlassen, um in der Hauptstadt zu wohnen. Die Schwierigkeit, eine Unterkunft zu finden und die unmäßigen Preise, welche die Habgier sich dafür bezahlen läßt, daß sie das Vorurteil opfert, machen ihm diesen Umzug noch schwieriger.[10]

Der Scharfrichter von Korsika war noch unglücklicher dran. Er suchte außerdem den Minister durch die Übersendung eines kleinen Geschenkes zu erweichen:

Bürger Minister,
Ich habe die Ehre, Ihnen ein kleines Präsent[11] zukommen zu lassen, von dem es nur wenige in Frankreich gibt, und ich hoffe, daß es zu Ihrem Gefallen sein wird. Es [sc. das Geschenk] ist keine große Sache, aber es ist ein Kleinod, das diese kleine Insel, auf der ich mich befinde, hervorbringt. Dies ist alles, was ich ihnen als Rarität zukommen lassen kann.

Bürger Minister, Sie wissen, daß ich eine Frau und eine kleine Familie habe, so zahlreich jedoch, daß die Teuerung der Insel Korsika mich fast außer Standes setzt, sie mit Brot zu versorgen. Ich bin hier sehr unglücklich, da man mich nur zu zerstören sucht.[12]

Unter all diesen unglücklichen Parias gab es auch einige naive Nachzügler, die im Glauben an die schönen Tage der Versammlung von 1789 von der Aufhebung aller Vorurteile träumten, wie der folgende Brief beweist:

---

[10] Archives nationales: BB³.
[11] Am Rand findet sich diese Bemerkung: »Das, was er ankündigt, ist dem Brief nicht beigefügt«.
[12] Archives nationales: BB³.

An den Bürger Lambrecht, Minister der Justiz,
Petition des Bürgers Charles-Louis Jouenne, des Älteren, Vollstrecker der Kriminalurteile.
Betrifft die Durchsetzung:
1. Ihre Entscheidung darüber, was man ihm durch die letzten Anträge des Vertreters der Exekutive auferlegen will, nämlich die Verpflichtung, den Kopf der zu Kettenhaft Verurteilten zu rasieren[13], bevor sie zur Schau gestellt werden, was er zuvor niemals getan hat (das lag im Zuständigkeitsbereich der Polizei) und was er nicht ohne Gefahr hätte durchführen können. Denn es ist gegen das Gesetz, daß der Vertreter der Exekutive von Ihnen, Bürger Minister, erbittet, daß man den Scharfrichter nötigt, die Haare der Verurteilten zu schneiden oder zu rasieren.
2. Eine andere Entscheidung über den Platz, den er zum Feiertag der Woche* und zu anderen Festen einnehmen soll. Nach dem Willen des Kriminaltribunals ist er aufgerufen, neben dem Vertreter der Exekutive Platz zu nehmen. Von dort wird er auf die Seite des Staatsanwalts verwiesen, und dort wiederum zu den Gerichtsdienern, die jedoch die Nähe ihrer Korpsbrüder vorzuziehen scheinen. Aus diesen Schwierigkeiten resultierte, daß er sich dort nicht mehr zeigte, weswegen man ihn einen ›Aristokraten‹ schimpfte, was jedoch all seinen Prinzipien zuwiderläuft, wie seine Haltung in der Vollstreckung der letzten Hinrichtung beweist, die er niemals ohne den Schrei beendete: »Es lebe die Republik, hier haben wir zumindest einige Schufte weniger«.

Geruhen Sie, Bürger Minister, dem Aussteller eine günstige Antwort zu gewähren. Sie wird die Belohnung seines Eifers und seiner Pünktlichkeit in der Ausübung seiner schwierigen Arbeit seit 35 Jahren sein.
19. Germinal Jahr IV
JOUENNE der Ältere[14]

In gewissen Städten des Midi war die Situation noch prekärer. Am 16. Thermidor des Jahres VII beschwert sich der Scharfrichter von Var, daß die Perückenmacher dieser Gemeinde sich weigerten, ihn zu rasieren. Er wagt es nicht mehr, sich in der Öffentlichkeit blicken zu lassen, und läßt den Beamten sagen, daß er nicht mehr an die Voll-

---

[13] Man rasierte die zu Kettenhaft Verurteilten, um zu verhindern, daß sie ihr Gesicht während der Zurschaustellung auf dem Schafott mit den Haaren bedeckten.

* Die Woche wird nach dem republikanischen Kalender als Dekade bezeichnet, die insgesamt 10 Tage hatte, wobei der 10. Wochentag ein Feiertag war.

[14] Archives nationales: BB³.

streckung der Urteile denkt, solange sie sich nicht um seine gerechten Reklamationen gekümmert hätten.

Und am 15. Pluviôse des Jahres XI verlangt der Scharfrichter aus Grenoble, daß man ihm zu Hilfe komme, seine Existenz sei ihm unmöglich geworden:

Bürger Minister,
mein Leid ist unbeschreiblich, ich bräuchte eine Feder aus Blut, um es auszudrücken. Erlauben Sie mir nur, lieber Bürger, ihnen mit ein paar Worten zu beschreiben, wie meine Mißgeschicke seit sieben Jahren aufeinander gefolgt sind.

Ich bin der Sohn des seligen Demoret, des Vollstreckers der Kriminalurteile aus Vitry-le-François. Meine Gefühle, die den seinen widerstrebten, ließen mich den Beruf des Spitzenhändlers erlernen, ich brachte es zu einer kleinen Fabrik, und nachdem ich die Tochter des Scharfrichters von Metz geheiratet hatte, verlebte ich glückliche Tage. Von der Frucht meiner Arbeiten lebend, zog ich eine zahlreiche Familie auf; die Revolution kam und mein ältester Sohn schrieb, um sich der Dienstverpflichtung zu entziehen, zu meinem Unwissen an den Scharfrichter von Besançon, um sein Gehilfe zu werden. Er wurde es, und wenig später erfuhr ich, daß er in Paris beim Scharfrichter war. Diese Neuigkeit traf mich wie ein Blitzschlag, und sehr bald bezeugten mir meine Freunde und die Händler, mit denen ich Geschäfte machte, einen lebhaften Widerwillen. Der Justizminister dieser Zeit (Ihr Vorgänger), darüber in Kenntnis gesetzt, daß ich der Sohn des Scharfrichters sei, beauftragte mich für Grenoble. Ich folgte dem ohne Widerstand, und da der damalige Kommissar der Exekutive mir nur eine Verzögerung von acht Tagen gewährt hatte, konnte ich nicht den Teil aus dem ziehen, was ich im Schweiße meines Angesichts verdient hatte. Ich verkaufte also meine Stickrahmen und meine Baumwolle für Assignaten und mit großem Verlust. Was mein Haus anbelangt, liegen die Gelder schon in Assignaten beim Notar und sind folglich für mich verloren. In Grenoble angekommen, wurde ich in einem alleinstehenden, bald eine Meile vor der Stadt liegenden Haus untergebracht, und da die Scharfrichter dieser Gegend vor meiner Bestallung Verbrecher waren, welche die Richter aus dem Verlies holten, um diese Arbeit ausüben zu lassen, werde ich wie ein finsteres Individuum betrachtet. Das, was meiner Meinung nach dieses schreckliche Vorurteil vergrößert, ist, daß der Staatsanwalt bei meiner Ankunft in Grenoble sich anschickte, zwei Schurken einzusetzen, von denen der eine zu Kettenhaft und der andere zur Deportation verurteilt war. Sie waren in dem unglücklichen Haus, das ich bewohne, beherbergt, und ich werde ständig mit diesen Niederträchtigen verwechselt. Seit dieser Zeit beschimpft, verachtet und fortdauernd bedroht, befinde ich mich in Furcht, und meine Tränen begießen meine Nahrung.

Bitte, lieber Bürger Minister, haben Sie Mitleid mit mir. Ich kann dieser schrecklichen Gegend nicht mehr widerstehen, und zudem vermag meine Pension meine nötigsten Bedürfnisse nicht zu befriedigen; jene, die mir oder meiner Familie die unerläßlichsten und lebensnotwendigen Dinge verkaufen, glauben sich im Recht, mich auf das schönste zu erpressen. Nur aus Erbarmen und als ein Akt der Gnade, sagen sie, verkaufen sie uns, zum Himmel! [...]

Für gewöhnlich waren die Klagen weniger eloquent. Vermeil aus Cambrai klagte das *Vorurteil* für sein trübes Schicksal an, dieses schreckliche Vorurteil, das unter der Feder dieses Unglücklichen die Ausmaße eines Schreckgespenstes annimmt.

Da ihm nicht das Glück zuteil wurde, einen Beruf erlernt zu haben, wegen der Vorurteile, die jene seines Standes zu allen Zeiten ihr Werk tun ließen, als ob seine Kinder dafür büßen müßten, daß das Schicksal sie in eine Familie von Scharfrichtern hineingeboren hat und daß man sie nach dem Tod des Vaters diesen Beruf auszuüben zwang, weil die besagten Vorurteile die Eltern stets daran gehindert haben, ihren Kindern die notwendige Erziehung zu geben, der sie folglich nicht teilhaftig wurden. Der besagte Antragsteller ohne Ausbildung, der nur damit beschäftigt war, seinen Stand auszuüben, kannte dieses Gesetz nicht. [...] Und so war er in Ermangelung einer Anstellung gezwungen, seine Möbel zu verkaufen.

Der Posten ist seit hundert Jahren in seiner Familie. Muß man im Elend untergehen und leidet nicht man schon genug an dem Irrtum der Vorurteile[15]? [...]

Und ein anderer, ein resignierter *Scharfrichter-Philosoph*, rühmte seine kleinen Talente folgendermaßen:

Es verhält sich mit dieser Arbeit wie mit allen anderen. Sie verlangt, daß man der Zukunft ins Auge sieht. Diese Voraussicht ermöglicht über viele Jahre hinweg eine sichere Anstellung. Das allgemeine Vorurteil

---

15   Archives nationales: BB³.

jedoch erlaubt keine Rückkehr zu einem anderen Beruf, sobald man sich einmal darin versucht hat.
(2. Floréal des Jahres 9)

Die Ausgrenzung, mit der die Scharfrichter konfrontiert waren, die Situation, in der sie sich befanden, beunruhigte die Justiz, aber man befand sich nicht mehr zu der Zeit, wo man durch den Erlaß eines simplen Dekrets glaubte, ein Gefühl außer Kraft setzen zu können, das so tief in den Menschen verwurzelt war. Was tun? Welche Maßnahme ergreifen, um diesem Scherbengericht entgegenzuwirken?

Man konsultierte Sanson, der aufgrund seines Alters und seiner Stellung eine Art Patriarch darstellte, Syndikus aller Henker von Frankreich, und er willigte ein, seinen Ratschlag zu geben. Er redigierte eine Schrift, die er pompös betitelte:

Abriß über die Lage der Scharfrichter der verschiedenen Departements der Republik, unter besonderer Berücksichtigung des Midi und des Zentrums im Umkreis von sechzig Meilen.
Warum die Scharfrichter nicht in den Posten der Departements des Midi bleiben können.
Von alters her beinhalteten die Posten der Scharfrichter im Midi nur einfache Aufträge. Die Städte, wo es sie gab, bezahlten sie, und die höchste Besoldung belief sich auf 350 Livres. Diese Scharfrichter hatten keine Zulassungsbriefe; infolgedessen wurden sie auch nicht von der Regierung besoldet. Diese Posten konnten nur von fragwürdigen Individuen besetzt werden, und sehr oft nicht einmal das. Dann waren die hohen Beamten zumeist genötigt, einen Verurteilten zu verpflichten, der die anderen exekutieren sollte. Man fühlt wohl, daß die ganze Kraft des Vorurteils hier wohlverdient ist. Sehr oft war man gezwungen, gegen denselben Menschen wegen neuerlicher Vergehen vorzugehen. Diese Leute lebten außerhalb der Stadt, in abscheulichen Bruchbuden, und wagten sich nur in die Stadt, um dort ihres Amtes zu walten, und auch dabei war es nötig, sie zu ihrer Sicherheit zu eskortieren. Kein Ehrenmann wollte einen Posten dieser Art einnehmen, wo es weder eine feste Besoldung gab noch die Sicherheit des Lebens garantiert war.

Seit der Revolution und insbesondere seit dem Gesetz vom 13. Juni 1793, v.s.[16], das ihnen 2400 Livres Gehalt bewilligte, haben mehrere sich

---

[16] v.s. = *vieux style*, d.h.: alter Stil. (sc. die alte Zeitrechnung)

um diesen Posten bemüht, aber einige sind erschlagen, andere verstümmelt worden, die Bäcker duldeten es nicht, daß sie in ihre Läden kämen und Brot verlangten, und ein Händler, der ihnen verkauft, hätte seine Kundschaft verloren.

Solcherart waren die Nöte derer, die versuchten dort hinzugehen, und nichts ließ darauf schließen, daß das Vorurteil sich abschwächte. Auch fanden die Ernennungen, die für diese Gegend ausgesprochen wurden, nur Menschen, die sich ihrer Bestallung nicht widersetzen konnten. Es bleiben also nur die Posten in der Umgebung von Paris, im Umkreis von ungefähr sechzig Meilen, wo man es aushalten kann, weil man dorthin nur ehrenwerte Leute benennt. Denn diese Posten sind ohne Vorurteil, weil es die alten Scharfrichter sind, die dort geblieben sind. Es braucht jedoch nur ein unwürdiges Individuum, um das Vorurteil wieder zurückzurufen und den Posten für ehrenwerte Leute preiszugeben.

Das Beispiel von Reims ist treffend. Diese Stadt hatte einen Scharfrichter, der dort sehr geachtet war. Als der Posten durch das Gesetz vom 13. Juni abgeschafft wurde, kam der Scharfrichter von Châlons dorthin, um die Urteile zu vollstrecken. Er ist gezwungen, im Gefängnis zu logieren und bedarf einer Eskorte, um nicht malträtiert zu werden.
Paris, den 28. Thermidor des Jahres VI
SANSON[17]

Sanson verschwieg jedoch, daß die Scharfrichter nicht immer empfehlenswerte Leute waren. Er selbst hatte einen Bruder, der im Hérault tätig war und über den die Behörden einiges zu klagen hatten:

Der Scharfrichter des Departements von Hérault ist ein gewisser Sanson, ein Trunksüchtiger und derzeit todkrank in seinem Bett, während mehrere Todesurteile anhängig sind. Dieser Sanson schämt sich nicht einmal, am Tag der Exekution zu trinken; er geht schwankend dorthin. Und es ist nicht lange her, daß er einen Todeskandidaten massakrierte anstatt ihn hinzurichten. Er war gezwungen, seinen Vorgänger Berger, der einst wegen Unfähigkeit abberufen worden war, zu Hilfe zu rufen und sich von ihm ersetzen zu lassen.[18]

Andere jedoch, denen die Bedienung der neuen Maschine nicht vertraut war, obwohl schon lange Jahre vor der Revolution im Amt,

---

[17] Archives nationales: BB³.
[18] Archives nationales: BB³ 21.

waren bekannt für ihre Unerfahrenheit und Unbesonnenheit. Der Kommissar beim Tribunal des Distrikts von Mont-de-Marsan schreibt am 1. Fructidor des Jahres II an die Kommission der Zivil-, Polizei- und Gerichtsverwaltung:

> Der besagte Soulié war wegen Mordes zum Tode verurteilt worden. Ich ließ ihn am selben Tage hinrichten (am 21. des Monats). Sie haben sich getäuscht, Bürger, was Jean-Louis Hébert betrifft, als sie ihm eine Kommission als Scharfrichter für das Departement Landes verliehen haben. Er hat sich als absolut unerfahren erwiesen und die Exekution so verpatzt, daß er unter all den Anwesenden nur Schrecken hervorgerufen hat. Ich muß ihnen zudem mitteilen, daß J.-L. Hébert nur ein Kind zum Gehilfen hat, welches durch seine Unbesonnenheit beinahe einen Unfall verursacht und den Arm des Scharfrichters selbst gebrochen hätte.

In Carpentras wurde das Schafott nicht viel besser bedient. Am 30. Nivôse des Jahres VII wird Berger, der Scharfrichter des Departements Vaucluse, ins Gefängnis geschickt, da er es versäumt hatte, den Körper eines Hingerichteten auf einen Kippkarren zu heben und ihn über Land zu seiner Grabstätte zu bringen.

> Berger hatte an diesem Morgen für 12 Francs Schnaps und Likör getrunken; er hatte den Kippkarren nicht nahe genug ans Schafott gestellt.
> Der Körper des dritten Verurteilten, der sehr schwer war, fiel zur Erde, und da der Scharfrichter keinen Gehilfen hatte, vermochte er den Leichnam nicht allein auf den Karren heben, um ihn von dort zum Friedhof zu transportieren. Noch am selben Tag, nachdem Berger drei Verurteilte hingerichtet hatte, hatte er lauthals geschrien: »Die Aristokraten, denen danach ist, daß ich es mit ihnen ebenso mache, sollen vortreten!«
> Niemand hat sich in Carpentras verpflichtet gefühlt, die Körper vom Schafott zu entfernen. Der Scharfrichter macht all dies selbst. Berger trägt für gewöhnlich zwei Pistolen bei sich, die er vor der Stadt abfeuert, wobei er Beschimpfungen gegen die Aristokraten herausschreit.

4. Das in Verruf gebrachte Schafott

Im übrigen waren die unglücklichen Scharfrichter, seit die Schreckensherrschaft vorüber war, bis auf wenige Ausnahmen gleichmütige, oftmals betrübte Werkzeuge und vom Gefühl der Entwürdigung und des Schreckens umfaßt, das sich im ganzen Land erhob. Weit davon entfernt sich abzuschwächen, tauchte das Vorurteil wieder auf, herrischer als je zuvor. Wenn man dies bezweifeln sollte, so lese man diesen Brief vom 7. Ventôse des Jahres III, geschrieben vom Revolutionskomitee von Avignon an das von Orange in bezug auf Antoine Paquet, der während der Zeit der Schreckensherrschaft in dieser Stadt die Rolle des Rächers des Volkes innegehabt hatte. Die Zeit war vorbei, da der Henker am Tisch der Abgeordneten speiste oder den Ehrgeiz hegen konnte, als eine Persönlichkeit zu gelten.

> Der 7. Ventôse des Jahres III
>
> Das Revolutionskomitee von Avignon an das von Orange.
> Kollegen Bürger, das niedrigste und das infamste Wesen, das jemals die Erdoberfläche beschmutzt hat, vergiftet Eure Kommune noch mit seinem unreinen Atem. Sie werden dem leicht entnehmen, daß wir vom genannten Antoine Paquet sprechen, dem vormaligen Menschenschlächter, der seinen Schraubstock am Gerichtsplatz von Orange hielt. Ohnehin ein Wunder, daß ein Schurke, der das Blut aus allen Poren ausschwitzt, noch atmet! Zudem haben wir einen Haftbefehl, den wir neulich gegen ihn entdeckt haben und den Sie beigefügt finden, ebenso wie die Denunziation, die uns gemacht worden ist und die nur eine Skizze der barbarischsten und wildesten Taten enthält, die jemals von einem sterblichen Wesen begangen worden sind. Wir hoffen, daß Sie in seiner Hinsicht die notwendigen Maßnahmen ergreifen, obschon es doch erstaunlich ist, daß man sie einem solchen Menschenfresser gegenüber nicht sehr viel eher ergriffen hat.
> Mit brüderlichem Gruß

Mehr und mehr verwandelte sich die Gleichgültigkeit, welche die Öffentlichkeit bis dahin den Hinrichtungen gegenüber bezeugt hatte, in ein instinktives Grauen. Es wollten sich keine Leute mehr finden, die wie einst bereit waren, dem Scharfrichter ihre Mitwirkung anzubieten. Selbst Sanson konnte in Paris seine Karren nur zu einem exorbitant hohen Preis bekommen.

Paris, den 18. Prairial des Jahres III der einen
und unteilbaren französischen Republik
Egalité

An den Bürger Präsident der Militärkommission, durch das Gesetz vom 4. Prairial des Jahres wie oben [Jahr III] in Paris etabliert

Bürger Präsident,
der Bürger Sanson, Vollstrecker der Kriminalurteile des Departements von Paris, hat die Ehre, Ihnen mitzuteilen, daß es seit dem 5. des laufenden Monats aufgrund der verschiedenen Tageszeiten und der Promptheit, mit der die Urteile vollstreckt werden sollen, nötig ist, zwei Wagen dauerhaft bereitzustellen, damit man immer in der Lage ist, Ihren Anweisungen Folge zu leisten. Der Bürger Sanson war, als er diese Wagen hat bezahlen wollen, höchst erstaunt zu erfahren, daß man ihm dafür 100 Livres pro Wagen berechnen wollte. Das macht für zwei Wagen zweihundert Livres. Der Bürger Sanson hat, bevor er bezahlte, Auskünfte über die Tarife dieser Wagenvermieter eingeholt. Nachdem er überall den gleichen Preis erfahren hat, hielt er es für ratsam, Sie über diese Ausgabe zu benachrichtigen, um von Ihnen bevollmächtigt zu werden, diese entweder zu bezahlen oder die besagten Wagen zu einem angemessenen Preis zu erhalten.

Der Bürger Sanson wünscht zudem gerne zu wissen, ob die Kommission die Unkosten trägt oder das Departement. Wenn es das Departement sein sollte, bittet er Sie, Bürger Präsident, Ihn durch eine Anweisung zur Zahlung der Wagen zu bevollmächtigen, die man andererseits fordert.

Der Bürger SANSON
Vollstrecker der Kriminalurteile der Stadt
und des Departements von Paris

Es findet sich kein Barbier mehr, der wie einst die zu Eisen Verurteilten auf dem Schafott selbst kahlschert. Der Bürger Ferey, Scharfrichter in Melun, schreibt im Jahr V an den Justizminister, daß er die Anweisung ausführen wird, die zu Eisen Verurteilten kahlzuscheren und die Eisenkugel an ihrem Fuß zu befestigen, daß er aber keine Notwendigkeit sieht, dies auf dem Schafott zu tun. »Das Motiv, das die Bemerkung leitet, welche Ihnen zu machen ich die Ehre habe«, so fügt er hinzu, »ist, daß ich, der ich nicht barbieren kann, keinen Perückenmacher gefunden habe, der dies auf dem Schafott zu machen sich bereit erklärte, während hingegen keiner sich weigerte, einen Verurteilten im Gefängnis zu scheren«.

Immer mehr beginnt man die Guillotine regelrecht zu verstecken. In vielen Städten errichtet man sie nicht mehr auf dem zentralen Platz. Wenn man sie benötigt, schiebt man sie auf die Wälle, an den äußersten Rand der Vorstädte, an verlassene und abseits gelegene Plätze. In Laon beschwert sich der Zimmermann, der beauftragt ist, sie aufzurichten (und einer der wenigen, die sich zur Mithilfe bereit erklären, denn in Ancenis und Saint-Quentin findet sich schon niemand mehr), über die Unmöglichkeit, diese Arbeit gut auszuführen:

Bürger,

Der Bürger Luzurier, Zimmermann aus Laon, möchte Ihnen mitteilen, daß er, nachdem er die Guillotine an einem abscheulichen und unbewohnbaren Ort aufgestellt hat, mehrere Male gezwungen war, die Stadtverwaltung aufzusuchen, um jedesmal, bevor man ihn brauchte, den Platz reinigen zu lassen. Um so mehr, als es nötig wäre, daß der Platz gereinigt und ohne Abfall vorzufinden ist, denn das ist die Aufgabe des Straßenkehrers, den man schon gemahnt hatte, ihn zu entfernen, weil der Platz nicht dazu da ist, da Abfall zu hinterlassen. Insbesondere kann ich die Guillotine nicht senkrecht aufstellen, weil sie im Dreck steht. Wenn dieser Platz gereinigt ist, möge man vier Steine gleicher Höhe dort hinlegen, so daß ich mein Bauwerk waagrecht aufstellen kann.[19] Es war nicht möglich, sie zu transportieren, und ich mußte das Holz auf dem Weg ablegen. Daher bitte ich den Bürger Kommissar, die Stadtverordnung zu drängen, den besagten Abfall durch die entfernen zu lassen, die dafür zuständig sind, wofür ich zu Dank verpflichtet wäre. [...]

Schließlich erwacht das Vorurteil – dieses Vorurteil, das die Philosophie nicht ausmerzen konnte – mit einer solchen Lebendigkeit, daß sich 1806 ein Präfekt findet, nämlich jener von Landes, dem Obersten Richter eine Maßnahme vorzuschlagen, die nur als letztes Mittel eingesetzt werden sollte.

---

[19] Auf diesen Luzurier geht also der erste Einfall mit den 5 (sic!) Steinen zurück, die, so könnte man sagen, symbolischen Wert haben, denn sie haben keine bestimmte Funktion mehr. Sie sind heute im Pflaster des *Place de la Roquette* eingelassen. Während der Kommune verschwanden diese fünf Steine, doch fand man sie bei einem damaligen Beamten wieder, der ihren Diebstahl zugab und geplant hatte, sie zu einem guten Preis an einen englischen Sammler zu verkaufen. Sie wurden sofort wieder auf den Platz gebracht, wo sie auch heute noch zu finden sind.

Monseigneur, einst hatte man die Notwendigkeit empfunden, in der Gesellschaft die Männer zu unterscheiden, die sich dem Beruf des Vollstreckers der Kriminalurteile übergeben haben. Die Zeiten der Unordnung haben diese nützliche Maßnahme außer Kraft gesetzt, aber sie haben niemals die legitimen Motive aufheben können, die ihr zugrunde liegen. In einigen Provinzen[20] hat man als das beste Mittel eine auffällige Uniform benutzt, die den Scharfrichter nicht der Verachtung aussetzte und die ehrbaren Bürger beruhigte. Mehr als je ist es nützlich, diese alten Bräuche wiederaufleben zu lassen. Wir haben in diesem Departement den traurigen Beweis: das Individuum, das am Justizhof von Dax beschäftigt ist, von frechem Charakter, und ein Barbar aufgrund der Gewöhnung an die schrecklichsten Schauspiele, gefällt sich darin, von der Unwissenheit der Fremden zu profitieren, die ihn nicht kennen, oder diejenigen zu überraschen, die wissen, wer er ist. Er sucht alle Gelegenheiten, den Damen mitten auf der Straße die Hand darzubieten oder denen, die er für fremd hält, Auskünfte zu erteilen, in die Cafés, ins Schauspiel, auf Bälle und andere öffentliche Plätze zu gehen, sich in die Spiele zu mengen und in die Festivitäten, die er durch seine bloße Präsenz schon durcheinanderbringt.

Man hat es mit der höchst seltenen Spielart eines spaßigen Henkers zu tun, den man heutzutage dem berühmten Krauss zur Seite stellen könnte, welcher vor kurzem noch der Henker von Berlin war. Dieser Krauss, ein Koloß, kräftig und gewandt (was unverzichtbare Eigenschaften sind, um dieses Amt in Deutschland auszuüben, wo die Guillotine noch nicht in Gebrauch ist), war ein Geck, in den die fröhlichen Berliner vernarrt waren. Die Neurose, wie man sieht, hat nur in Paris ihre Verwüstungen angerichtet. Die Eroberungen von Krauss sind zahllos, versichert man. Hat sich eine seiner Eroberungen über seine Manieren beklagt? Wurde *seine Flamme* durch eine allzu

---

[20] Ich habe nirgendwo eine Spur einer Verpflichtung für den Scharfrichter gefunden, ein spezielles Kostüm zu tragen, in Frankreich zumindest; denn in Spanien war es während einer Zeit den Henkern auferlegt, ihr Haus rot anzustreichen und nur in einer Art Livré auf die Straße zu gehen, einem Kleidungsstück, auf welches das Abbild eines Galgens gestickt war. Die Revolutionsregierung träumte für einen Augenblick davon, ihren Scharfrichtern ein Kostüm zukommen zu lassen. David wurde beauftragt, eine Skizze davon anzufertigen, und er schuf eine selbstverständlich *auf Antik* gehaltene Ausstaffierung, die veröffentlicht worden ist.

sichtbare oder eine allzu frühreife Schönheit gekrönt? Ich weiß es nicht. Jedoch gab es einen Skandal und der Henker-Adonis wurde abberufen. Er verlangte eine Pension; die Regierung stellte sich taub. Er führte an, daß er ohne Vermögen sei und keinen Beruf erlernt habe; die Behörde antwortete nicht. Daraufhin verhielt Krauss sich ruhig. Er dachte über eine gute Wendung nach. Eines Tages kündigte der Aushang eines Konzert-Cafés das Debüt eines komischen Sängers von großem Talent an, der niemand anderer war als Krauss, der Ex-Henker. Ganz Berlin lief zusammen, um ihn zu hören. Dieser Spaß jedoch war nicht nach dem Geschmack der Polizei, die diese skandalöse Veranstaltung untersagte.

Krauss ließ sich nicht entmutigen; er gründete einen Bierausschank, und so sah man ihn schließlich am Tresen thronen, Bockbier zapfen und seine einstigen Heldentaten erzählen, indes er, zu einem stolzen Preis, seine autobiographischen Broschüre vertrieb, die sein Porträt und ein Faksimile seiner Handschrift zierten.

5. Die Bewerber

Man versichert, daß zu unserer Zeit, als der Platz des Henkers unbesetzt war, eine große Anzahl von Bewerbern darum ersuchte, ihn wieder zu besetzen. Man sagt sogar, daß nach dem Tode von Roch im Jahr 1879 der Justizminister mehr als hundert Briefe von Bittstellern bekam, die gierig danach waren, ihr Gehalt aus der Staatskasse zu beziehen. Ich weiß nicht, ob diese Behauptung wahr ist, sicher ist jedoch, daß ich für die Zeit von 1791-1820 unter den zahllosen Dokumenten der *Archives nationales*, die sich mit der tristen Welt der Henker beschäftigen, lediglich drei – nur drei! – Gesuchen begegnet bin, die nicht von einer der alten Henkersfamilien oder ihrer erblichen Helfer herrühren.

Eines stammt von einem gewissen Gillain, Schuster in Versailles[21], der mit einer lobenswerten Beständigkeit sich jedesmal, wenn im Departement Seine-et-Oise das Amt des Henkers frei wurde, hartnäckig um die Nachfolge des Henkers bewarb. Er sei, sagte er, Soldat

---

[21] Rue de la Surintendance

gewesen und bewirkte mit der Unterstützung seiner Bittschrift seine endgültige Entlassung.

Das zweite Gesuch stammt aus dem Jahr III und ist von einem gewissen Barnabé Bar, wohnhaft in Paris, Rue d'Écosse, No. 2., direkt an den Minister adressiert. Der arme Mann erwartete mit der Rückkehr der Post einen Auftrag als Henker in irgendeinem Departement. Aber als man ihm statt dessen mit der traditionellen Langsamkeit der Behörden antwortete, er müsse zuerst einen Bürgen und Zertifikate herbeibringen, schrieb er einen verzweifelten und herzzerreißenden Brief:

»Ich bin in Paris geboren«, schreibt er, »bin 35 Jahre alt und habe 20 Jahre lang den Beruf des Buchdruckers ausgeübt. Da ich mittellos bin, habe ich meinen Mut zusammen genommen, Sie um eine entsprechende Stelle zu bitten. Ich rechnete damit, daß es keine Schwierigkeiten machen würde und zudem, daß außer im Büro des Justizministeriums niemand davon wüßte. Ich überlasse es der Gerechtigkeit des Bürgers Minister, darüber zu befinden, ob ein ehrlicher Mann, den nur die Not dazu zwingt, einen anderen ersuchen wird, ihn in einem solchen Gesuch zu unterstützen.

Ich bin niemals im Gefängnis gewesen, habe mich niemals mit dunklen Geschäften abgegeben und immer in meinem Beruf gearbeitet, nicht ahnend, daß ich einmal gezwungen sein würde, dahin zu kommen, aber seit der Zeit, da ich nicht mehr in meinem Beruf arbeite, kann ich nicht mehr für meine Bedürfnisse aufkommen. [...]«

Am 15. Brumaire im Jahr V, wiederholt Barnabé Bar sein Gesuch, wobei er darauf aufmerksam machte, daß er Frau und Kinder habe, seit nunmehr fast sechs Monaten in dieser Situation lebe und zur Zeit auf den Verkauf von Zeitungen angewiesen sei.

Schließlich schrieb ein gewisser Giulio Montbel, als Häftling im Gefängnis von Turin zu zehn Jahren Haft verurteilt, dem Richter einen merkwürdigen Brief, aus dem wir folgenden Auszug zitieren:

Die Gesetze benötigen Werkzeuge für ihre legitime Rache, und die Justiz braucht sie auch, um ihre Urteile zu vollstrecken. Für dieses Amt stelle ich mich vor und biete ihr für die Bestrafung der Anschläge auf die anerkannte Ordnung meinen Arm an. Ich ersuche Eure Exzellenz, mich bei einem Gerichtshof des Kaiserreichs in der Eigenschaft als Scharfrichter anzustellen, solange er sich nicht in Piemont befindet.

Wenn ein entsprechendes Amt vakant werden sollte, biete ich mich an, es zu besetzen. Wenn ich schon die Achtung der Menschen nicht verdiene, so weiß ich wenigstens ihre Verachtung und ihren Haß zu vermeiden, wenn ich, bei der Erfüllung dieser schrecklichen Aufgabe, alles in meiner Macht stehende Gute tun und ihnen den Überschuß des Lebensnotwendigen zukommen lassen werde.

Geruhen Sie, Euer Gnaden, mich in dem mühsamen Schritt, den ich unternehme, mit Mitleid, aber ohne Schrecken zu betrachten.

Es wäre sicher interessant, diese Frage des Vorurteils in einem entsprechenden Fall auf einer höheren Ebene zu behandeln: woher kommt diese Abneigung gegenüber dem beamteten Vollstrecker des Todes? Durch welche Anomalie bleibt sie bei der Tätigkeit stehen und erstreckt sich nicht auf die Tatsache des Tötens selbst? Der Soldat, welcher auf den Befehl eines Vorgesetzten an einer gemeinsamen Erschießung teilnimmt, erzeugt keinerlei Abscheu; der von der Gesellschaft zur Tötung der Verurteilten geforderte Henker jedoch ist ein abgesondertes Wesen. Warum dieser Unterschied? Rührt es nur daher, daß er fürs Töten bezahlt wird und damit seinen Lebensunterhalt verdient, während der andere, der Soldat, nur unpersönlich und ohne Entlohnung handelt? Vielleicht! Dies wäre ein Anlaß darüber zu philosophieren; die wenigen Fakten, die wir zusammengestellt haben, könnten den Psychologen dienen, die es danach drängt, diese Frage zu behandeln. Es genügt uns hier festzustellen, daß das Vorurteil, welches den Vollstrecker der Strafurteile von der Gesellschaft ausschloß, so alt ist wie die Einrichtung dieses Amtes. Vielleicht hat man zu bestimmten Zeiten in einigen Regionen versucht, es abzuschwächen, doch gelang dies keineswegs. Versuche dieser Art beweisen nur immer wieder, wie sehr dieses populäre Gefühl vom Instinkt geleitet wird. Man behauptet, daß es im Elsaß zu einer Zeit einen Henker der Adligen und einen Henker des gemeinen Volkes gab. Der *Dictionnaire de Trévoux* erwähnt sogar, daß die Henker in einigen Gegenden Deutschlands angeblich Adelstitel und -rechte erwarben, wenn sie eine bestimmte Anzahl von Köpfen mit derselben Waffe und mit nur einem Schlag geköpft hatten. Es handelt sich hier offensichtlich um ein Gerücht. Im 17. Jahrhundert war der Henker in der Rheingegend noch Gegenstand einer solchen Verachtung, daß die Wahl eines Arztes aus Colmar zum Mitglied der Stadtverwaltung vom Königlichen Rat annulliert wurde, weil er der Sohn eines Vollstreckers der Strafurteile war.

6. Wohin gehen die alten Henker?

Wie also war es diesen Unglücklichen möglich, sich aus dieser blutigen Erbschaft herauszuziehen, deren Schemen sie verfolgten? Was sie an List, Geschicklichkeit und Mysterien bedurften, um die allgemeine Neugierde irrezuführen, ist unvorstellbar. Viele änderten ihren Namen, andere entstellten den ihren einfach. Aber aufgrund dieser Vorsichtsmaßnahmen ist es unmöglich, diesen unglücklichen Parias durch ihre verschiedenen Inkarnationen zu folgen.

Man kann dennoch behaupten, daß eine gewisse Anzahl den Beruf des Chirurgen oder des Veterinärs annahm. Einer von ihnen schrieb, am 27. Prairial des Jahres III, »daß er das Gehalt, das man ihm vom Distrikt X gewährt hat, nicht erbeten hat[22], da er gerade dem Stand seines Vaters entsagt hat, um dem des Chirurgen zu folgen, den er mit Befriedigung ausübt, zumal er gegenwärtig der erste Eleve des *Hospizes der Menschlichkeit* dieser Stadt ist«.

Dieser war der Abkömmling einer alten Henkerkaste, die seit mehr als zwei Jahrhunderten praktizierte. Im übrigen waren alle Scharfrichter, vom alten Regime bis zur Revolution, eine Art Mediziner: denn das Volk betrachtete das Wesen, das vom Gesetz verpflichtet war, den Tod zu geben, zugleich als Lebensspender. Wiesen sie diesem blutigen Vorrecht eine mysteriöse thaumaturgische Macht zu? Wahr ist jedenfalls, daß eine beträchtliche Zahl von Scharfrichtern im geheimen die Chirurgie ausübte. Die Gewohnheit, die ihnen durchs Schauspiel der Hinrichtung zuteil wurde, verlieh ihnen die nötige Kaltblütigkeit für die Operationen: ihr gewöhnliches Metier, die toten Tiere abzudecken, hatte eine gewisse Geschicklichkeit zur Folge; und man sieht einige, die es zu einer gewissen Reputation brachten und die sich im Volk, wohlgemerkt, eine Klientel schufen. Für jene war der Schritt sehr leicht zu vollziehen; aber viele andere hatten kein Vermögen und lebten in Armut. Im Jahr 1816 gab es in Frankreich eine große Zahl von alten *Rifleurs*, von Söhnen, Töchtern, Frauen und Witwen und

---

[22] Man wird Verständnis haben, daß wir im letzten Kapitel nur mit äußerster Diskretion vorgehen. Wenn wir einige Namen zitieren, dann sind diese bereite schon einmal vor einigen Jahren gedruckt worden, sei es in einer Lokalzeitung oder sei es in Form eines veröffentlichten Artikels in einer großen Tageszeitung.

Eltern arbeitslos gewordener Scharfrichter, denen die Regierung eine jährliche Beihilfe auszahlte. Denn die Zahl der praktizierenden Scharfrichter nahm ständig ab. Im Jahr 1870 war sie der Zahl der Mitglieder des Berufungsgerichts gleich. Das Dekret vom 25. November 1870 ersetzte sie alle durch einen einzigen Scharfrichter, der in Paris saß und sein Amt für das ganze französische Territorium ausübte. Was wurde aus den einundzwanzig aus ihrem Amt entlassenen Scharfrichtern? Sie verschwanden und begannen in der Versenkung ihr Leben wieder von neuem. In einigen Jahren wird selbst die Erinnerung an diese Menschen ausgelöscht sein. Nur ihre Nachkommen werden wissen, welchem Schlag sie entsprungen sind und welches Amt ihre Vorfahren ausübten. Die örtlichen Überlieferungen haben dennoch einige Angaben gesammelt und aufbewahrt, die den Versuch jener Unseligen betreffen, sich eine neue Existenz aufzubauen.

Desmaret, der Henker von Limoges, der seinem Vater nachfolgte und bei seiner Entlassung sechzig Jahre alt war, ist vor 10 Jahren in tiefer Armut gestorben.

Guerchoux, Henker von Toulouse, wo er das väterliche Amt geerbt hatte, ist im Jahr 1890 in ziemlich wohlhabenden Umständen verstorben; das Berufungsgericht hatte tatsächlich seine Bezüge zur Zeit seines aktives Dienstes, die sich auf einige tausend Taler beliefen, nur um tausend Francs gekürzt.

Grinheiser, Henker von Caen, war Gehilfe in Moulins gewesen. Nach seiner Entlassung wählte Grinheiser, dreiundfünfzigjährig, ein »Fachgebiet«, für das ihn seine ehemaligen Funktionen nicht gerade besonders vorbereitet hatten. Er machte sich zum Gartenbauer und betrieb die großen Gärten in den Sümpfen von Mondeville. Er starb 1883.

Reine, Henker von Rouen, wo er in der *Rue Bonnefoi* wohnte, verstarb dort unbemerkt vor zwanzig Jahren, nachdem er seit seinem Ruhestand ein jährliches Einkommen von eintausendzweihundert Francs erhalten hatte. Reine war Scharfrichter in einem unwichtigen Gerichtsbezirk gewesen, vielleicht in Orléans oder in Bourges.

Demoret, Henker von Bordeaux, war mit mehreren Familien von Scharfrichtern verbunden. Vielleicht lebt er noch in irgendeinem Dorf der Umgebung. Seine Karriere, vom Dekret von 1870 unterbrochen, war bereits zuvor schon dem Ende nahe.

Der Henker von Douai, Pierre Desmettre, gehörte zu einer alten Familie von Foltersknechten, welche die Revolution schon in Douai und Saint-Omer am Werk vorgefunden hatte. Als Abdecker in der Umgebung tätig, wurde er eines Tages gerufen, seinen Bruder Louis zu ersetzen, der seinerseits infolge einer ärgerlichen Szene kurzerhand abgesetzt worden war. Pierre Desmettre mußte bei dieser Gelegenheit sein Geschäft als Abdecker (das er im folgenden auch nicht aufgab) mit der Tätigkeit des Scharfrichters verbinden. Seine Pensionierung (er war fünfundfünfzig Jahre alt) griff ihn so grausam an, daß er darüber den Verstand verlor. Man sieht ihn für einige Jahre durch die Straßen irren, von Kindern umringt, die er mit einem sanften und verstörten Lächeln anschaut ... Er starb um 1875.

Dieser Desmettre hatte die Angewohnheit, sich am Tag der Hinrichtung des morgens in die Kirche zu begeben und für die Seelenruhe desjenigen, den er zu Tode bringen mußte, eine Messe lesen zu lassen, der er fromm beiwohnte. Ebenso verfuhr auch Heindereich, der 1871 zum ersten *nationalen* Scharfrichter ernannt worden war. Es gab da zweifellos eine achtbare Tradition in den alten Scharfrichtersippen. Man betrachtet es als Faktum, daß Sanson in der Nacht des 21. Januar 1793 einer Messe für den König beiwohnte, die ein widerspenstiger Priester in einer Mansarde im Faubourg Saint-Denis abhielt, wo sich zwei Priester versteckten, die aus ihrem Kloster gejagt worden waren. Balzac hat auf diese Angabe hin eine sehr dramatische Erzählung geschrieben, deren Einzelheiten und deren Inszenierung reine Erfindung sind, die aber dennoch auf einem Kern Wahrheit beruht[23]. Zudem findet man hier die Achtung, welche die alte Zeit dem Tod gegenüber bezeugte, wie auch immer sie beschaffen sein mochte. Vor der Revolution wollte es eine Regel, daß in der Kirche Saint-Côme für die in den Hospitälern Verstorbenen Messen gelesen wurden, indes die Wissenschaftler ihre Leichname im nahe gelegenen Hörsaal sezierten.

In dem Augenblick, da ich dieses Buch beende, träume ich, daß der Leser, so er die Ausdauer gehabt hat, es bis zum Ende durchzulesen, beim Durchblättern dieser Seiten mehr als eine Empfindung des

---

[23] Die Archive der Kirche Saint-Laurent enthalten keinen Hinweis auf einen Trauergottesdienst, der von Sanson zum Gedächtnis des Todes von Louis XVI. eingesetzt worden ist.

Widerwillens und der Beklommenheit verspürt hat. Zwischen manchen Dingen, die es hier zweifellos zu überarbeiten gibt, ist es vor allem der Gegenstand selbst, der einer kritischen Betrachtung bedarf. Ich selbst habe diese Empfindung gehabt, als ich mich darauf versteift habe, in den zahlreichen Archiven des Staates die bis dahin von den Forschern und Historikern vernachlässigten Dokumente ans Licht zu bringen, und mich angestrengt habe, in diese Kehrseite eines dunklen Schreckens einzudringen. Aber was man auch tut, diese Sachen haben einen Platz in unseren Annalen. »Siehst Du, Gilbert«, sagt der Kerkermeister der *Marie Tudor*, »der Mann, der die Geschichte dieser Zeit am besten kennt, das ist der Kerkermeister des Towers von London.« Könnte man nicht auch sagen, daß der Mann, der die Revolution am besten kannte, der Henker war? Ist es nötig zu wiederholen, daß man in unserer Erzählung vergeblich nach den geringsten politischen Absichten sucht? Muß man bemerken, daß wir uns nur befleißigt haben, Fakten vorzubringen, ohne ein Wort des Kommentars mitzugeben? Müssen wir schließlich eingestehen, daß wir mit einer gewissen Erleichterung das Wort ENDE an das Ende dieser Studie schreiben und uns von den *genti dolorose* trennen, die den Gegenstand dieser Arbeit darstellen?

Auswahlbibliographie Guy Lenôtre

Le vrai chevalier de Maison-rouge, A.D.D. Gonzze de Rougeville, 1761-1814, Paris 1903.

Le drame de Varennes, juin 1791. D)'après des documents inédits et les relations des témoins oculaires, Paris 1905.

Un agent des princes pendant la Révolution. Le Marquis de la Rouërie et la conjuration bretonne, Paris 1918.

Monsieur de Charette, le roi de Vendée, Paris 1924.

La Mirlitantouille. Épisodes de la Chouannerie Bretonne, Paris 1925.

Le mysticisme révolutionnaire. Robespierre et la »Mère du dieu«. Paris 1926.

La proscription des Girondins, Paris 1927.

Georges Cadoudal, Paris 1929.

L'impénétrable Secret du sourd-muet mort et vivant, Paris 1929.

Un conspirateur royaliste pendant la Terreur. Le Baron de Batz 1792-1795, Paris 1930.

La compagnie de Jéhu. Épisodes de la réaction lyonnaise 1794-1800, Paris [18]1931.

Les derniers terroristes, Paris 1932.

Femmes. Amours évanouies, Paris [15]1933.

Paris et ses fantômes, Paris 1933.

Dossiers de Police, Paris [4]1935.

En suivant l'Empereur. Autres croquis de l'épopée, Paris [15]1935.

Paris qui disparaît, Paris 1937.

En France jadis, Paris [3]1938.

Paris révolutionnaire. Vieilles Maisons, vieux papiers, Paris [16]1940.

Notes et souvenirs. Recueillies et présentés par sa fille Thérèse Lenôtre, Paris 1940.

La Fille de Louis XIV., Paris [44]1946.

Les massacres de septembre, Paris 1947.

Les noyades de Nantes, Paris 1947.

Le tribunal révolutionnaire. 1793-1795, Paris 1947.

Anhang

Konkordanz zum rebublikanischen und gregorianische Kalender

22.9.1792 Beginn des Jahres I der französischen Revolution

	Jahr II 1793-1794	Jahr III 1794-1795	Jahr IV 1795-1796	Jahr V 1796-1797
1 vendémiaire	22. Sept. 1793	22. Sept. 1794	23. Sept. 1795	22. Sept. 1796
1 brumaire	22. Okt.	22. Okt.	23. Okt.	22. Okt.
1 frimaire	21. Nov.	21. Nov.	22. Nov.	21. Nov.
1 nivôse	21. Dez.	21. Dez.	22. Dez.	21. Dez.
1 pluviôse	20. Jan. 1794	20. Jan. 1795	21. Jan. 1796	20. Jan. 1797
1 ventôse	19. Feb.	19. Feb.	20. Feb.	19. Feb.
1 germinal	21. März	21. März	21. März	21. März
1 floréal	20. April	20. April	20. April	20. April
1 prairial	20. Mai	20. Mai	20. Mai	20. Mai
1 messidor	19. Juni	19. Juni	19. Juni	19. Juni
1 thermidor	19. Juli	19. Juli	19. Juli	19. Juli
1 fructidor	18. Aug.	18. Aug.	18. Aug.	18. Aug.

	Jahr VI 1797-1798	Jahr VII 1798-1799	Jahr VIII 1799-1800	Jahr IX 1800-1801
1 vendémiaire	22. Sept. 1797	22. Sept. 1798	23. Sept. 1799	23. Sept. 1800
1 brumaire	22. Okt.	22. Okt.	23. Okt.	23. Okt.
1 frimaire	21. Nov.	21. Nov.	22. Nov.	22. Nov.
1 nivôse	21. Dez.	21. Dez.	22. Dez.	22. Dez.
1 pluviôse	20. Jan. 1798	20. Jan. 1799	21. Jan. 1800	21. Jan. 1801
1 ventôse	19. Feb.	19. Feb.	20. Feb.	20. Feb.
1 germinal	21. März	21. März	22. März	22. März
1 floréal	20. April	20. April	21. April	21. April
1 prairial	20. Mai	20. Mai	21. Mai	21. Mai
1 messidor	19. Juni	19. Juni	20. Juni	20. Juni
1 thermidor	19. Juli	19. Juli	20. Juli	20. Juli
1 fructidor	18. Aug.	18. Aug.	19. Aug.	19. Aug.

	Jahr X 1801-1802	Jahr XI 1802-1803	Jahr XII 1803-1804	Jahr XIII 1804-1805	Jahr XIV 1805-1806
1 vendémiaire	23. Sept. 1801	23. Sept. 1802	24. Sept. 1803	23. Sept. 1804	23. Sept. 1805
1 brumaire	23. Okt.	23. Okt.	24. Okt.	23. Okt.	23. Okt.
1 frimaire	22. Nov.	22. Nov.	23. Nov.	22. Nov.	22. Nov.
1 nivôse	22. Dez.	22. Dez.	23. Dez.	22. Dez.	22. Dez.
1 pluviôse	21. Jan. 1802	21. Jan. 1803	22. Jan. 1804	21. Jan. 1805	
1 ventôse	20. Feb.	20. Feb.	21. Feb.	20. Feb.	
1 germinal	22. März	22. März	22. März	22. März	
1 floréal	21. April	21. April	21. April	21. April	
1 prairial	21. Mai	21. Mai	21. Mai	21. Mai	
1 messidor	20. Juni	20. Juni	20. Juni	20. Juni	
1 thermidor	20. Juli	20. Juli	20. Juli	20. Juli	
1 fructidor	19. Aug.	19. Aug.	19. Aug.	19. Aug.	

8.6.1794 Fest des höchsten Wesens unter Vorsitz von Robespierre

Aus unserem Programm

Gustav Landauer
Briefe aus der französischen Revolution. Kadmos Verlag 1997
ISBN 3-931659-02-X

»Diese Briefe als Gesamtheit in ihrer zugleich einheitlichen und gegensätzlichen Haltung zeigen, daß die Menschen und Parteien der Revolution einander nicht kannten, daß sie also auch von sich und dem Zusammenhang, mit dem sie sich bewegten, indem sie ihn bewegen wollten, nichts wußten. Wer das aber gewahrt, weiß viel.«

Gustav Landauer

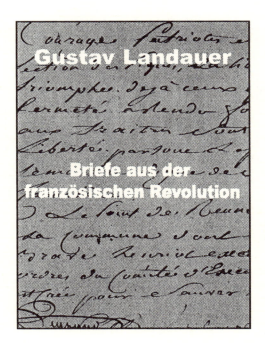

Mit seiner kongenialen Übersetzung der Briefe aus der Revolutionszeit – ihrer prägenden Gestalten (Mirabeau, Ludwig XVI, Desmoulins, Robespierre, aber auch zahlloser weniger bekannter Persönlichkeiten (Mme Roland, Buzot, Georg Forster) – hat Gustav Landauer 1919, unmittelbar aus der Erfahrung des ersten Weltkrieges heraus, ein Werk geschaffen, daß immer noch als einzigartiges Quellenwerk verstanden werden muß.

Kadmos Verlag – Berlin